真の
ダイバーシティ
をめざして

Promoting Diversity and Social Justice:
Educating People from Privileged Groups (Second Edition)

特権に無自覚なマジョリティのための
社会的公正教育

ダイアン・J・グッドマン◆著
Diane J. Goodman

出口真紀子◆監訳
Makiko Deguchi

田辺希久子◆訳
Kikuko Tanabe

Sophia University Press
上智大学出版

Promoting Diversity and Social Justice 2nd edition
By Diane J. Goodman

Copyright©2011 Taylor & Francis
All Rights Reserved. Authorized translation from the English language edition
published by Routledge, a member of the Taylor & Francis Group LLC

Japanese translation rights arranged with Taylor & Francis Group LLC,
Florida, U.S.A. through Tuttle-Mori Agency, Inc., Tokyo

監訳者によるまえがき

　私とダイアン・J・グッドマン先生との出会いは2003年、アメリカの学会で彼女のワークショップに参加したときに遡る。ワークショップのテーマは、ダイバーシティ教育を行う際、白人の抵抗をどう理解し、どう対処すべきかというものだった。当時アメリカの大学で駆け出しの教員だった私は、アジア人としてマイノリティの立場で白人が過半数の教室で教えていたこともあり、人種差別などについて講義やディスカッションをする際、授業を円滑に進めるためには白人学生の心理を理解する必要があった。グッドマン先生は多種多様な教育現場での経験を通して有効なノウハウを伝授くださり、私にとってすべてが斬新で刺激的で、ずいぶんと励まされた。また、グッドマン先生ご自身が白人（ユダヤ系）であることから、白人特権への気づきを促す責任と役割は白人側にある、という志を実践されており、私自身の教員としてのあり方や姿勢に深く影響を与えたといえよう。そのとき、グッドマン先生が執筆された本書の初版を取り寄せ、熟読したのである。

　二度目にお会いしたのは2011年で、「アイデンティティのインターセクショナリティ（交差性）」というテーマでグッドマン先生がワークショップを行ったときである。ここでもグッドマン先生は理論と実践をさらに進化させ、常に教育法の革新を心掛けている姿勢に感銘を受けた。グッドマン先生は本書の第2版を出版されており、日本の神戸女学院大学で教鞭をとっていた私は同大学で翻訳を専門とされている田辺希久子先生と邦訳に踏み切った。私が学んだのは初版だが、新たな章を加えた第2版を邦訳することにした。

　これまで日本における多文化共生教育やダイバーシティ教育は、社会において差別の対象となっている集団や排除されているマイノリティ集団への理解をより深める形で展開されてきた。マイノリティ集団の歴史、文化、宗教、

生活習慣、価値観について学び、実際に交流する機会を設けて、マイノリティの人たちをより深く知る、というのが狙いであった。しかし、こうしたアプローチに決定的に欠けているのは、マジョリティ側の人たち自身の持つ特権を自覚し向き合うことである。マイノリティ側がいかに不利益を被っているかについては教えるが、マジョリティ側が特権によって受ける恩恵については教えていない。また、こうした異文化理解の教育は、そもそも異文化に関心がある人たちが参加する傾向があり、表面的には同質な社会に生きる多くの日本人にはなかなか関心を持ってもらえないという問題を抱えている。

本書は「特権を持つ集団（Privileged Groups）」いわばマジョリティ集団に属する人たちに対して、「社会的公正（Social Justice）」について教育するための理論および実践方法を提示する教育本である。本書が優れているのは、マジョリティ集団に属する人たちへの教育に特化している点である。社会的強者である特権のある人々を教育することは、多文化共生をうたう日本社会において重要な課題だが、今のところ特権集団に特化した教科書は日本では出版されていない。マジョリティ側に特権があることに無自覚な状態こそがマイノリティにとって生きにくい社会を築いているのであり、変わるべき対象はマイノリティではなくマジョリティ側の意識である。このような内容で講義や講演をする度、日本のマイノリティに属する人々や人権活動家たちは「よくぞ言ってくれた」という反応を示し、私自身も手ごたえを感じた。本書は北米のダイバーシティ・トレーナーや人権活動家に向けた理論やノウハウが結集されており、日本で人権教育や多文化教育に関わる人たちのために邦訳する意義は大きいと確信した。

本書の狙いは、「私はいい人で差別なんかしていない」と思っているマジョリティ集団の人々に、自分の問題として差別に向き合ってもらうための教育である。それゆえマジョリティの人たちに自身の持つ特権を認めるようはたらきかけ、向き合うことを要求し、彼らを巻き込みながら社会的公正を教えるためのノウハウが詰まっている。本書はダイバーシティ・トレーニング（Diversity Training）や人権、差別などの問題について研究・研修・啓発に携わる教育者、コミュニティのリーダー、企業や行政の人事部門でダイバーシティ推進に携わる方、人権活動家、助言者（人権アドバイザー）、心理学者、

カウンセラーなどを対象としており、多様な人々が暮らしやすい日本社会にするために日々活動している方々にぜひ読んでいただきたい。

特権とは何か
　特権という言葉は、本書の中核を占める概念だが、ある社会集団に属していることで労なくして得ることのできる優位性と定義される。「特権」や「特権集団」という言い方は日本語として聞きなれないかもしれないが、「マジョリティ集団」「支配集団」「優位集団」という言い方もできる。副題では「特権に無自覚なマジョリティのための」とマジョリティという用語を使ったが、マジョリティ集団という表現だと、どうしても少数派・多数派といった数の問題としてのみ捉えられ、権力を有している点が曖昧にされるという問題があるため、本書の中では、マジョリティという言葉はなるべく使わずに、「特権集団」「支配集団」、ときには「優位集団」という語を用いるようにした。また、マイノリティ集団という場合も、「被抑圧集団」「従属集団」などの用語を使っているが、基本的には同義語と捉えていただきたい。

　本書は神戸女学院大学および上智大学の大学院生や学部生、そして東京の目白翻訳グループの皆様の翻訳協力（巻末の翻訳協力者リストを参照）のもとで完成することができた。この場を借りて、翻訳に携わって下さった皆様および主たる翻訳者の田辺希久子先生、専門的な助言をいただいた佐藤和子さん、上智大学出版事務局、株式会社ぎょうせいの皆様に深謝申し上げます。

出口　真紀子
2017年2月

日本語版に寄せて

　私の著書 Promoting Diversity and Social Justice: Educating People from Privileged Groups の日本語版を出版したいとの打診を受けたとき、正直戸惑った。アメリカ社会を念頭において書いた本であり、日本の現状にあてはまるかどうか自信がなかったからだ。

　しかし日本を訪問する機会があり、日本の歴史や文化についてより深く知るにつれ、確かに日本はアメリカと違うところはあるが、共通するところも多いことが見えてきた。特権のダイナミクスは日本であろうと、世界中のどこであろうと変わらずにはたらいているのである。権力の有無、ジェンダー、民族、国籍、社会経済的階級、性的指向、障害などの様々な分類によって、ある集団を優遇し別の集団を冷遇するシステムが生み出されるのだ。とはいえ、国と民族と文化を超えて理論や実践を応用するには、配慮と細やかさが求められる。本書によって特権をめぐる議論が日本の読者に巻き起こることを願う一方で、批判的な視点を持ち、日本に特有の社会構造や力学に照らして本書を活用していただきたいと思う。

　社会システムが各集団にどのような形で影響するかは、国や文化によって異なるだろう。しかし、ある集団が他の集団の犠牲のもとに不当な形で特権を得ているとすれば、そこには必ず社会変革が必要となる。特権集団に属する人々は、このような不当なシステムのもとで得られた特権は自分たちにも害があることを理解すれば、不公正をなくすうえで大きな役割を果たすことができるのである。本書が権力と特権をめぐる対話の道を開き、万人のための社会的公正をめざす取り組みに役立つことを願っている。

　出口真紀子さん、田辺希久子さんをはじめ、本書の翻訳に協力してくださっ

たすべての方々に、細部まで行き届いたその仕事ぶりと、この翻訳プロジェクトを実現に至らせた熱意に対して深く感謝したい。

            ダイアン・J・グッドマン
            2017年2月

真のダイバーシティをめざして
特権に無自覚なマジョリティのための社会的公正教育

ダイアン・J・グッドマン

疑問を投げかけ、ヒントをくれ、
変革は可能だという希望を与えてくれた
ヘイリーとケイラに。

第 2 版刊行にあたって

　本書 *Promoting Diversity and Social Justice* は、特権集団に属する成人に対して社会的公正教育を行うときに役立つ理論・視点・方略を紹介している。特権集団とは、様々な種類の抑圧においてより権力をもつ人々のことである。この改訂版では、わかりやすく実践的な内容をさらに掘り下げ、社会的公正教育に従事するみなさんが自らの教育内容についてより深く考え、高い意識を持てるよう、様々なツールを紹介している。教育の対象となる人々のことを理解し、どういう理由で、どういう行動をとるのか、どうすれば効果的な教育を行えるかの手引きとなっている。
　第 2 版で新しく追加した内容は以下である。

- 第 7 章「特権や抑圧について学び直す喜び」を追加した。特権集団の人々が特権や抑圧を学び直し、社会的公正を実現することで、どんな利益が得られるのかに焦点を当てた。
- 第 10 章「アライ（味方）と行動」を追加した。特権集団の人々が建設的かつ適正に社会変革に貢献できるようにするにはどうすればよいか、という点に特化して解説した。
- 「付録」に最新の情報を追加した。

　本書で紹介する理論や方法は、いろいろな状況で、様々な読者に応用していただける。社会的公正教育に取り組む大学教員、ダイバーシティ・トレーナー、学校やワークショップの指導者、カウンセラー、イベントや活動のリーダー、学生課職員、地域社会の教育指導者、活動家、コーディネーターなどの優れた情報源となる一冊である。

著者ダイアン・J・グッドマン博士（Diane J. Goodman, Ed. D.）は、ダイバーシティおよび社会的公正のトレーナー、大学教員であり、執筆活動や講演活動、コンサルティングも行っている。詳しくは著者のウェブサイトを参照（http://www.dianegoodman.com）。

目　次

● 監訳者によるまえがき
● 日本語版に寄せて

第 2 版刊行にあたって　　iii
シリーズ編者の序文　　vii
謝　辞　　x

第 1 章　はじめに………………………………………………1
　　　　タイトルについて　5／本書の概要　15

第 2 章　特権集団について……………………………………17
　　　　特権集団の属性　17／特権集団に属する個人　31／複数の
　　　　アイデンティティと特権の経験　40／自分に特権があると
　　　　認めることへの抵抗　42／本章のまとめ　44

第 3 章　個人の変化と発達について…………………………46
　　　　感情と知性にはたらきかける　47／発達の側面から見る　49
　　　　／本章のまとめ　71

第 4 章　抵抗を理解する………………………………………73
　　　　抵抗とは何か　75／社会政治的な要因　77／心理的要因　82
　　　　／その他の要因　89／本章のまとめ　92

第 5 章　抵抗への対処法………………………………………94
　　　　教育者自身が視点を変える　95／抵抗の予防　97／抵抗に
　　　　対処する　115／本章のまとめ　120

第 6 章　特権集団にとっての抑圧の代償 ……………………122
　　　　抑圧がもたらす特権集団に固有の代償　123／特権集団の
　　　　人々に共通して見られる代償　143／社会的公正の利点　145

第 7 章　特権や抑圧について学び直す喜び ………………………148
　　　　知識と開眼　151／心豊かな生活　155／真正性と人間性
　　　　157／エンパワーメント、自信、コンピテンス（適性）　162／
　　　　解放感と回復　165／鍵となる学び直しの体験　167／旅
　　　　を続けるには――過去と現在　170／本章のまとめ　176

第 8 章　どんな理由があれば、特権集団は社会的公正を
　　　　支持するのか……………………………………………180
　　　　共　感　182／共感と社会的公正　182／道徳的原則と宗教
　　　　的価値　187／自己利益　191／共感と道徳観と自己利益の
　　　　関係　195／本章のまとめ　198

第 9 章　社会的公正活動に人々を巻き込むために ……………200
　　　　共感力　200／道徳的・宗教的価値観　210／自己利益　215
　　　　／戦略的アプローチ　216／現行のシステムに対する代替
　　　　案を示す　226

第10章　アライ（味方）と行動 …………………………………233
　　　　アライとは何か　233／変革の実現と行動の選択肢　239／
　　　　偏見に基づく差別発言に対処する　245／アライの試練　254
　　　　／本章のまとめ　263

第11章　教育者の課題 ……………………………………………266
　　　　社会的アイデンティティ発達理論　268／教育効果に影響を
　　　　与える他の要因　273／教育効果を高めるために　279

付　　　録　　293
注　　　　　　297
参考文献　　　298
索　　　引　　310

シリーズ編者の序文

　社会的公正教育／学習シリーズ（The Teaching/Learning Social Justice Series）では、ダイバーシティ、平等、民主主義、フェアネスなど、学校やコミュニティにおける社会的公正の諸問題を取り上げている。「教育／学習」というこのシリーズの名称には、理論と実践の結びつきの重要さが暗示されていて、シリーズ各書もその点を追求している。その中心にあるのは、抑圧的な人間関係や組織を批判的に分析し、問い直し、より公正でインクルーシブな方法を構想し、創造してきた人々の生きた語りと経験である。本シリーズは批判的分析とともに、希望と可能性のイメージとをバランスよく取り入れている。教育を通した社会変革の可能性を信じる人々のため、そして教育上の経験談や実例だけでなく、抑圧的な思考や制度の撤廃を阻む障害について率直な議論を求めている幅広い層の教育者や活動家のために、親しみやすく、勇気を与えられるシリーズをめざしている。

　特権集団に属する人々を居心地のよい現実から一歩抜け出させ、自分たちの世界観や、当たり前と思い込んでいる特権的地位を根本から見直させるにはどうすればよいのだろうか。現状維持によって得られる少なからぬ物質的利益に疑問を抱くことに、どんな利益があるのだろうか。ダイアン・グッドマンが本書で取り上げるのは、まさにそうした根本的な問いへの答えであり、人種・階級・ジェンダー・性的指向・宗教・年齢・障害などをめぐる様々な特権が、現状を維持しもすれば、逆に打ち破ることもできるということを明らかにする。長年、特権集団の人々を対象に社会的公正教育を行う過程で得られた実例を詳細に紹介し、こうした人々がどうすれば階級制度における自分の立場を理解し、自らの社会的地位や特権を社会的公正の実現に役立てるようになれるかを示すのである。

この重要な著作は、Boler（1999）が「受動的共感」と名づけたものを打破しようとする。「受動的共感」とは、特権をもたない他者に安全な場所から素朴に同情することで、そこでは自分自身の立場や世界観を問い直さなくてもすむ。

> 「私たちがその生活を想像する『他者』は、共感を求めてなどいない。公正を求めているのだ。（略）重要なのは自分とかけ離れた他者に共感できる力だけでなく、他者に立ちはだかる壁をつくる風土を生み出している社会的力に、自分自身も関与していることを認めることである。」
> （Boler 1999, p. 166）

　挑発的な概念だが、社会的公正の実現をめざし、相互依存と平等な人間関係を構築するためには不可欠の概念である。
　著者グッドマンは、他者を傷つけるシステムの一部であることを認めたがらない私たちの姿を、そして私たち自身の役割を正直に認めなければ変革を起こすことはできないということを、きっぱりと、だが思いやりをもって指摘する。著者自身の教育・訓練の経験、あるいは同僚からの聞き取りから得た事例をふんだんに紹介し、特権集団に属する人々が抑圧のシステムへの関与に気づき、抑圧的な行為や社会構造に自覚的に疑問を投げかけていく意識の変化を、段階を追って描き出している。
　本書は教師、指導者、地域の活動家など、抑圧のシステムを突き崩し、平等と公正に基づく人間関係や組織を生み出すべく、立場の異なる人々が協働できる場をつくろうと戦っている人々のための優れた手引書である。特権集団の力を平等の実現に活用することは、現状打破の強力な助けとなりうる。謙遜と誠実な内省をもって効果的に行動すれば、特権集団は社会変革を促すうえで建設的な役割を果たすことができる。そのような能力を伸ばすことは、アメリカ政治を行き詰まらせているゼロサム志向への対抗手段となり、我々はみな運命共同体にあることを認識し、より民主的でインクルーシブな生き方へと変わっていけるかもしれない。

シリーズ編者の序文

リー・アン・ベル
2010年9月

Boler, Megan (1999) *Feeling Power: Emotions and Education*. NY: Routledge, p. 181.

謝　辞

　本書は長年にわたる学びと経験を経て生まれた。数えきれないほど多くの方々の活動や生き方に、私は恩恵を受けてきた。その一部は本書の様々な部分で引用させていただいた。学生やワークショップ参加者の皆さんからもらった体験談や感想は、本書の執筆に欠かすことができないものだった。私は今も、他の教育者や研究者、活動家たちから刺激を受け、成長させてもらっている。

　誰よりも、この第2版のもととなった初版の原稿の点検をしてくださった方々に感謝したい。リー・ベル、ロバート・カーター、ナン・フレイン、パット・グリフィン、リッキー・メゼラ、ティーマ・オクン、ナンシー・シュニドウィンド、グレン・ワインバウム、シャーメイン・ウェイジェイェシンガ。特に原稿全体を通読し、労を惜しまずたくさんの助力をしてくださったロブ・ケーゲルに感謝したい。

　第2版では、特権／抑圧のアンラーニング（学び直し）経験を語ってくださった多くの方々にお世話になった。特にインタビューに応じてくださったカーロ・ボルディーノ、ジム・ボニラ、スティーブン・ボトキン、トリシア・ブレナード、ボニー・クッシング、ロビン・ダンジェロ、スティーブ・ジョセフ、ジョイス・マクニクルズ、キャシー・オベア、ティーマ・オクン、トム・スターン、メラニー・サチェット、シャーメイン・ウェイジェイェシンガに感謝したい。

　第2版の企画・執筆を助けてくれた友人・同僚の支援と激励にも、心より感謝したい。どれだけ助けていただいたか、言葉では言い尽くせない。惜しげなく時間を割いて原稿を読んでくださった方々、リー・ベル、ワレン・ブルメンフェルド、キャロル・チャン、アン・マリー・ギャナン、アンドレア・

謝　辞

ヘネラ、ティーマ・オクン、ロビン・パーカー、アンナ・シャブシン、メラニー・サチェット、グレン・ワインバウム、シャーメイン・ウェイジェイェシンガに感謝したい。シャーメインは執筆中、感情面・技術面で絶えずサポートしてくれた。ラウトレッジ社のキャサリン・バーナード、ジョージェット・エンリケズにも、たくみな編集手腕で補佐し、フィードバックを与え、私の「脱線」を防いでくださったことにお礼を言いたい。

　さらに最愛のケイラとヘイリーにも、母親である私が書斎にこもって執筆している間、理解をもって辛抱してくれたことに感謝したい。そして最後に、繰り返し原稿を読み、しまいには私と一体化してしまうほどだったグレンに感謝したい。彼の愛情と支援によって、執筆の時間を確保し、本書を完成にこぎつけることができ、本当に恵まれていたと思う。

ダイアン・J・グッドマン

第 1 章
はじめに

　私は博士論文の指導教官が言った言葉を今も覚えている。「人は得てして、自分の人生において解決したいと感じている問題を研究対象に選ぶものだ」という言葉だ。その頃の私はまさにそうだったし、それは今でも変わっていない。

　私は1980年代の初めから、ダイバーシティと社会的公正（social justice）の教育をライフワークと捉え、実践している。現場は大学、非営利組織、学校、女性団体、地域団体など多岐にわたり、私自身ときには大学教員、ときにはトレーナー、コンサルタント、ときにはファシリテーター、アファーマティブ・アクション（積極的差別是正措置）・オフィサーなど、様々な立場から啓蒙活動を行ってきた。その中で多くの（あらゆる年代の）学習者、教師、カウンセラー、行政官、管理職、スタッフ、組織の役員、警察、地域住民、活動家など、多種多様な職業・役割の人たちと接してきた。

　こうした教育活動を行う中で、私は個人として、またこの業界のプロとして成長し続けている。社会における様々な抑圧（oppression）や多文化主義（multiculturalism）の問題には複雑な歴史があり、今後ますます複雑になっていくだろう。アメリカで、あるいは世界のどこかで社会的、政治的、経済的変化が起こると、それに応じて不平等をめぐる新たな懸念や現象も現れる。人種別の人口構成が変動し、社会のダイナミクスはますます複雑化している。私個人も現代の問題を常に把握するようにつとめ、意識を高め、自分自身が持つ様々な社会的アイデンティティが持つ意味を模索する毎日を送っている。仕事について言えば、社会風土が変化すれば社会的公正のための教育をどのように行うべきかも変わってくる。それぞれの社会集団に対する態度が

変化すると、不平等に対する人々の認識も変わり、新たな不安が現れ、それにともなって一連の新しい感情や反応が引き起こされる。

　社会的公正教育を行っていく中で、最も一筋縄ではいかないのが、数ある社会的抑圧において特権を持つ側に立つ集団（特権集団）との関わり方である。ときには彼らの偏見のない態度、勇気あるふるまい、リスクを厭わない姿勢に心打たれ、謙虚な気持ちにさせられることもあるが、一方で、新しい考え方を受け入れたり、「当たり前」とされてきた前提を問い直したりすることへの消極性、あるいは他者に対する配慮のなさを目の当たりにし、苛立ちや怒り、挫折感を感じることもあった。私や多くの同僚が最も苦戦を強いられてきたのが、後者の場合である。

　特権を持つ人々にいかにして社会的公正をめざす運動に関わってもらうかということが、きわめて重要であると私は考えている。単純に教育の現場だけをとっても、教室には様々な集団に属する人がいて、当然、特権集団に属する人も混じっているはずである。セッションを順調に進め、学びを最大化するには、すべての参加者が建設的に参加することが理想である。社会変革という視点から見ても、特権集団に属する人々は、個人としてだけでなく、制度や文化的な側面においても、社会的抑圧を維持する側に属している。資源、情報、権力へのアクセスがあり、変化を阻むこともできる立場にある。彼らと連携することができれば、彼らがロールモデルとなり、意思決定に影響を与え、資金を分配し、必要なスキルや知識を提供し、同じ特権集団のメンバーにも平等の遵守を促してくれることだろう。特権集団の人々を巻き込むことは、社会変革にとってたいへん重要である。抑圧される側のほうが社会的公正の拡大を求める傾向が強いのも確かだが、特権集団の人々が取り組みに加われば、社会変革に必要なクリティカル・マス（critical mass）の実現可能性が増大する。そもそも真の解放をめざすのであれば、それはすべての人々の解放でなくてはならない。後で述べるように、抑圧は特権集団に属する人も含め、あらゆる人間を矮小化させるものだからである。

　良きにつけ悪しきにつけ、こうした私自身の経験、そして正義に貢献したいという思いが本書を執筆するに至った動機である。一つには社会的公正の問題において、特権集団をより良く理解し、はたらきかける方法を模索した

い気持ちがあった。つまり、より良い教育者、より良い変革者になりたかったのだ。また、せっかく学んだ有用な知識を他者と共有したいとも思った。

　そんな取り組みの一部を学会、ワークショップ、授業などで発表するうちに、実に多くの人々がダイバーシティの問題、とりわけ特権集団の人たちとともにこの問題について考え、取り組む方法を求めていることに気づいた。むろん、本書が特権集団の人々へのはたらきかけをテーマにしているからといって、特権集団へのはたらきかけのほうが抑圧された集団へのはたらきかけより重要であるという意味ではない。むしろこれは、私自身の経験や、私自身が感じたこの領域におけるニーズに対する、私なりの回答なのである。

　特権集団の人々に対する社会的公正教育が重視されている現象を、"pedagogy for the privileged（特権集団への教育法）"(Curry-Stevens, 2007)や"pedagogy of the oppressor（抑圧者の教育法）"(Kimmel, 2010)などと呼ぶ人もいる。「ダイバーシティと社会的公正のためのトレーニング」に主眼を置いたプログラム（マサチューセッツ大学アマースト校）で大学院レベルのトレーニングを受けたことは、私にとってたいへん幸運なことだった。抑圧理論、ワークショップデザイン、心理学教育、グループ・ダイナミクス、発達理論についての講義や、人種差別主義、性差別主義、異性愛主義、階級差別主義、健常者優先主義、反ユダヤ主義に関するワークショップは、私にとってかけがえのない財産となった。これだけが私の教育の基盤ではないが、このような貴重な学びの機会を与えてくれた（そして今では貴重な同僚である）マサチューセッツ大学アマースト校の教員・学生の皆さんに深く感謝している。

　社会的公正教育に携わっている人の多くは、教育のやり方についてほとんどトレーニングを受けていない。個別分野に精通している人は多いが、教授法や教育のプロセスについては訓練を受けていないし、スキルも身につけていない。生まれつきの才能や直感、試行錯誤に頼っている。これらも確かに大事な要素である。しかし私の場合、他の理論や枠組みをうまく取り入れたときに最も能力を発揮することができた。そうした理論や枠組みを参照することによって、何が起きているのかをより把握でき、対応を考える参考にできるからだ。そのような裏づけがあるからこそ、自分のアプローチを練り、

相手の反応を予測することができるのだ。

　本書では、ダイバーシティと社会的公正に関する様々な問題をめぐって特権集団の成人にはたらきかける際、私が最も有効だと思った理論、視点、方略を紹介する。本書はダイバーシティや社会的公正の問題にすでに取り組んでいる実務家を対象としており、抑圧の存在や、差異を尊重し平等を促進する必要性を訴えようとする本ではない。上述のような理論的ツールによって、教育に携わる人々が仕事に対して内省を深め、より計画的に取り組めるようになること——自分たちが相手にしているのはどんな人々で、どんなことを、どのような理由で行っており、彼らをより良く教育するにはどうすれば良いかを考察する助けとなること——を願っている。教育学と心理学の分野からの引用が多いが、それにあたっては、個人を社会的文脈の中に置いて考察すること、心理学的分析を構造分析に埋め込むことを絶えず心がけた。外的要素と内的要素の相互作用、社会政治的文脈がいかに個人の態度や行動に影響を与え、ひいては授業内のダイナミクスに影響を与えているかを認識したいと考えたからである。

　本書はどんな教育場面にも役立つ一般的な原理や実践も紹介しているが、あくまで特権集団に属する人々へのはたらきかけと関連づけて解説している。アクティビティや学習例を詳細に解説したハウツー本ではなく、単純なレシピに従えば完璧な教育的経験を得られる料理書のようなものでもない。教育学的、心理学的視点を提供することで、様々な状況における皆さんの実践の参考とし、選択肢を増やしていただくことが目的である。様々なアプローチを紹介するが、安易な答えは示さないつもりである。そんな答えは存在しない。規範的になることなく、具体性をもたせるために事例や具体的な助言を提供したい。読者には、役立つと思うものを選び取って、活用していただきたい。本書にダイバーシティや社会的公正を教えるのに必要な知識がすべて盛り込まれているわけではない。さらなる情報、特に様々なアクティビティのアイデアについては付録を参照されたい。以下に記す本書のタイトルについての説明で、本書のめざすところがより明確になることと思う。

第1章　はじめに

タイトルについて

ダイバーシティと社会的公正の促進

　「ダイバーシティ（diversity）」という言葉は流行語となり、いろいろな意味合いで使われ、また同義語も多い。学校は「多文化主義（multiculturalism）」に取り組み、企業は「ダイバーシティを尊重する」ことを学びつつあり、社会は「文化的多元主義（cultural pluralism）」を取り入れようと試みている。こうした取り組みは多くの場合、文化的な違いを理解し、受け入れ、尊重しようとする動きである。思いやりある公正な社会で人々がともに生きて行くために、こうした試みはたいへん重要である。問題意識を高めることで、自分についても他人についても認識が深まる。そして人々は、様々なステレオタイプを問い直し、偏見を乗り越え、自分とは違うタイプの人々と人間関係を築けるようになる。一人ひとりの狭い世界観が広がって、自分とは異なる考え方や生き方、行動様式にも正当性はあるのだと知るのに役立つだろう。ときにはダイバーシティ・トレーニングを受けることによって、より生産的で平和な共存生活を送れるようにもなる。

　しかし残念ながら、ダイバーシティに向けた活動はたいていここで終わってしまう。というのも、そうした問題は個人や人間関係のダイナミクスとして捉えられがちだからである。探求をさらに深めることを願って、私はそこに「社会的公正」という言葉を加えたいと思った。社会的公正という概念は、公平性や権力関係、制度化された抑圧にも関わっており、権力や資源をより公平に分配し、あらゆる人が尊厳や自己決定権を持って、心身ともに安全に暮らせる方向を模索するものである。それによって人々が互いに責任を持ち、頼り合える社会の中で、実力を十分に発揮できる機会が生み出される。社会的公正をめざす取り組みのためには、不公平な制度的構造や政策、慣行を変え、支配的イデオロギーを批判的に問い直すことが必要だ。社会的公正の教育者たちは、社会に属するすべての集団が平等かつ十全に参加できるような、真の民主主義のための環境をつくろうとしている。実際、「社会的公正」という用語を単なる文化の違いだけでなく、権力や特権という問題にも取り組

むという意味で使う人が増えている。

教 育

　私はこの「教育」という言葉をきわめて広い意味で使っている。教育とは教室の中での授業や、教師と生徒の関係だけを示すものではないと思う。学ぼう、考えよう、成長しようとする人を手助けするとき、私たちはいつも教育に携わっている。教育するということは、知識を増やし、技能を磨き、意識を高め、批判的思考力を育てることだ。社会的公正の教育は、正規の教室での講義から、台所でテーブル越しにかわす会話、また会議での方針の説明まで、いろいろな状況のもとで、いろいろな形を取りうるのである。

　本書は、ダイバーシティと社会的公正の教育に携わるあらゆる人のために書かれている。主たる対象は教室やワークショップで教える大学教員、教師、指導者ではあるが、その他の社会変革に関わる人々、すなわちカウンセラーやオーガナイザー、学生課の職員や地域の教育支援者、活動の支援者やグループのファシリテーターといった人々にとっても、意味のある情報となるだろう。また本書で考察している原則や視点は、様々な状況や読者に広くあてはまる。だからそれぞれの状況や人間関係に合わせて、教師、世話役、教育者、指導者、学習者や参加者など、様々な用語を使い分けるつもりである。読者には「教師と生徒」といった言葉遣いに惑わされず、本書の概念や方略を様々な状況に応用していただければと思う。

　私の授業やワークショップ、会合に参加する人々は、当初は様々な教育段階にある。ダイバーシティと社会的公正についての知識や考え方、経験や傾向、偏見や期待も様々だ。一方の極には、多文化の問題を掘り下げることに抵抗を感じる人々がいる。彼らは非常に自己防衛的だったり、閉鎖的だったりする。次に、慎重にではあるが、新しい情報やものの見方を受け入れる人もいる。用心深くはあっても、伝統に縛られない考え方もしてみようとする人たちだ。さらにはこうした問題を熱心に検討し、変化を起こす方法を探し求める人もいるだろう。この人たちはダイバーシティの問題に取り組み、自らの意識を高める機会を積極的に活用しようとする。もう一方の極には、数は少ないが、すでに社会的公正の問題に関わりを持ち、さらなる成長によっ

て積極的に行動したいと願っている人たちがいる。最終的な目標としては、特権集団の人々がアライ（味方）となり、抑圧されている人々（や同じく特権集団にいる他の人々）と連帯し、公平性実現のために行動してくれるようになってほしい。社会的公正教育とは、一方の極からもう一方の極への動きを促していくことなのである。

　のちに詳しく論じるが、抵抗感を抱いているかぎり、人は聞く耳を持とうとしない。そのため、まずは抵抗感を和らげ、こうした教育に心を開いてもらう必要がある。抵抗感を持たない状態になってくれれば、彼らの無関心と闘い、興味を引き出す方法を考えられるようになる。そして相手の関心が高まってきたら、そうした心の動きを促して、今度は自身の信念に基づいて行動できるようにしてあげなければならない。本書では、こうした「抵抗」から「連帯」に至る様々な段階の中から、いくつかのポイントに焦点を当てている。まず最初に抵抗について取り上げ、どうやって抵抗の原因をつきとめるか、どうそれを予防し、解決するかについて考える。二番目に社会的公正を支援しようという意欲をいかに引き出すかについて取り上げ、どのような理由があれば特権集団は公平性を支持するのかを明らかにし、教育活動においてそうした動機に訴え、引き出していく方法を紹介する。そして三番目は連携と行動について取り上げる。ここでは、特権集団の人々が変革を願うようになり、効果的に変化を起こす方法を考え始めたとき、取りうる選択肢を示そうと思う。

特権集団に属する人々

　「特権集団の人々」*という用語があるということは、優位でない集団の人々もいるということである（*訳注：日本語の書名は「特権に無自覚なマジョリティ」に変更した）。抑圧のシステムは支配と服従の関係で成り立っている。そこには不平等な権力関係が存在し、それによってある集団の犠牲のもとに他の集団に利益がもたらされる。こうしたダイナミクスのもとにある2つの集団には様々な呼び方があり、そこには上記のような状況が反映されている。すなわち抑圧する側とされる側、利益を得る側と不利益を被る側、支配する側と服従させられる側、行為者とそのターゲット、特権を持つ集団と社会の

周縁に追いやられた人々、支配する側と支配される側、多数派と少数派などである。どの呼び方も完全に納得できるものではないが、多少とも権力を持つ立場にいる集団を指すために様々な言葉を使うことにする。タイトルには、人々に最もなじみがありそうな「特権集団」という語を選んだ。ただし、この集団は労せずして特権を得、社会的な力も強いというだけでなく、社会規範を規定しているという点を考慮して、「支配集団」という語も使っている。特権集団の価値観、イメージ、経験は文化全体に浸透し、その社会を代表するものとなっている、そういう点がまさに支配的なのである。このような言葉を用いたからといって、それぞれの集団に、その社会的地位に対応した先天的な属性があるわけではない。これは社会的に構築され、再生産される社会ダイナミクスであって、どの属性を取り上げて人々を分類し、ランクづけするかを決めるのは権力者たちなのである。

　様々な集団を表すカテゴリーや名称は、様々な理由から不完全で問題をはらんでいる。権力を持つエリートたちは支配とコントロールのために集団のカテゴリー分けを変えたり、レッテルを貼ったりしてきた。合衆国成立前のヨーロッパ系の入植者たちは自分たちの権力を確立し、アフリカ人やネイティブアメリカンを隷従し続けるため、人種的カテゴリーである「白人」というカテゴリーをつくった。また、アイデンティティが社会的に構築され、評価されるプロセスは時とともに変化する。例えばアイルランド人、また後にはユダヤ人が最初にアメリカにやってきたときは支配集団（白人、アングロサクソン、プロテスタントの人々）から「白人」と見なされなかったが、のちにアフリカ系アメリカ人との連帯を防ぐため、「白人ステイタス」への仲間入りが認められたという歴史的背景がある (Ignatiev, 1995; Sacks, 2010)。「米国障害者法」(1990) においても、誰が「障害」を持つのかということは絶えず再定義されてきた。私たちは社会的アイデンティティによって支配集団か従属集団かに分類される。抑圧は社会（特権集団）が個人をどう評価し、名づけるかによって起こるのであって、人々が自らのアイデンティティをどう定義するかによって起こるのではない。

　加えて、人はしばしばそうした「カテゴリー」にきちんと収まらない。支配と服従の集団に分けること自体、二分的・二元論的な考え方を支持し、か

つ推進していることになる。こうした二元的な考え方によれば、人は容易に両極どちらかのカテゴリーに分類できることになる（白人か有色人種か、健常者か障害者かといったように）(Rosenblum & Travis, 1996, pp. 14-25)。しかし同一集団の中にも、あるいは集団と集団の間にも、程度や段階の差やバラエティが存在する。生物学的な性、性的アイデンティティ、ジェンダー・アイデンティティ、ジェンダー表現などの問題に取り組んでいる理論家や活動家は、このような二元的システムの問い直しに積極的に取り組んできた(Butler, 1990, 2004; Califa, 1997; Nestle, Howell, & Wilchins, 2002; Wilchins, 1997)。インターセックス、トランスジェンダー、あるいはクイア（queer）の存在を認めれば、人々を単純かつ限定的に分類することは難しくなる。

　このように支配集団と従属集団とを分けることに問題があるとしても、抑圧における権力関係やダイナミクスについて論じるうえで、こうした分類は役に立つと私は思う。これらのカテゴリーは社会的に構築されたものでありながら、人々の実際の生活に大きな影響を及ぼしているからである。次に示す図（図1.1）はアメリカでよく見られる抑圧と、それに対応する支配集団と従属集団のカテゴリーを示したものである。それぞれを横長の直線で描いたのは、同じ抑圧のカテゴリーに属する人でも、利益・不利益が異なっている場合があるからである。境界線の左は優位な人々で、右は抑圧されている人々だが、どの程度権力にアクセスできるか、あるいは社会の周縁に置かれているかはそれぞれ異なる。例えば、中産階級の人々は優位とされるが、上流階級に比べると優位性は少なく真ん中寄りになるのに対し、上流階級の人々は図の左端に来る。同じアフリカ系アメリカ人というアイデンティティを持っていても、肌の色によって待遇や成功の機会は異なるかもしれない。加えて、左右の両側に属する人々を表す名称は、必ずしも支配集団もしくは従属集団のすべてを網羅しているわけではなく、その一例に過ぎなかったり（例えば宗教的抑圧では、周縁化されている宗教をすべて挙げているわけではない）、包括的用語であったりする（例えばトランスセクシャル、同性愛者、男性への性転換者（transmasculine）、女性への性転換者（transfeminine）、ジェンダー・ノンコンフォーミング（既存のジェンダー分類にあてはまらない人）などはトランスジェンダーという語に含まれる）。制度的な不平等や社会的アイデンティ

図1.1　様々な抑圧

支配的			従属的
	人種差別 （人種）		
ヨーロッパ系の人々 （白人）			アフリカ系、アジア系、ラテン系、ネイティヴ・アメリカン、中東系の人々（有色人種や複数の人種的ルーツをもつ人々）
	性差別 （生物学的な性）		
男性			女性 インターセックスの人々
	異性愛主義 （性的アイデンティティ）		
異性愛者			レズビアン、ゲイ、バイセクシャル　クィア、無性（性に無関心な人々）
	トランスジェンダーへの抑圧 （ジェンダー・アイデンティティ、ジェンダー表現）		
生物学的性とジェンダーが 一致する男性、女性			トランスジェンダー
	階級差別 （社会経済的地位）		
上流階級	中産階級	労働者階級	貧困層
	能力差別 （能力）		
現在、健康な人			障害のある人
	老人差別 （年齢）		
若者と壮年			高齢者
	宗教的な抑圧 （宗教）		
キリスト教			ユダヤ教、イスラム教、ヒンドゥー教、無神論者その他の宗教的少数派
	異文化差別 （国籍）		
その国で生まれた人			その国で生まれていない人

ティが絶えず変化することを考えると、教育者は常に使用するカテゴリーと言葉を最新のものに改めていくべきだろう。また「〜イズム（〜主義）」や集団の名づけ方も、必ずしも合意が得られていない。これは包括的なリストではなく、民族、言語、体格や外見、年齢（子ども）などによる他の抑圧を加えることも可能だ。この表に示していないからといって、そうした種類の抑圧の重要度が低く、無害ということではない。読者にはこの表を、必要に応じて他の社会的不公正にも応用していただきたい。また、ここに挙げたような抑圧は世界規模で起こっているが、本書ではアメリカ国内で抑圧がどのように行われているかを中心に述べていくつもりである。

　加えて、私たちは皆、複数の社会的アイデンティティを持っており、社会的なカテゴリー分けによって特権集団と劣位集団のどちらにも属しうるし、権力構造のどちら側にも立ちうる。多くの人と同じく、私も特権集団と劣位集団の両方に属している。女性でありユダヤ人であることから、性差別主義や反ユダヤ主義、または宗教的抑圧という点では劣位集団に属しているが、白人で異性愛者で障害がなく、中産階級に属し、アメリカ生まれであり、ある程度年齢を重ねている点では特権集団にも属していることになる。それぞれが持つ社会的アイデンティティの固有の組み合わせが、その人の経験や自己意識を決定している。たとえ特権集団に属していても、私たちの中の劣位のアイデンティティによって権力や特権へのアクセスが断たれないまでも狭められることはあるだろうし、別の特権的アイデンティティによって権力等へのアクセスが強まることもあるわけだ。

　本書では一貫して「特権集団に属する人々」という言い方をしているので、同じ特権集団内だけでなく、異なる特権集団との間にも何らかの共通経験があると受け止められるかもしれない。しかし特権集団に属していても、人には別のアイデンティティもあり、それがその人の全体的な人格をつくり上げ、経験やアイデンティティに影響を与えていることも十分認識しなければならない。私たちが持つ様々な社会的アイデンティティは、それぞれ独立したものであると同時に、相互に関連し合っている。特定の特権的アイデンティティに焦点を当てるときも、私たちの社会的アイデンティティのすべての側面が互いに影響し合っていることを忘れてはならないのである（例えば、中産階

級であること、女性であること、ユダヤ人であることは、私の白人としての経験に影響を及ぼしている）。交差的アイデンティティという概念（intersectional paradigm）が、アイデンティティや特権、抑圧の経験を理解するために使われることが増えている（Anderson & Collins, 2010; Berger & Guidroz, 2009; Dill & Zambrana, 2009; Luft & Ward, 2009）。

このように、自分の中で最も重要なアイデンティティを、それ以外の社会的アイデンティティから切り離すことはできない。けれども特権集団の一員であることの意味を理解してもらうには、まず特権集団のアイデンティティに焦点を絞ることが効果的であると、私は経験的に学んできた。交差的アイデンティティという考え方を支持する人々（例えば、Luft & Ward, 2009）も、特に入門レベルなどでは、場合によって一つのアイデンティティに絞り込むことが有用だと認めている。特権や抑圧のシステムがいかにはたらいているかを最初の段階で理解しなければ、そうしたシステムがより複雑なアイデンティティの組み合わせのもとではどのように機能するのかを理解することは難しい。まして特権集団の人々は自分たちの中の劣位アイデンティティに注目することで、特権集団としての経験を認めまいとしがちである。まず基本をしっかりおさえておけば、自分自身や他者の特権集団としての経験が、それと交差する他のアイデンティティによってどのように影響されるのかもより容易に理解できるだろう。

本書では、他の社会的立場が影響を与えることや、すべての特権集団が同じではないことを常に踏まえたうえで話を進めていくつもりだが、話を明快かつシンプルにするために、より一般化して語ることになるだろう。確かに複雑なダイナミクスを単純化したり、わかりやすくする枠組みでは、決して状況や問題の複雑さを完全に捉えることはできない。しかしそうしたモデル、概念、用語法は教育的ツールとして、社会的ダイナミクスやそこでの自分たちの役割を理解させるうえで有用である。地図と実際の地形が同じでないことを忘れないでほしい。教育にあたる方々には、様々な概念を扱うにあたって、それぞれの状況に固有のダイバーシティや複雑さがあることを強調していただければと思う。

特権集団の人々について書くにあたって、特権集団の人々を「彼ら」と表

現するか、「私たち」と表現するかで悩んだ。どのアイデンティティに着目するかによって、私自身が特権集団の一員になることもあれば、ならないこともあるからである。私は常に特権集団に属するというわけではないので、特権集団の人々にはおおむね「彼ら」という、少し距離をとった言葉を使った（ただし教育者を指すときは「私たち」という言葉を用いている）。本書で特権集団と言うときは、すべての抑圧において特権集団に属する人々（白人、異性愛者、キリスト教徒、中年、健康な人、アメリカ生まれ、中産階級または上流階級の男性）のことを言っているのではない。あくまでも、特定の抑圧のカテゴリーにおいて、特権集団に属する人々のことを言っているのである。

特権集団をひとくくりに論じることの利点と限界

　本書では、例えば白人に人種差別主義（racism）、男性に性差別主義（sexism）、異性愛者に異性愛主義（heterosexism）について教育することをめざすのでなく、あえて一般的な意味での特権集団の教育に焦点を当てている。こうすることで、様々な支配システムの共通原理や相互関係を明らかにしたいと考えている。なぜなら抑圧には様々な形が存在するが、類似したダイナミクス、パターン、テーマが共通して見られるからである（Adair & Howell, 1988）。特権集団の人々を教えるとき、それがどんな種類の抑圧における特権集団であっても、似たような問題にぶつかることが多い。私をはじめ多くの教育者は、様々な形の抑圧について教えているので、特定の抑圧に絞り込むより、一般性の高いものにしたほうがより有用だろうと考えた。

　とはいえ、あらゆる形の抑圧が同一であるとか、多様な特権集団に対して同じ教育でよいと考えているわけではない。それぞれの抑圧には固有の特徴やダイナミクスがある。例えば性差別や人種差別においては、個人のアイデンティティや優位・劣位の立場が少なからず固定されている場合が多い。一方で、年齢差別においてはアイデンティティや優劣の立場が年齢とともに変化し、階級差別や障害者差別でも同じく立場が変化することがある。性差別や年齢差別では、特権集団と劣位集団の間柄が近しく、ときには親密であったりもするが、一方で人種差別や異性愛主義においては、特権集団が劣位集団と親しくなることを避けがちである。劣位集団に対する態度も様々である。

例えば人種差別では恐怖、健常者優先主義では憐れみ、異性愛主義やトランスジェンダーへの抑圧では嫌悪感、異文化差別では怒り、年齢差別では蔑視といった具合である。異性愛主義、反ユダヤ主義、階級差別のような抑圧のタイプにおいては「パッシング（passing）」（特権集団を装うこと）が可能だが、性差別や人種差別や健常者優先主義などではそれは難しいか、ほぼ不可能である（例えば障害が目に見える場合など）。また抑圧の歴史や社会的機能も様々である（例えばアメリカにおけるアフリカ系アメリカ人の扱いと待遇、9.11以降のイスラム嫌悪の台頭など）。Young（1990）は、「抑圧の5つの側面」として、搾取、周縁化、無力化、文化帝国主義、暴力を挙げている。ある社会的集団が上記の側面を一つ以上経験しているならば、その集団は「抑圧されている」と見なすことができるという。つまり人々が行使し、あるいは経験する抑圧行為の種類と程度は、一定ではないということになる。

　社会的公正教育を行うとき、様々な抑圧の間にあるこうした違いを押さえておくべきだろう。特権集団に抑圧について教える場合も、こうした違いが関係してくる。共通して見られる反応や全般的に効果のある方略がある一方で、ある種の抑圧について教育するとき、そのタイプの抑圧に特有の反応が見られることが多い。例えば異性愛主義を取り上げるときには、道徳的・宗教的信念に基づいた抵抗がよく見られるが、これは別の種類の抑圧を取り上げるときにはあまり見られない。また階級差別を取り上げる際、資本主義や現在の階級制度を批判すると、たちまち反発して他国の経済システムへの歪んだ見方で反論されることが多い。社会階層を上りたいという自身の欲求が攻撃された、批判されたと感じた人は、それに代わる選択肢は抑圧的な共産主義しかないと思い込んでいる場合が多く、"アカ"呼ばわりするなどの言動が見られたりすることもある。

　本書において広く包括的なアプローチをとることは、もちろん一定の限界や危険をともなう。例えば特定の抑圧に見られるニュアンスや特徴が切り捨てられてしまう可能性があるなど、一般化することによって得られるものがある反面、個々の特徴は失われてしまう。個々の抑圧の違いを否定したり曖昧にしたりすることは本意ではないが、一般化して論じるときには避けて通れないことでもある。包括的な枠組みを用いたとしても、特定のトピックや

「〜イズム（〜主義）」に対する詳細な対処法が不要になるわけではない。本書では一般化したアプローチをとるため、特定の抑圧を教える場合に特有の問題を十分に扱えないかもしれない。こうした制約を考えて、読者にはぜひ本書の付録から、あるいは他の文献から入手できる資料などを活用して、足りない点を補完していただきたいと思う。

本書の概要

　この章では、本書の目的、論理的根拠、限界について説明し、特権集団（privileged groups）、および社会的アイデンティティという概念を紹介した。2章では私たちがはたらきかける対象をよりよく理解するために、特権集団の人々を記述することに焦点を当てる。特権集団とそこに属する人々の主な特徴に注目し、その人が持つ複数のアイデンティティが特権のあり方にどう影響するかを論じたうえで、自身を特権集団と見なすことへの抵抗について詳しく考える。3章では個人の発達と変化について、いくつかの理論を検討する。これらの理論は、一人ひとりのニーズに見合った学習プロセスのための環境づくりや方法を考えるうえで役立つ。4章では、特権集団の人々が抵抗を示す様々な社会政治的、心理的理由を明らかにし、掘り下げて考察する。抵抗の原因を少しでも理解することで、より効果的な教育を実践できる。具体的な方法については5章で取り上げ、特権集団の人と接する中で出くわすであろう抵抗を未然に防いだり、そうした抵抗に対処したりするための様々な方略を紹介する。6章では、抑圧が特権集団の人々にも様々な心理的、社会的、知的、道徳的、宗教的そして物質的損失をもたらしていることを明らかにする。そして特権集団だけが社会的不公正の恩恵を受けていて、平等が達成されれば必ず損をするという、勝ち負け（ウィン=ルーズ）の考え方に疑問をつきつける。7章では、特権と抑圧をアンラーニング（学び直す）プロセスによって、特権集団の人々がいかに利益を得られるかを示し、回復と解放への展望を示す。8章では、どのような理由があれば、特権集団は社会的公正を支持するようになるのかという話題に移る。ここでは、共感、道徳的・宗教的価値観、自己の利益がいかに重要な動機づけになりうるかを論じる。

9章では上述のようなモチベーション要因を強化し、変革を支持する気持ちを引き出して実現する方法を模索する。相手のニーズや不安に配慮するなど、相手の身になって行動すること、そして現在の社会、政治、経済システムに代わる前向きな提案をすることの重要性を具体的に示す。10章では（社会的公正を実現するための）アライ（味方）となること、またアライとしての活動に焦点を当て、強力なアライになるにはどうすればよいか、その活動を長続きさせる方法、そして社会的公正の実現に役立つ様々な方法について述べる。最終章は社会的公正を教育する側の問題に焦点を当て、教育者自身の社会的アイデンティティの形成が教育にどのように影響を与えるか、そして教育効果を左右する様々な要因や、教育者、変革の担い手としての能力を高める方法を考える。

　ダイバーシティと社会的公正について教育することは、困難だがやりがいのある仕事である。それは終わりのないプロセスであり、常に学ぶことの多いプロセスである。本書で示したアイデアの多くは発展途上の未完成のものではあるが、社会的公正についての最適な教育を模索する多くの方々の助けとなればと願う。これらのアイデアによって、特権集団の人々と協力しようとする私たちの努力が進展し、その結果、この世界を人間性を十分に尊重し育む場としていくための、集団としての私たちの力を強めてくれることを願っている。ご意見やご感想があれば、出版社を通して、もしくはdrdianegoodman@gmail.comへのメールにて、または私のウェブサイト（http://www.dianegoodman.com）へぜひご連絡いただきたい。

第2章
特権集団について

 どんな教育現場でも、教育する相手を理解することは有益である。特権集団（privileged group）に属することは、その人の世界観、ものの見方、行動に影響を与える。本章では、特権集団に属するとはどういうことなのか、私たちが取り組もうとしている社会的公正教育において、それがどのような意味を持つのか、掘り下げて考えていく。具体的には特権集団に共通する特徴、彼らの持つ複合的アイデンティティ、特権を持つ側にいる者としての経験、そして自分が特権を持っているという事実を認めることへの抵抗について論じる。

特権集団の属性

 特権集団にはいくつかの重要な属性がある。本章の前半では特権集団の特徴を取り上げ、そうした属性が彼らにどのような影響を与えているかを考察する。ここでは特権集団一般にあてはまる属性を取り上げるが、抑圧（oppression）の種類や個人差により、大幅なバリエーションがあることを忘れないでいただきたい。

正常性（Normalcy）
 その文化、その社会において支配的な規範は、特権集団の特徴を土台にして成り立っている（Wildman, 1996）。特権集団が基準となって他の集団が判断される。つまり、特権集団が「正常」と見なされるのである。こうした正常性の基準は、何が良く、何が正しいかを規定する際にも使われる。こうし

て生まれた文化的規範はやがて制度化され、政策や社会的慣習として確立されていく。キャサリン・マッキノン（1989）はこうした現象が、男性という特権集団にもあてはまることを示している。

> 「男性の生理機能が多くのスポーツを定義し、男性の健康上のニーズが保険の適用範囲を、社会的に設計された男性の生き方が職場での期待と成功したキャリアパターンを、男性の考え方と関心が学問の質を、男性の経験と強迫観念が成績評価を、男性の兵役が市民の資格を、男性の存在が家族を、男性の協調性のなさ——戦争や統治——が歴史を、男性のイメージが神を、そして男性の性器が性別を定義している。」(p. 224)

アメリカ文化においては、白人、キリスト教徒、中産階級、異性愛といった規範が基準となっている。そのことがはっきりわかる場所の一つが学校である。教育現場の多くで使用されているコミュニケーション・パターンや文化的規範は、いわゆるアッパーミドル（上位中産階級）の白人家庭の特徴を反映している。例えば個人主義に基づく学習法、競争の奨励、静かでコントロールされた教室が重視されている点などである。逆に、他の文化集団においてより一般的な集団主義的価値観や口頭伝承、動きの活発さといった価値観は反映されない（Delpit, 1995; Greenfield & Cocking, 1996; Viadro, 1996）。標準テストの構成と内容は白人の中産階級男性を基準として作成されているため、性別や人種に対する偏見を懸念する声がある（Sadker, Sadker, & Zittleman, 2009; Santelices & Wilson, 2010）。以上のような規範に適応できるか否かが、教育における成功や成績を大きく左右している。例えばある研究（Morns, 2007）によると、教員は黒人女生徒のふるまいを「女らしく」ないと判断しがちで、授業に参加したり成績を上げようとする行動や特徴は抑制しようとするという。

職場においても同様のことが言える。ビジネスの世界で成功するのに必要な話し方や服装を思い浮かべてほしい。「正しい英語」や、スーツなどの「ビジネスにふさわしい服装」、そして洗練されたスタイルが標準として受け入れられている。企業において指導的な立場にいる女性、ユダヤ人、黒人、ア

ジア人、ラテン系アメリカ人、そしてゲイやレズビアンの人々の経験を調査したある研究によれば、表面的にはダイバーシティが確保されていても、行動や価値観は以前と変わらないという（Domihoff & Zweigenhaft, 1998a）。成功を手に入れるには、前述のような特権集団の規範や期待に合わせなければならないからである。「伝統的なステレオタイプに配慮して、ユダヤ人や黒人の幹部は適度に節度を保ち、アジア人の幹部は適度に自己主張し、ゲイの幹部は伝統的な男性らしさを、レズビアンの幹部は伝統的な女性らしさを示さなければならない」（Domhoff & Zweighenhaft, 1988b, p. 44）。過度に「ユダヤ人らしすぎ」たり、「黒人らしく」あったり、「同性愛者らしく」あったりすることはできないのである。

　いわゆる「良い家族」とは、（依然として）家で育児をしている母親と外で働いて収入を得てくる父親というイメージに基づいている。私は最近家を購入したのだが、「家族」をめぐる文化的規範を強く思い知らされることとなった。家事をしてくれる人を雇うため様々な業者に電話をかけ、相手には最近家を購入したことと自分のフルネーム（姓と名）だけを伝えた。ところがわずかな例外を除き、相手は私が「頼れる夫」を持つ専業主婦という前提で対応し、私のことをミセス・グッドマンと呼んだ。私が独身かもしれない、もしくは同性愛者かもしれないといった可能性は、彼らの想定に入っていなかったのである。

　上記のように、文化的規範が深く根づいている例は他にもある。ある教育関係の大規模な学会に参加した際には、私自身がその規範からはずれていることを痛感した。その学会はサンフランシスコの一流ホテルで行われ、パスオーバー（過越の祭）の期間中であったにもかかわらず、マッツァーがテーブルに上ることは一度もなかった（マッツァーとは酵母を入れないクラッカーのようなパンで、ユダヤ人がパスオーバーの間、禁じられている発酵させたパンの代わりに食べるものである）。また別の例では、メッセージカード売り場に並ぶカードの絵柄が挙げられる。ターゲットが限定されている場合を除き、障害のある人や有色人種、同性カップルがカードの絵柄として登場することがどれだけあるだろうか。また「白人の肌の色」の規範については、大統領夫人であるミシェル・オバマ氏が着用したドレスに関する記事の中に現れた

ことがあった。その記事では、ドレスの色を「ヌード」や「肌色」と表現していた（後に、「シャンパン色」と訂正された）（Critchell, 2010）。この表現がとりわけ皮肉な結果となった理由は、オバマ大統領夫人がアフリカ系アメリカ人で、そのドレスは彼女の肌の色とはまったく異なっており、それはどの写真を見ても明らかだったからである。

　私たちは、規範に逆行するものや例外的なものに出合ったとき、規範の存在を意識することが多い。例えば、人間一般を指すのに "he" を使っている文章を読んでいるとき、すべてを女性代名詞に置き換えてみると規範の存在に気づく。また私はニューヨーク市を含めた北東部の大都市で暮らしてきたが、南部のアトランタを訪れたとき、デパートのマネキンの肌がすべて茶色であるのを目にして衝撃を受けたことを覚えている。規範とは反対の状況、例えば同性愛が最も一般的で受け入れられている性的指向であるといったような場合を想像してみるのも、私たちが当たり前のように標準とし、適切と考えているものを明らかにする良い例となる。

　また個人のアイデンティティが問題になるのは、その人が私たちの考える規範からはずれている場合であることが多い。規範に一致している場合はその人の社会的アイデンティティが問われることはなく、言語化されることもない。例えば、「女医」といった呼び方や、「アラブ系の店主」、「ラテンアメリカ系ビジネスマン」、「レズビアン教師」、「身体障害者の弁護士」といった表現を、そういう定義が不要の文脈においても使いがちである。一方で、上記と同じ職業の人を指すのに「男性の」や、「白人の」、「健常者の」、「異性愛の」といった言葉を使うだろうか。規範の外に身を置いてみない限り、私たちが慣れ親しみ、「普通」と捉えているものが何であるかに気づかないことが多いのである。

　正常性（normalcy）はどのように内面化されるのだろうか。その一つの例を、私の娘が8歳だった頃に交わした会話に垣間見ることができる。娘は中国系と白人の親を持つ友だちが、目の形が原因でからかわれているという話をしていた。この会話の途中でヘイリー（娘）は、「でも私の目は……」と言いかけ、正しい言葉を探して口ごもってしまった。そして、ややためらいがちに「ノーマル（普通）じゃない？」と締めくくった。私はこれを良い教育の

機会と捉え、その友達の目の形を表現する別の単語（オーヴァル「楕円形」）を提案したうえで、何が「普通」かはコンテクストに依存すること（中国ではその友人の目が「普通」と見なされるだろう）、そして違うということと、「普通」であるということは別問題なのだということを話し合った。

　ある集団が規範を満たしているとき、その集団は「客観的」で「中立的」であると見なされるし、彼ら自身もそう理解する。そして他の集団は偏見や政治的目論見を持っているとされる。これはソニア・ソトマイヨール氏の最高裁判事指名承認公聴会によく表れている。ソトマイヨール氏が女性でラテン系であることが、その判断に影響を及ぼさないかと議論（そして懸念）されたのだが、男性であることや白人であることが最高裁判事の判断にどんな影響を及ぼすかは、一度も議論されたことがないと言ってよい。

優位性（Superiority）

　以上のような正常性の感覚は、優位性の感覚にもつながっている。正常であるということは、より良いということでもあるのだ。つまり差異が「優れている・劣っている」に転換され、特権集団の属性が勝ち組とされる。例えば「標準的な英語」は、社会に受け入れられるだけでなく、他の文化的な方言より「優れている」とされる。また異性愛者の核家族は、ゲイやレズビアンの家族よりも「一般的」と考えられるだけでなく、「最も良い」家族構成とも見なされる。他にも白人（もしくはヨーロッパ）の文化における音楽や芸術、ダンス、文学などは、より洗練され優れていると考えられ、他の人種や民族集団の文化は興味深くはあるが「原始的」と見なされる。

　差異が優劣の概念に転換されることは、いろいろな肌の色の子どもに対する子どもの態度、信念、社会的選好を評価した研究の中でも示されている（http://cnn.com, May 2010）。幼児と中学生を対象に、肌の色（明るい色から暗い色まで）をポジティブまたはネガティブな特性（頭が良い、頭が悪い、親切な人、意地悪な人など）とどう関連づけているのかを調べるため、様々な質問に答えてもらった。子どもたちは全体的に「白人バイアス」を示し、明るい肌の色をポジティブな特性に、暗い色の肌をネガティブな特性に関連づけ、白人の子どもたちはいっそう強い「白人バイアス」を示した。

特権集団に関連づけられるか、被抑圧集団に関連づけられるかによって、同じ特性でも違った呼び方をされ、異なった評価をされることもある。キリスト教徒は「倹約家」だがユダヤ人は「けち」、異性愛者の男性なら「モテる」というところを、ゲイの男性なら「遊び人」となる。男性なら「リーダー」だが女性なら「お局」と言われ、白人なら「やり手」だがアジア人なら「ずる賢い」となる。このように、特権集団は自分たちの特性は好ましいものとして持ち上げ、他集団の特性は歪めたりさげすんだりする。

優越感は、いつもあからさまに意図を持って伝えられるとは限らない。むしろ有色人種の人々が社会の主流に受け入れられるには、白人の規範に同化すべきだという（たいていは無意識の）期待となって現れる。女性が職場で高い評価を得るには、「男性的」なリーダーシップやコミュニケーションスタイルを取り入れること（ただし過剰に「男性的」になってはいけない）を期待されるのも、同様の現象である。劣位集団の人々を「自分たちと同じ」にしようとするのは、優位性の原理がはたらいている証拠であり、そこには「私たちのやり方」のほうが良いという暗黙のメッセージが発せられているのである。

こうした優越感は、特権集団の特質と文化についてだけでなく、個人にも及んでいる。抑圧とは、ある集団が他集団に対して持つとされる先天的な優越についての信念と定義することもできる。こうした優越感は、人々がどのように見られ、扱われるかに影響を与える。専門職の人々は労働者階級の人々より尊敬に値すると考えられる。白人女性がレイプされたり、白人の子どもが殺されたりしたときのほうが、有色人種の女性や子どもがそうなったときより社会的反響が大きいのもその一例である。また発達障害のある人々は、危険な医学実験の実験台として適切と見なされてきた。最高裁判所のレベルでさえ、ルース・ベーダー・ギンズバーグ判事が多くの女性におなじみの経験を語っている。他の最高裁判事との会議で彼女の意見が無視されるのに対し、同じ意見が男性判事から出ると採択されるというのだ（Lewis, 2009）。

劣位集団の人々は通常、低水準ないし異常というレッテルを貼られる。そして生まれつきの欠点や欠如のため能力が低いと見なされる（Miller, 1976）。例えば女性は感情的すぎる、黒人は知性が劣る、ゲイは道徳的に社会の基準

から逸脱している、障害のある人々は不完全、といった具合である。劣位集団の人々はどこかが劣っているというだけでなく、そこから論理を拡大して、特権集団の人々は優れているとされる。こうした論理によって特権集団は被抑圧集団に対する制度的不公平を正当化でき、自分たちこそが権力と特権を持つにふさわしいと感じることができるのである。

文化的、制度的な権力と支配

　抑圧には社会的権力の不均衡が関与している。必要なものを得たり、他人に影響力を行使したりする力を強める資源、資産、報酬／懲罰へのアクセスと支配が偏っているのである。このことが支配、つまりある社会集団が自分たちの目的のために、制度的に他の人々を支配下に置き、コントロールし、操作し、利用する力を生み出す。社会的な権力と支配は人間関係、あるいは制度的・文化的な力を通して生み出され、維持される。特権集団の価値観を反映し、その特徴を体現し、その利益を促進するシステムと構造がつくり出される。構造的な視点から見ると、社会的不平等を構築し永続させているのは個人の態度だけではなく、公共政策や制度化された慣行であることがわかる。「白人優越主義（white supremacy）」という言葉が注目されているが、これは極端な人種差別主義を指すのではなく、白人優越主義の概念が組織やイデオロギーにいかに埋め込まれているかを示す言葉なのである。不公平な権力体系は、人々の世界観を形づくり、資源をコントロールし、機会を抑制することで維持されているのである。

　社会的抑圧はイデオロギーと構造の両面を持っているので、様々な形を取りうる。黒人差別法や（告知なしの）強制的不妊術など、社会的抑圧が露骨で威圧的であり、特権集団の有利さが明確である場合もある。しかし女性を性の対象として表現するメディアのイメージや、安価な余剰労働力を確保するためにある程度の失業率を維持する経済政策などのように、よりわかりにくく陰湿で、特権集団への利益が見えにくい社会的抑圧もたくさんある。

　特権集団が主流文化、すなわち行動パターン、シンボル、制度、価値観など、社会における人為的要素を規定している（Banks, 1991）。そうした要素によって、何が認められて何が認められないか、何に価値が置かれ何が無視

されるかが決まる。他のグループは「下位文化」の地位に追いやられる。例えば、支配的な文化規範が私たちアメリカ人の美の基準に反映されている。美しい女性のイメージは若く、極度に痩せていて、背が高く、色が白く、アングロサクソン系の顔立ちで、つやのある髪、そしてしばしばブロンドで青い目を持つ女性である。主流文化の時間規範では、時間に忠実であることが求められる。つまり時間に正確で、ミーティングを予定の時間に終えることが期待される。他の文化集団では時間をよりゆったり捉えており、準備が整ったと思ったときにものごとを始めたり、終わらせたりする。これはしばしば、怠惰でだらしないと見なされる。

特権集団は支配的イデオロギー、すなわち一般に普及している考え方や現実の捉え方をも規定している。支配的イデオロギーは個人の意識を形成するだけでなく、支配を正当化したり見えにくくしたりする（Kreisberg, 1992, p. 15）。ヘゲモニー（覇権）という概念（Gramsci & Forgacs, 2000）は、特権集団が描く現実が常識であり、「正常」で普遍的であるとして押しつけられる現象を指す。Jean Baker Miller（1976）はこう述べている。「特権集団はある文化の特徴を規定するうえで大きな影響力を持ち、それは哲学、道徳、社会理論、科学にまで及んでいる。特権集団はこうして不平等な関係を正当化し、不公平な関係を社会の指導理念の中に組み込んでいく」（p. 8）。支配的イデオロギーについては4章で詳しく論じるが、これが社会の制度的構造や慣習を通して私たちの意識や経験を形づくっているのである。学校で学ぶこと（学ばないこと）、メディアを通じて知ること（知らされないこと）、職場で求められること、経済の構造、誰がお手本としてもてはやされるか、どのような研究が助成や評価の対象になるかといった点に支配的イデオロギーが反映され、さらに強化されていく。自分自身や他者、社会にとって何が重要であり、真実であり、現実であるかという感覚がこうして形成されるのである。現実を定義するこの力を、Derald W. Sue（2010a）は「真実の力」と呼んでいる。スーによれば、「複数の現実の間で衝突が起きた場合、支配集団の人々は教育、マスメディア、社会的に同等の集団や組織といったツールを利用して資源にアクセスし、現実を規定したり、現実を他の集団に押しつけたりすることができる」のである（p. 46）。

第2章 特権集団について

　特権集団の組織力がさらに強力になると、政策や手続きを立案することができ、資源や社会権力へのアクセスを提供したり拒否したり制限したりできるようになる。アメリカでは2007年の時点で人口の1％が国内全体の資産の35％近くを保有し、上位20％が資産全体の約85％を支配している（Wolff, 2010）。また2010年の時点で、フォーチュン誌が選ぶ上位500社における女性CEOの割合はたった3％にすぎない（Catalyst, 2010）。連邦議会議員に占める女性や有色人種の割合はもっと少ない。特権集団は医療サービス、住居、教育、雇用、議会での代表権、公正な司法処理や法的権利に対するアクセスを支配しているのである。

　特権集団は、従属集団にどんな役割がふさわしいかも規定する。その役割は特権集団が好まない、あるいは評価の低いサービスを提供することであったりする。こうした社会的操作によって、人間としての尊厳や自己決定権が傷つけられる。逆に特権集団の人々は同じ集団の人々に恩恵をもたらすことができる。例えば情報の共有、就職の紹介、法律や政策の立案、資金提供、役員会や委員会メンバーへの登用、また社会的・政治的なコネを提供することなどである。

　支配的な信念体系や主要な制度をコントロールするということは、結果として心理的な支配にもつながる。特権集団と劣位集団の両方が、支配的な集団が優位で従属的な集団が劣位というメッセージを受け入れるようになる。特権階級の人々が優位であることを認めることを、「内面化された優位性ないしは支配権」と呼ぶことがある。それが意識的になされることもあるが、もっぱら「支配を維持するための無意識で内面化された価値観や態度であり、あからさまな差別や偏見を支持したり表明したりしない場合も含まれる」（Hooks, 1989, p. 13）。一方で従属集団の側では、「内面化された抑圧」や「内面化された劣等感」のせいで自尊心や権利意識を持てず、集団内の連帯も阻まれる。そして不健全で機能不全の行動を促すことになるのである。従属集団の人々は、特権階級に好まれるような性格や心理──例えば従順さ、強い依存心、素直な態度を身につけるよう促される（Miller, 1976）。自分たちは劣っているから今の境遇は当然で、受けている待遇も正当でむしろ自分たちの利益にかなっていると思い込んでいたり、自己意識の成長を阻まれていたりす

るかぎり、従属集団の人々が現行のシステムに効果的に反論することはできないだろう。

　支配的イデオロギーは制度的慣行や一人ひとりの意識に埋め込まれているため、抑圧を維持するには「普通」にふるまい、現状に合わせて行動しさえすればよい。ことさら敵意や悪意がなくても、支配システムは維持される。社会に何らかの不公平があると気づいても、社会システムが正常で自然なものと考えるよう私たちは条件づけられているのだ。

　特権集団だけが自分たちの考え方を押しつける制度的な権力と能力を持っているため、「抑圧的」（例えば人種差別主義、性差別主義、能力主義など）になれるのは特権集団だけである。もちろん、どの社会集団にも偏見はあるし、差別的な行動をとったりもする。女性は男性に対してステレオタイプ的な見方をするだろうし、同性愛者は異性愛者を嘲るかもしれず、ラテン系アメリカ人は同じラテン系アメリカ人を雇用したがるかもしれない。しかし多くの研究者と同じく、私も抑圧という言葉と、偏見・人種的偏見・先入観といった言葉を区別している。抑圧された集団はみな、特権集団に不利益をもたらす権力を持ち合わせていない。この考えに基づけば、たとえ有色人種が白人を傷つけたり不公平に扱ったりしても、それは「逆差別」ではありえない。「偏見＋社会的権力＝抑圧」という公式は、この区別を示すのに有効だろう。

特　権

　抑圧には必ず制度的優位と劣位という２つの側面がある。「優位性のシステム」（Wellman, 1977）のもとで、特権集団の人々はより多くの権力、資源や機会へのアクセスを与えられる場合が多いが、これは他の人々の犠牲のうえに得られるものである。社会的不公正に関する論議の大部分は、抑圧された集団が置かれている状態、つまり差別され、周縁に押しやられ、搾取され、操られ、卑しめられ、身体的また感情的（精神的）に攻撃されたりする、といった点に集中している。しかしこのダイナミズムのもう一方の側面、つまり特権集団の特権という現象にはほとんど関心が払われないのである。

　社会的抑圧は特権のシステムを生み出す。その集団の一員であるというだけで恩恵を受け、労せずして優位性を得られるのだ。「（略）特権を特権たら

しめているのは、それが不平等な形で配分されていること、そしてそれが特定の人々を他の人々の上に置く結果をもたらす点にある」(Johnson, 2005, p. 175)。特権には、特権集団の一員であれば当然のこととして気にしなくてもいいものもある。一方で劣位集団に属する人々は、このような前提のもとに行動することはできない。Peggy McIntosh (1988) によると、白人の特権はたとえて言うと「地図、パスポート、暗号解読書、ビザ、衣服、道具や小切手といったものが入った、目に見えない、重さのないナップサックのようなものである」(p. 71)。特権には物質的なものと精神的なものがあり、具体的な利益をもたらすこともあれば、心理的自由をもたらすこともあり、両者は相互に関係していることが多い。マッキントッシュはこうした物質面と精神面が相互に連係した白人特権の例を挙げている。

「私は自分が所属する組織の会合に出るとある程度の連帯を感じることができ、孤立したり、居心地が悪かったり、数の上で負けていたり、話を聞いてもらえなかったり、恐れられたり、嫌われたりすることはない。たいていの場合、敵意を抱きそうな人たちから子どもを守るよう何らかの方策をとることができる。スーパーに行けば幼い頃から慣れ親しんだ食べものを買うことができ、美容院に行けば自分の髪を扱える美容師を見つけることができる。『責任者』と話がしたいと言えば、ほぼ例外なく、自分と同じ人種の人が対応してくれる。自分の子どもはほぼ間違いなく、自分たちの人種について記載のある教科書を渡されるであろうと確信できる。アファーマティブ・アクション（差別是正措置）を採択している雇用主に採用されても、人種で採用されたのではないかと同僚から疑われることはない。厳しい状況下で良い結果を出したときに、『あなたの人種を引き上げるに値する名誉ですね』と言われることはない。品のない言葉を使ったり、古着を着たり、手紙の返事を出さなかったり、会議に遅れたりしても、自分たちの人種のモラルの低さや貧しさ、読み書き能力のせいにされるおそれもない。社会的にも政治的にも職業的にも、あるいは想像の上でも様々な選択肢を検討することができ、自分がやりたいことを、自分のような人種の人間がやっても許されるのかなどと自

問することはない。」(pp. 5-9)

(現在、マッキントッシュの著書をもとに、様々な集団を対象とした特権リストが作成されている。)

　男性の特権がどういうものかは、大学生を対象としたワークショップを行うとよくわかる[1]。自分の身を守るために日常的に行っていることは何ですかという質問に対し、男性の側からはなかなか例が出てこない。一方で女性は次々と例を挙げていく。例えば家の玄関の施錠、独りで出歩かない、車で送ってもらう、特定の地域に近づかない、車に乗る前に車内を点検する、夜遅く出歩かないなど。男性はこうしたことを考えたり心配したりせず、制約なく動き回ることができるという特権を持っている（ただし人種差別、階級差別、異性愛主義、健常者優先主義など、他の形での抑圧を受けている場合は、男性であっても安全に関わる特権に関して大きく制限を受けている場合がある）。
　階級特権を持つ人々は、最高の医療、余暇や休暇、良質な衣食住、政府による財政的優遇措置（例えば減税や住宅ローン控除）を得ることができる。敬意を持って接してもらい、一目置かれ、才能を発揮する機会を与えられて当然と思っている。つぶしが効く専門技術、高度な教育を受ける機会、経済力などのセイフティーネットがあるとわかっているので、報酬は低くてもやりがいのある仕事を選ぶことができる。人脈を利用して就職したり、大学に入ったりできる。興味深いのは、そうした人脈を使ってチャンスを得ても非難されることはないのに、アファーマティブ・アクションが常に攻撃の対象となっていることである（Larew, 2010を参照）。
　健常者は学校、文化イベント、仕事、社交の場などで屋内の移動をどうするかなどと考える必要はない。自分の住む町、旅行先、学会などへの移動手段をどうするか、基本的な日常作業をどう補助してもらうか、心配する必要はない。障害（その場には無関係な障害も含め）があるというだけで、知能や生産性が低いと見なされるおそれもない。ある学会に参加したとき、私は自分が聴者であることの特権を思い知らされた。私が司会を務めたセッションの参加者の中に、ろう者の女性がいた。その学会ではワークショップの際に

手話通訳がついた。セッション後の懇親会で、その女性は同じくろうの同僚を紹介したいと私に手招きしたが、その場に通訳がいなかった。私は手話ができないので、うまくコミュニケーションをとることができなかった。私は彼女たちのような興味深い人たちと知り合いになるチャンスを逃したことに苛立ち、がっかりした。そして、ろうの参加者たちが仲間同士でかたまり、他の参加者と交流できずにいる一方で、自分は多くの参加者と交流し、ネットワークを広げるなどの利益を得ていることを実感したのである。

キリスト教徒であるという特権を持つ人は、宗教上の祭日に合わせてわざわざ有給休暇をとったり、施設の食堂やカフェテリアが宗教上の食事ニーズに応えてくれるか心配したりする必要はない。国中どこに行っても自分の教派の教会を見つけられるし、ラジオやテレビでは自分の信仰に合った音楽が流れている。公共の場での礼拝は（たとえ超教派と銘打っていても）キリスト教に基づいて行われ、仕事でも学校でも公的行事でも、キリスト教の聖日（日曜日）を考慮して予定が立てられる（Blumenfeld, Joshi, & Fairchild, 2008; Schlosser, 2003; Seifert, 2007）。

異性愛者は人前で自由に愛情表現ができ、パートナーについてオープンに語ることができ、自分たちの関係を世間から認められ、祝福され、差別の対象になったりはしない。パートナーをイベントに同伴すべきか（また一緒にダンスを踊るべきか）、同性愛者であることを公にすれば解雇されないか、ご近所に受け入れてもらえるか、パートナーが入院したとき病院の規定に沿った「家族」と見なされ、付き添ったり医療上の判断を下したりできるかどうか、心配する必要はない。

ある大学で同性愛嫌悪と闘う委員会の創設に関わったとき、異性愛者の特権の別の側面に気づかされたことがある。私は人間関係（ヒューマン・リレーション）教育を行うため雇われていたのだが、その必要性が何度も訴えられ、この問題に関心の高い（基本的には自分のセクシュアリティを公表していない）ゲイやレズビアンの教職員がいたにもかかわらず、公の場で「異性愛主義」の問題に取り組もうとする人は学内にほとんどいなかった。私はすぐに（誰でもメンバーになれる）委員会を立ち上げ、学内のゲイ、レズビアン、バイセクシュアルの問題に取り組むことにした（トランスジェンダーの問題は当時

まだ人々の意識になかった)。レズビアン、ゲイ、バイセクシュアルの人たちの関心は高く、多くが委員会のメンバーになった。お互いとても協力的に活動できたのだが、「委員長」と「連絡窓口」になったのは私で、定期的に会議や行事の通知を送付し、学生新聞から委員会の活動報告をするため取材を受けたりした。多くのゲイが身の危険を感じているキャンパスで、異性愛者である私はレズビアンやゲイの同僚よりも同性愛嫌悪に公然と反対できる自由があったのだ。多くの人が勝手に私をレズビアンと思い込んでいたが、私には「本性がバレる」ことを恐れる必要がなかった。この問題について表立って活動できること自体、特権であると私は感じた(ただし特権集団に属していても、抑圧された人々のアライ(味方)となれば危険な目に遭わないとは限らない)。

　優越感や特権への帰属意識が強化されると、特権集団の人々は劣位集団と連帯しにくくなる。白人の貧困層や労働者階級の男性は、しばしば「白人」であることを利用して(あるいは利用するよう奨励されて)特権意識を抱き、一方で似た階級にいる非白人男性との連帯を拒否する (Roediger, 1991)。人種差別と白人としての特権意識をよりどころにして他集団と断絶し、階級差別や経済搾取に立ち向かうために共闘しようとはしないのである。

　また抑圧は、劣位集団を不利にする行動だけでなく、特権集団の特権を強める行動によっても維持される。「不平等はマイノリティ差別と同等、あるいはそれ以上に、白人優遇を通して再生産される」(DiTomaso, 2003)。私たちはこのダイナミクスの両面を検討する必要がある。例えば、白人女性や非白人(などの劣位集団の人々)が積極的に就職を拒まれなかったとしても、仲間うちで後ろ盾を得たり、新しい仕事へのチャレンジを勧められたり、能力開発の機会を与えられたりしないとしたら、結局は白人男性と同じスピードで出世はできないだろう。たとえ白人女性や非白人があからさまに差別されていなくても、白人男性は特権を得ているのである。

　特権集団をめぐって複雑に絡み合った利権が長年蓄積されてきたことが、いかに今日の不平等、特に人種に関する不平等に影響を及ぼしているかが認識されるようになっている (California Newsreel, 2003; Katznelson, 2006; Lipsitz, 1998; Lui, Robles, Leonard-Wright, Brewer, & Adamson, 2006)。(政府の政策を含む) 制度上の方針、そして非公式な慣習が受け継がれて、特権集団の人々に

不当に利益を与えてきた。労せずして得られる伝統的な特権、不平等な資源の分配、居住地域の分離の影響、企業での人脈——これらが現在の不平等を再生産する要因となっている（DiTomaso, 2003）。

　さらに言うと、特権集団の人々は態度とは無関係に特権を受けることができる。特権に気づかなくても、特権を望まなくても、利益を得ることができるのである。

> 「男性は、たとえ女性に嫌悪感を抱いていなくても、財産贈与によって家長制度から利益を得る。同様に、白人は個人的には人種差別主義者ではなくても、人種差別的な制度の恩恵を受ける。」（Powell, 2003）

　マッキントッシュは、特権にはいくつかの種類があることを指摘している。一つは万人に与えられるべき、いわば権利とも言うべき特権で、これは全員に行き渡るよう拡大すべきだという。例として、近隣住民から敬意を持って扱われる、人種のせいで就職が不利にならない、店の中で見張られているような嫌な思いをすることがない、などが挙げられる。もう一つは、優位性を与えたり現存のヒエラルキーを強化したりするような特権である。例えば自分より権力のない人を無視する、法制度をうまく利用して処罰を逃れる、情報や資源を独り占めにする、利益追求のために他者を犠牲にするなどの特権である。こうした特権は廃止し、取り除いていく必要がある。以上のように、特権制度を問い直すには特権がどのように構築されているか、どのように使われて制度的・構造的不平等の強化に役立っているか、そして特権を人権として万人の手に届くものにするにはどうすればよいか、といったことを考慮しなければならない。

特権集団に属する個人

　ある特権集団とその優位文化に属することは、その人自身にも影響を及ぼしている。ものごとをどう経験し、どう受け止めるかは、その人の社会的立場によって決まる。特権集団の一員であることの影響は、その人の態度や思

考、言動にも表れるのである。ここでは、そうした特徴のいくつかを取り上げたいと思う。ただしこの場合も個人差があり、またその人が他にどんな社会的アイデンティティを持っているかによっても変わってくる。

特権への自覚のなさ

　特権集団に属する人々は、自分たちが優位アイデンティティを持ち、それによって特権を得ていること、一方で劣位集団が抑圧を受けていること、そして自分たちがそうした優位アイデンティティを維持強化していることをほとんど自覚していない。そもそも特権集団としての自分たちのアイデンティティについて考えていない、というのが一般的である。

　私はこの点を明らかにするためのアクティビティをいくつか行っている。授業やワークショップの開始時には、自己紹介代わりに自分がどういう人間かを表す言葉をいくつか挙げてもらうアクティビティを行う。すると非白人の受講者は決まって人種的・文化的アイデンティティを挙げるが、白人の受講者にはほとんどそれが見られない（Wildman, 1996 と Tatum, 1997 が同様の知見を報告）。

　別のアクティビティでは、一般的な社会的カテゴリーである人種、性別、宗教、性的指向、健常／障害者、階級、年齢、そしてエスニシティ（民族）などをリストアップし、自分のアイデンティティにとって最も重要な項目を2つか3つ選んでもらう。次いで、最も重要でないと感じるカテゴリーも3つ選んでもらう。すると、たいていの人が最も重要な3つのアイデンティティとして劣位アイデンティティを選ぶ（ただしゲイ・レズビアン・バイセクシュアルの人たちは、性的指向を重要なアイデンティティに選ばず、隠すことが多いようだ）。一方、最も重要でないと感じる3つのアイデンティティには優位アイデンティティが選ばれる。例外的に一貫しているのが性別で、男女とも上位3つのアイデンティティに性別を含めることが多い。性別はかなり目立つ社会的カテゴリーなので、これは当然かもしれない。

　このように、劣位アイデンティティは強く意識するが、優位アイデンティティはあまり意識しないという結果を受講者に示し、なぜそのような結果になったのか、なぜそのアイデンティティを選んだのかを尋ねてみる。劣位ア

イデンティティを重要な項目に選んだ人々は、そのアイデンティティを強く意識した経験について語り出す。そのアイデンティティによって自分は周囲と違うと感じたり、他人からそう感じさせられたり、困難が生じて乗り越えなければならなかったり、不当な扱いを受けたりしたという。その一方で、優位アイデンティティについては、普段から特に注意を払うことはないという答えが返ってくる。

　特権集団についての情報がこれほどふんだんにあっても、特権集団に属する人々は自分たちのアイデンティティの特徴や、そのアイデンティティが社会で重んじられていることをほとんど自覚していない場合が多い。このように自分の社会的アイデンティティに対する自覚がないのは、一つには不平等な権力関係が反映されているのであろう。Miller（1976）によると、特権集団の人は、劣位集団の人から自分の行動について意見を聞くことがないという（意見を言うことは危険なため）。その結果、自分の行動が他者にどのような影響を与えるのかを学ばない。メディアや学校など社会の主流に属する組織も、その人が特権を持っていることを指摘してはくれない（そもそも特権集団の人々はそうしたことに関心がないうえ、知ることを恐れている場合が多いと私は考えているが、それについては後に述べる）。それでも特権集団の人々は自覚がないままでいることを許されているし、実はそれを奨励されてもいる。むしろ、劣位集団のほうが生き残りがかかっているため、特権集団を細かく観察しているし、特権集団のことをよく知っている。

　特権集団に自覚がないのは、自分たちが社会の基準になっていて、それゆえ自身の社会的アイデンティティについて考える必要がないからである。水の中の魚のようなもので、水の中にいることを当たり前だと感じていれば、水の存在に気づくことは難しい。しかもこの水には特権集団のイデオロギーが染み込んでいる。特権集団の人々は、自身の文化に囲まれており、それゆえそのことに気づかない。自分をむしろ個人として認識し、社会的権力や特権を持った集団の一員としての自覚はあまり持たないのである。他の社会集団の人々がひとくくりにされ、個人やグループ間の差異が忘れられがちなのに対し、特権集団の人々は個人としての意識が強く、成功も失敗もその人の実力と見なす傾向がある。

さらに、この「水の中の魚（fish in water）」現象があるために、特権集団の人々はますます特権に無自覚になる。特権は社会の規範や現実の一部と見なされるため、見えにくくなる（Wildman, 1996）。前述したとおり、特権は当たり前のもの、あって当然のものなので、目には見えないものとなる。劣位集団の人々の経験と比較するまで、それが特権であることに気づかないことが多いのである。このような例を、以下にいくつか紹介したい。
　ある日曜日の朝、私はニューヨーク市内で当時付き合っていたボーイフレンドを見送っていた。車の横でキスをしていると、後方から拍手が聞こえた。キスをやめ、ゆっくり振り返ると、トラックの荷台に乗った4人の男性が笑いながら拍手していた。私は死ぬほど恥ずかしかったが、あるレズビアンの友人にこの出来事について話していたとき、突然これは異性愛者が持つ特権なのだと気づいた。私は人前で気にも留めずのんきにキスができ、そしてその行為に歓声がわいたりする。だがゲイやレズビアンの友人は人前で恋人にキスはしないだろうし、私が受けたような好意的な反応を示されることもないだろう。恥ずかしい気持ちを持つのは、むしろ贅沢な悩みだったのである。
　障害を持っている人と一緒にいるとき以外、私は健常者としての特権をほとんど自覚しない。ある学会に参加した数日間、私は関心のあるセッションを探してホテルからホテルを歩き回ったり、友人と食事に出かけたり、市内観光を楽しんだりした。そこで車椅子の参加者と知り合った。車椅子での移動は困難なため、彼女はホテルを1か所に決め、そこでのセッションのみに参加していた。外に出て道路を渡り、複数のホテルを行き来するのは多大な時間を要するうえ、体力的にもきつい。車椅子でも入れるレストランを探すことすら大変である。ほぼ1日、ともに行動してホテルに戻ると、私たちの部屋がある階に停まるエレベーターが夜間で休止していた。エスカレーターを利用する手があったが、車椅子では利用できないため、結局は貨物用のエレベーターを利用することになった。建前上はホテルも学会も車椅子利用可能とされていた。しかしそのとき、私は自分の可動性や、その可動性によって得られる利益にいかに無自覚であったかに気づいたのである。
　以上の例では、特権は意識することでよりはっきり見えてくる。しかし特権がもっと見えにくい場合もある。プライム・タイム（*Prime Time*）という

第2章　特権集団について

テレビ番組が、性差別に対する理解を深めるため、性別を除いたすべての変数（例えば外見や学歴）において同等の白人男性と白人女性を使って実験を行ったことがある（*The Fairer Sex*, 1993）。それぞれが別々に職を探したり、車を買ったりするという内容だ。2人は新聞の求人広告に出ていた造園会社の地域マネージャーの職に応募した。2人の履歴書の内容を比較すれば、女性のほうがその職に適していたにもかかわらず、男性は面接で適性テストを受け、管理職に採用される可能性を示されたのに対し、女性は面接でタイピングテストを受け、秘書技能について尋ねられたのである。

この番組では、白人男性と黒人男性を使って、人種差別に関する似たような実験も行っている（*True Colors*, 1992）。賃貸アパートの広告を見て不動産業者に連絡をするという実験では、黒人男性がアパートはすべて満室と言われたのに対し、白人男性は後から連絡したにもかかわらず、まだ空きがあると言われた。以上の2つの実験を見てもわかるとおり、白人男性はいずれにおいても、白人女性や黒人男性よりも良い扱いを受け、より多くの機会が与えられただけでなく、この白人男性に与えられた選択肢や好待遇は白人女性や黒人男性の犠牲の上に得られたものだった。他の人に与えられなかったからこそ、白人男性は優遇されたのだ。もし隠しカメラがなければ、その白人男性は、白人女性や黒人男性が自分と同じに扱われなかったことを知ることさえなく、ただ親切にしてもらったと感じただけだっただろう。しかしこのような扱いは特権、つまり労せずして得た優位と呼ばざるをえないのである。

この番組のデータは古くなってしまったが、個人の体験談や近年の研究からも、これと同じダイナミクスが根強く残っていることがわかる（Bertrand & Mullainathan, 2004; U.S. Housing Scholars and Research and Advocacy Organizations, 2008を参照）。支配集団の人々は自分たちが特権的な扱いを受ける側であり、それが他の人々の犠牲の上に成り立っていることにほとんど気づかない。そして自分たちの業績は制度的な優位性のおかげではなく、実力によるものだと思っている（性差別的な偏見が女性の犠牲のもとに男性に特権を与えていることを立証した研究の概要はHawkesworth (1993) の2章を参照）。支配集団は、「普通の生活」がいかに不公平を引き起こしているかに気づきにくいのである。

最後に、特権や差別が見えにくいために、特権集団は抑圧の影響の大きさに気づかない。自分たちの経験や扱いは「普通」だという思い込みに加え、被抑圧集団が受けている不公平な扱いに対する無知があるために、無意識でいられるし、不公平や特権を意識するよう促されることもない。彼らは「無知でいられる特権」を持っているのである（Lazarre, 1996）。

　こうした意識の欠如により、不公平が知らぬまに強化される。特権集団の人は自分の行動が偏見に基づいていたり、差別的であったりすることに気づかない。Gaertner and Dovidio（1986）は、平等主義の価値観を支持する白人が、無意識に有色人種にネガティブな感情や信念を抱く状況を、回避的人種差別主義（aversive racism）と呼んだ。こうした人々は自覚のないまま差別的な行動をとったり、自分たちの行動が人種差別主義の影響を受けていることを否定したりすることになる（Dovidio & Gaertner, 2005）。

　より広い概念としては、社会的に低く評価された集団に対する無意識で無作為の偏見や先入観に基づく言動が、しばしば「マイクロアグレッション」と呼ばれる（Sue, 2010a, 2010b）。その例は無数にあるが、次の例はこの概念をうまく表している。ある地方紙が白人の男の子とアフリカ系アメリカ人の男の子の写真を載せたとき、白人の子が前面に映し出されていた。見出しには、「ジオグラフィ・ビー」という子ども向け全米地理コンテストの優勝者との説明があった。写真のキャプションにはその白人の男の子の名前と、彼が準優勝だったことが最初に書かれ、もう一人のアフリカ系アメリカ人の男の子が優勝したことと、彼の名前が後に書かれていた。アフリカ系アメリカ人の男の子が脚光を浴びるべき状況であったにもかかわらず、写真を見る限り（またキャプションの情報の提示順からして）、白人の男の子が優勝したかのように見えた。アフリカ系アメリカ人の肯定的なイメージは差し引かれて紹介されるのに、新聞などでは犯罪に関与したアフリカ系アメリカ人男性のことがためらわず大きく扱われる。人種差別などの抑圧的なイメージを故意に広める人もいるが、この写真のカメラマンや新聞の編集者は、人種差別を含意する歪んだメッセージを意図的に流したとは思えない。しかし結果として、彼らは制度的な人種差別に加担した。公然と差別的な行動をとらなくても、「普通に」「無意識に」ふるまうだけで抑圧を維持してしまう。だから自分の行動や

組織の習慣が与える影響に無自覚でいるのは、いともたやすいことなのである。

抑圧の否定と忌避

　特権には目立たず見過ごされがちなものがあると認めることと、そうした特権からあえて目を逸らし詮索しようとしないことは、分けて考えなければならない。同様に、社会的不公正という現実への認識が不足していることと、そうした社会的不公正をあえて認めようとしないことも、別ものである。特権集団の人々には、抑圧の存在を否定したり、向き合うことを避けたりすることが許されている。Lazarre（1996）はこれを、「意図的な無知（willful innocence）」と表現した（特権集団の人々がどのような形で利権を維持したり責任逃れをしたりしているかについてはKivel（2002）を参照）。

　先にも述べたように、特権集団の人々は抑圧に対する認識が薄く、その存在自体を否定する傾向が強い。社会的アイデンティティゆえの制約を受けないので、他者が冷遇されていることに無知なのである。そこへ優越感がともなうため、自分たちから見て問題なければ問題ではないと主張しがちである。特権集団の人々は、現状のままでも問題なく生活ができるので、他者の不満に関心を持ったり、耳を傾けたりする必要がない。差別されたと訴える人には、過剰反応だとか、トラブルメーカーだとかいったレッテルを貼って無視することもできる。抑圧の存在を否定することもまた、支配のシステムを維持し、さらには正当化することになるのである。

　こうした事態をいっそう深刻化させているのは、特権集団と劣位集団の間で抑圧の定義が異なっていることである。例えば白人は人種差別の定義を「悪意のある個人的行為」（McIntosh, 1988, p. 5）、個人レベルでの偏見や差別行為、あるいは例外的に起こる極端な行為と考えがちである。一方で黒人は人種差別とは日常的に起きる侮辱行為であり、自分たちに不利にはたらく制度化された慣習や政策であると考える場合が多い（Duke, 1992; Shipler, 1997）。このように、個人があからさまな差別を行うことだけが不公正と考えるかぎり、社会的抑圧の深さと広さは理解できないのである。

　抑圧の存在と、その抑圧への加担を認めることは居心地の悪いことである。Allan Johnson（2005）によると、特権集団の人々はそのような不快感を覚え

る状況から自分たちは除外されるべきだと考えているという。

「特権集団の人々は概して罪悪感や恥の意識を感じることへの許容度が低い。そもそも特権とは、そのようなネガティブな感情を感じずにすむということだ。罪悪感を抱くよう促されると、彼らは自分たちの権利が侵害されたと感じる。自分たちの特権が他者にどんな影響を与えるか、思い悩む必要のない生活を当然の権利と思っているからだ。特権の存在を否定する権利は、特権そのものに内包された一面である。だから男性はすぐに『罪悪感を抱かされた』と不満を訴えるわりに、実際には罪の意識を感じていないのである。」（p. 62. 強調は原文どおり）

この特権はしばしば、「平穏の権利」（"the right to comfort"）と表現されたりする。この現象がはっきりあらわれた例は、私が大学生グループを対象に行ったトレーニングでの出来事である。最初のいくつかのアクティビティは、グループ内のダイバーシティを浮き彫りにし、各々の違いを尊重し、すべての社会集団を平等に扱う必要性を教える内容だった。次に白人の持つ特権や制度化された人種差別を実際に証明するアクティビティを行ったあと、白人の男子学生がこのアクティビティは自分に居心地の悪い思いをさせ、白人であることを悪いことのように感じさせるので好きではないと言い出した。この学生は、アクティビティの目的は不公正を明らかにすることであり、白人に罪悪感を抱かせることではないと頭では理解していた。それでも不快感ゆえに参加する気になれない、このアクティビティは逆効果だと主張した。この学生には、自分は不快感を覚えなくてもよいのだという権利意識があった。つまり人種差別の問題と向き合わないですむという特権を持っていたのである。

特権集団の人々には、不公正に気づいても黙っているという選択肢も与えられている。劣位集団が不公正から受ける影響はより深刻で急を要するので、これに対応せざるをえない状況になりやすい。特権集団の人々は直接的な影響を受けることが少ないので、行動を起こさないという選択肢が可能なのである。それどころか、何もしないという選択を後押しするような要因も存在する。第一に、特権集団の人が不公正を指摘したり社会体制に異議を唱えた

りしようとすると、リスクを負いかねない。例えば職場や学校で報復を受けたり、仲間外れにされたり、嫌がらせを受けたり、暴力を振るわれたりする可能性がある。第二に、自分たちに有利にはたらいている社会の仕組みの足を引っ張ることになる。波風を立てた場合、少なくとも短期的には特権集団のほうが失うものは大きい（特権集団が抑圧によって被る様々な代償については5章で述べる）。

優越感と特権意識

　自身が規範の一部であり、特権集団に属し、（見えない）特権を享受している人は、優越感や特権意識を抱いていたり、特権意識・優位意識を内面化したりしている場合が多い。こうしたアイデンティティ意識は労せず得た偽りのものであるにもかかわらず、特権集団はそれにふさわしい対応を受け、機会を与えられることを当然と考えるようになる。自分たちは特権が与えられるに値する人物であると認識するのである。このような態度は、人が自分の属する文化集団に対して持つ健全な自尊心やプライドの域を超えており、傲慢で横柄にもなりかねない。こうした人々は自らのニーズが満たされることを当然と思うのみならず、往々にして自分のニーズが他人のニーズよりも優先されるべきだと考えている。

　階級による特権（お金や地位）を持った人々は、電話をかければすぐに折り返し電話がかかってきて、自分の仕事は優先的に対応してもらえると思っている。私自身が気づいたこととして、アッパーミドル（上位中産階級）の学生（特に男子学生）は、大学教員としての私の時間と配慮をより多く受ける権利があると思う傾向が強い。自らのニーズを満たすため、個人的な配慮を受けたり便宜をはかってもらえることを当然と思っているのである。また、往々にして男性は自らの欲求が女性のそれより優先されるものだと思っている。人によっては明確な特権意識を持ち、自分は特別扱いを受けるに値するとはっきり自覚している場合もある。しかし多くはそうした自覚のないまま、特権を当然と思って行動している人がほとんどである。誰もがしていること、誰もがすべきことと思ってそうしているだけなのである。

　こうした優越感が表に出てくるのが、特権集団の人が自分たちより高い専

門知識や権限を持った劣位集団の人に接するときである。男性は女性上司の下で働くことに抵抗を感じ、白人は自分の医師やコンサルタントが有色人種だと居心地の悪さを感じるだろう。特権集団の人は、抑圧された集団に属しながらこうした地位にある人々の能力、知識、あるいはその地位の妥当性に対して疑念を抱く。このことの背景にあるのは、ステレオタイプや偏見に限らない。特権集団が暗黙のうちに抱いている優越感や、適切と思い込んでいる社会秩序が脅かされるからでもあるのだ。オバマ大統領に対する個人攻撃や政治的批判にも、このような視点から説明のつくものがあるだろう。

複数のアイデンティティと特権の経験

　ここまでは特権集団の人々に共通する特徴について、その人が持つ様々なアイデンティティのうちの一つにしぼって記述してきた。しかし、これをタペストリーにたとえると、全体のうちの一本の糸にすぎない。個人が持つそれ以外の多数の社会的アイデンティティも、優位アイデンティティの感じ方に影響を与えるだけでなく、特権と抑圧の両方を含む、その人の経験全体に影響を与えるのである。特権のもたらす恩恵には個人差があり、その人が持つ他の社会的立場によって影響を受ける。特権による利益にどの程度あずかれるかは、社会的地位によって変わってくるのである。

　優位アイデンティティによって得られた特権が、劣位アイデンティティによって弱まったり狭まったりすることもあるだろう。階級的特権は間違いなく多くの利益をもたらすが、人種差別や性差別、異性愛主義によってその特権が制限されることもある。たとえ中産階級や上流階級に属していても、黒人男性であれば犯罪者と疑われ、警官に呼び止められ、職務質問されたりする。「閑静な住宅街」を歩いていたり、高級車を運転していたりしただけでも、同様の疑いをかけられかねない。また女性は高い地位にあっても、同じ地位の男性ほど尊敬されず、影響力をふるうことができない。ゲイであることをオープンにしている男性は、異性愛者の男性に比べて、企業や政治（あるいは学閥）において特権・権力への間口が狭まる（本章でこれまで述べてきたように、抑圧された集団の人々は組織上層部の権力を手に入れにくく、たとえ手に

第2章　特権集団について

入れたとしても相当の代償を支払っているものである)。

　また、ある領域で特権を持っていたとしても、その他の領域で劣位であることはありうる。裕福な女性であれば、身の安全を守る手立てがたくさんありそうなものだが、それでも彼女たちが性暴力の被害者となってしまうことはある。あるいは健常者で、異性愛者で、白人であっても、労働者階級に属していれば階級による抑圧を免れない。また30代の白人男性であれば、人種、性別、年齢という点では優位だが、障害があるとなれば雇用の際には差別を受ける可能性がある。極端な場合、優位アイデンティティや特権はもはや何の保護的効果ももたなくなる。いかなる特権を持っていようと、それに守られることなく日系人は強制収容所に送られ、ネイティブアメリカンは強制移住させられ、ユダヤ人は大量虐殺された。

　それとは逆に、ある面で抑圧を受けていても、その他の面で特権を享受していないとは限らない。フェミニストの中には、自分たちは女性で、性差別を受けているために、女性全員が同じような経験をしていると考える人がいる。白人、健常者、異性愛者の女性が、自分が性別以外でいかに特権を享受しているかを意識していない場合もある。ユダヤ人の中には反ユダヤ主義にさらされる人もいるかもしれないが、それでも肌が白いことで特権を得ているかもしれない。あるいは有色人種の男性は人種差別を受けるが、その一方で性差別主義や家父長制度の恩恵を受けている。

　さらに言うならば、ある人の複合的なアイデンティティはその人が持つ特権の度合いに影響を与えるだけでなく、特権的アイデンティティの質をも決めている。例えば、黒人男性の男性としての経験やアイデンティティは白人男性のそれとは異なるし、ユダヤ人の白人としての経験やアイデンティティはプロテスタントのアングロサクソン系白人のそれとは異なる。

　絶対とは言わないまでも、その人に固有のアイデンティティの組み合わせが、その人の経験を形づくっていることは確かである。特権は抑圧の経験を緩和するようはたらく。優位アイデンティティを多く持つ人ほど、特権を利用することができ、劣位な立場であれば直面するはずの差別や無力感を感じずにすむ。また劣位アイデンティティが多いほど、その人の特権が損なわれる可能性は高くなる。とはいえ、これは単なる足し算による加法式なゲーム

ではない。つまり我々の社会的アイデンティティは、バランスシートのように、単に優位側のアイデンティティの数と劣位側のアイデンティティの数を比較すれば、どのくらいの権力や特権、あるいは自由を持っているかがわかるといったものではない。個人も、抑圧のダイナミクスも、それよりはるかに複雑である。また、ある種の抑圧は他の抑圧よりも苛酷だったり、影響が大きかったりするという主張もある。1章で触れたように、Young（1990）によれば抑圧には様々な「側面（faces）」、つまり表れ方があり、抑圧される集団によってそれぞれの側面に対する感じ方は強かったり弱かったりするという。様々な種類の抑圧の間には関連があるとはいえ、単純に比較することはできない。Audre Lorde（1983）が指摘するように、「抑圧間にヒエラルキーはない」のである。

自分に特権があると認めることへの抵抗

　自分自身を特権的あるいは優位と認めることに反発する人は多い。自分に特権があるという考え方を受け入れられない人もいれば、特権があることは認めても、そのことに不快感を覚える人もいる。こうした反応にはいくつかの理由がある。
　第一に、「特権的」、「優位」、あるいは「抑圧者」といった言葉には否定的なニュアンスがある。故意に他者を差別したり虐待したりする人間のことだと多くの人が考え、「悪いやつ」のことだと思う。大半の人は自分自身が悪いとは考えておらず、そのように考えようとも思わない。自分たちは他者を公平に扱う思いやりのある人間だと考えている。
　第二に、たいていの人は自分が特権集団に属していることや、社会的権力を持つ集団の一員であることに気づいてすらいない。これまで述べてきたように、特権集団に属する人々の大半は、そうしたアイデンティティについて考えることがない。自分たちは「あくまで普通」と認識しており、制度的な不平等がどれほど大きなものか、自分たちがどのような形で恩恵を得ているのかを理解していない。自分の持つ特権に気づいていなかったり、自分の努力で特権を手に入れたと感じたりしている人にとって、特権集団の一員であ

第 2 章　特権集団について

ることを受け入れるのは難しい。

　たとえ特権集団の人々が自らの社会的地位を自覚していたとしても、特権や権力を持っていると「感じて」はいない。誰もが生きるのに必死である。仕事、家族、健康について不安を感じながら生きている。多大な資源を自由に操れるわけでも、国家を左右するような決定をできるわけでもない。世の中を牛耳っていると感じる人より、牛耳られていると感じる人のほうが多い。個人主義的で競争の激しいアメリカ社会では、安心して暮らしている人などほとんどいない。大半の人が自分自身を社会集団の一員というより一個人と見ているから、自分を特権的であると自覚することはいっそう難しくなる。個人の力だけで支配的イデオロギーや抑圧構造を創出したり維持したりすることはできないので、自分がいかに組織的抑圧に加担しているかを自覚できないのも無理はない。「個人としては」有利性を感じていないのだから、有利性のある集団の一員であると認めるのは難しい。以下は、そうした有利性に気づいたある白人女性の言葉である。

> 「今まで考えたことはなかったのですが、白人であることにはたくさんの特権がともなっていると思います。私自身、自分が黒人より優遇されていると感じたことは正直ありません。けれども自分の人種が優位な立場にあるということは理解しています。」(Tatum, 1997, p. 102)

　さらに、自分たちこそが不利な立場にあると感じている特権集団の人々もいる。これはとりわけ、有色人種が特に労働市場において恩恵を受けていると感じている白人について言えることである。しかし実際、白人に有色人種になりたいかと尋ねたら、なりたいと答える人はまずいないのである。

　また、特権意識は相対的なものである。第一に、Johnson (2005) が主張したように、人は自分と同じような人々と比較して（横を見て）、あるいはより有利な立場にある人々と比較して（上を見て）、相対的に自分の立場を評価する傾向がある。自分より恵まれない人々との関係で（下を見て）判断することはほとんどない。だから「同等」または「上」の人々が自分より良い生活をしているように見えると、より恵まれない環境の人々がいても何の

慰めにもならない。このように、相対的な特権の剥奪には敏感だが、相対的に特権を持っていることは認めたがらないのである。

　第二に、同じ特権集団に属する人の誰もが同じ境遇にあるとは限らない。実際、アメリカの富裕層の上位1％に入る特権階級の人たちの経験は、ほどほどに豊かな中産階級の経験とはかなり違っている。第三に、他に劣位アイデンティティを持っていると特権を意識できなくなる。劣位集団に属する人の中には、他の優位アイデンティティからどれだけ特権を得られても、いま受けている抑圧の前ではすべてが帳消しになると言う人もいる。つまり優位アイデンティティによって得られる特権の「度合い」は、他の社会的地位によって左右されるのだ。優位アイデンティティゆえの特権を意識しつつ、一方でそうした優位アイデンティティが別の劣位アイデンティティ（targeted identity）によって阻害されていると感じることもありうる。特権と抑圧の間には何らかのダイナミクスがはたらいているが、決して両立しないものではないのだ。

　先に述べたように、人は自分の劣位アイデンティティに注目する傾向がある。特権集団に属する人々にとって重要な意味を持つのは、たいていの場合は劣位アイデンティティであり、優位アイデンティティではない。こうした傾向があるため、自分を特権集団の一員と認識したり、自分の地位について理解したりすることが難しくなる。大半の人は自分を劣位集団の一員であると認識し、生活の他の面での特権を見落とす傾向がある。次章で紹介する社会的アイデンティティの発達モデルでは、劣位アイデンティティにことさら注意を向けるという発達段階を設定している。この段階においては、優位アイデンティティがもたらす特権について考えることは、ことのほか困難となる。

本章のまとめ

　本章では特権集団について概説し、そこに属する人々がどのような自己評価や世界観を持っているかを理解するための、様々な視点を提供した。優勢な文化は公然と、あるいは隠れた形で特権集団の正常性や優位性、権力や特

権を得る権利を守ろうとする。そのため特権集団に属する人々は抑圧の存在に気づきにくく、鈍感である。また、自分たちには（努力で勝ち取ったものとして）特権を得る資格があると思いがちである。特権集団の人々が自分のアイデンティティについて、あるいはその社会的影響力について考える機会、支援、インセンティブはほとんど存在しないと言ってよい。だからこそ、社会的公正の教育者にはこの問題に取り組む社会的な使命と課題が与えられている。次章では、気づきから変化へという教育プロセスを、どのように進めていけばよいかについて取り上げる。

第3章
個人の変化と発達について

　教育、特に社会的公正教育とは、変化を起こすことを意味する。めざすのは、態度や行動、信念を広げたり変化させたりすることである。その際、私たちは、様々な方略を用いる。例えば、新しい情報や分析を提供する認知的方略、人と人との結びつきを強めたり、新たな経験に参加させたりする行動的方略、共感や自己洞察力を強化させる感情的方略といったものである。しかし、教育者が人を無理やり変化させることは不可能である。私たちができるのは、人を変えることではなく、個人の成長を促すような状況や学習内容、プロセスを用意することである。

　人のものの見方や行動を変化させる要因はたくさんある。例えば、その人の心理状態、人格構造、過去の経験、人生におけるライフステージ、教師や同僚、クラスメートとの関係などである。こうした要素のすべてが、学ぶことや変わることに対してどれだけ心を開けるかを左右する。人の経験を変えられないのと同様に、人の成長に関わる他の様々な要素もコントロールできない。私たちが教育者として誰かと関わるとき、その人が内省したり変化したりする能力があるとは限らないし、進んでそうするとも限らない。私たちはひたすら、はたらきかけている相手を理解すること、彼らの教育に最もふさわしいと考える素材を提供することにベストを尽くすだけである。

　本章では、教育的経験を設計したり推進したりするのに役立ち、特権集団の考え方や行動を理解するうえで有用と私が考える概念的枠組みを紹介する。これらの枠組みは、ダイバーシティや社会的公正教育という文脈で取り上げるのだが、個人の成長全般にもあてはめることができる。ここではまず、総論として個人の成長における発達の側面に焦点を当て、各論として知的発

達や社会的アイデンティティの発達について述べる。

感情と知性にはたらきかける

　優れた教育は、感情（情緒）と知性（認知）にはたらきかける（Rogers, 1980）。感情と知性の両方に訴えるとき、学びは刺激的で意義深いものになる。ダイバーシティや社会的公正を効果的に教えるためには、感情と知性の両方にはたらきかけなければならない。

　社会的公正教育に携わったことのある人なら誰でも、それが単なる知的活動ではないことを知っている。もちろん、私たち教育者は新しい視点、事実、理論、分析などを伝えなければならない。主流メディアが往々にして無視したり、単純化したり、歪めたりする問題に対して、より正確で複合的な情報を伝える必要がある。しかしそれまで知らなかった意外な事実や理論を学んでも、心には響かなかったり、無関心のままだったりすることもあるのだ。

　感情面にはたらきかけるのは、次の2つの点で重要である。第一に、それが学びのプロセスの重要な要素であり、健全な社会的公正教育の中核を占めるからである。自分への気づきと他者への配慮という、社会的公正教育に必要な両側面においては、感情領域に踏み込むことが求められる。他者や他者の置かれた状況に情緒的に共感したり、気遣うように促す必要がある。共感を促すことは、重要な教育的アプローチであり、そのためには他者に対して情緒的なつながりを持たなくてはならない（共感については、7〜8章を参照）。様々な状況での自分の気持ちを想像してみることは、他者の経験を理解する助けとなる。情緒的な思い入れがなければ、社会的公正の問題を探究したり、個人や社会の変化に関わろうとする動機は生まれにくい。

　第二に、感情面にはたらきかけるのは、ダイバーシティや公正について学ぶプロセスでは、様々な感情が湧き起こるからである。自分自身の感情に向き合うよう促したほうが、学習者は素材やプロセスに粘り強く取り組みやすい。社会的公正教育では、世の中の仕組みをめぐる、学習者の根幹にある信条や先入観を問い直すよう導く。しかし自己概念や世界観に疑問をつきつけることは学習者にとって脅威であり、不安、恐れ、混乱、怒り、罪悪感、憤

りの感情へとつながる。社会的アイデンティティ発達のそれぞれの段階（後述する）には、それぞれの感情がともなう。心に深く根づいた信条を見つめ直させるときは、感情的なリアクションが予測される。さらに学習が進むにつれ、しばしば参加者の間に対立やそれに付随する感情が湧き上がる。こうした感情やダイナミクスと向き合い、乗り越えていってもらわないかぎり、学びや成長のプロセスはうまく進まない（この点については、4〜5章の「抵抗」についての解説の中で詳しく述べる）。

Rose（1996）は、優位集団の人々をアライ（味方）にしたい場合、感情面に配慮することがなぜ重要なのかを論じている。人種差別について、彼女はこう説明している。

「もし、白人がこうした感情（裏切りの感情や罪悪感）に認知面だけで向き合うとすれば、結局、政治的公正さ（ポリティカル・コレクトネス）にとらわれて終わりだろう。発言に用心深くはなるが、行動は型にはまった、人目を気にしたものとなる。認知面だけでなく、感情面からも教育を進めるようにすれば、アライになることは自らの人間性を取り戻すことを意味するようになる。」(pp. 41-42)

制約的・抑圧的な態度や行動を乗り越える過程において、学習者は喜び、解放、自由、昂揚感を経験する。

教育者の多くは知的レベルにとどまるほうがやりやすいと感じる。しかし、学習者はなかなかそうさせてくれない。望む、望まないにかかわらず、感情が入り込んでくるものである。有意義な社会的公正教育をしようとすれば、どうしても感情が入り乱れるプロセスとなってしまうのだ。学習内容に共感を持ってもらうには、感情的なつながりが必要である。成長や変化のプロセスに根気強く取り組んでもらううえでも、自分自身の感情に向き合うようにしなければならない。クラスやワークショップで、彼らが適切に自分の感情に向き合える場を意図的に組み込むとよい（例：日記、仲間同士の共有、サポートグループなど）。いずれにせよ、認知と感情の両方にはたらきかけることが、社会的公正教育の目標の一つである。

第3章　個人の変化と発達について

発達の側面から見る

　発達的に見ると、変化は特定の順序で起きる。まず現在の考え方や生き方が不適切に感じられると、安定感が崩れ、新しい考え方や生き方への変化の動機づけになったりする。個人差はあろうとも、人が成長するにあたっては共通するパターンやプロセスが見られるものである。
　私自身、人がどういう枠組みでものごとを捉えているのかを知るうえで、心理的・認知的発達理論が役立った。言うまでもないが、教育者は学習者が今置かれている場所に歩みよる必要がある。えてして教育者には、こうなってほしいという方向性があるものだが、的外れな位置から訴えても効果はない。パウロ・フレイレも、学びを教育者の立場からではなく、学習者の立場から捉えようとする重要性を説いている。

　　「向こう側にある場所から始めては向こう側に到達することはできない。
　　まず今いる場所から始めることで、向こう側にたどり着くのである」
　　　（1994, p. 58.　強調は原文どおり）

　しかし、「今いる場所」がどこなのか、どうすればわかるのだろうか。
　発達理論は、学習者に対してどのようなアプローチがベストかを考えるための、役立つ一つの方法として捉えることができる。他の理論と同様に、発達理論は学習者を理解し、学びや成長を促すための対処法を考えるのに有用な枠組みを提供してくれる。学習者がどんなプロセスを経て、今どのような状態にあり、どこへ向かおうとしているのか、よりわかるようになるうえ、彼らのリアクションやどのような対話につながるのかを予測しやすくなる。発達理論を用いれば、運を天に任せて行き当たりばったりに教えるのではなく、より一貫性のある教育プロセスを提供し、より万全な準備ができるだろう。
　発達「段階」に関する理論の中には、段階の範囲を規定しすぎたり、階層を分けすぎたりしていると思えるものもある。私自身は、発達「段階」とは、

その人が認識や行動の指針として最も頻繁に用いる物差しのようなものだと考えている。一人の人間の中に様々な段階に属する考え方や行動が混在する場合もあるだろうが、それでも最も優勢な段階というものがあり、それより上の段階（特に２つ以上上の段階）に属している人と同じような理解や行動はできないものである。また、直線的で一方通行的に進むタイプの発達段階理論もあるが、人によっては複数の段階を行ったり来たりすることがあり、似たような領域に別のやり方で成長過程を進むなど、螺旋状に成長を続けると考えたほうがよいだろう。本書ではこうした理論を私流に、つまり万人にあてはまる絶対的真理としてではなく、目安となる指針として紹介するつもりである。人にレッテルを貼るためではなく、様々な考え方を理解し、教育的方略を開発するための道具であると考えている。

肯定、葛藤、継続

　Robert Kegan（1982）は、人が自分、他者、世界を意味づける方法がどのように変化するかを記述する人間発達理論を提案し、新たな発達段階への成長を促すプロセスを紹介している。このプロセスは社会的公正教育にも応用できるだろう。キーガンによれば、成長は動的安定、不安定、一時的なバランス回復という時期を繰り返しながら進展するという。まず人は、支援された環境に置かれているという「肯定」の感覚を必要とする。次に、現在の意味づけ構造に疑問を抱く「葛藤」状態へと進む。さらに、変化やバランス回復を可能にするための「継続」の状況が必要となる。肯定、葛藤、継続という流れは、社会的公正教育プランを設計したり、現場の状況に対応したりするための枠組みとなりうる。以下では、それぞれの段階について詳述していこう。

肯　定

　社会的公正教育は、本質的に居心地の悪いものだ。前述したように、私たちは学習者に自分自身や世の中に対する基本的価値観や信条を問い直すという、たいへん難しい作業を求めている。したがって学習者がやる気になれるような「安全」な場を与えつつ、その人に変化をもたらすような骨のある課

題を与えなければならない。安全な場を提供する行為に反発する人もいる。反発の理由としては、従属集団の人々は支配集団の人々といるときは決して「安全」な気持ちになれないのだから、支配集団の人々が特権や抑圧を見つめ直すときには「安全」な環境を提供するのは不公平ではないか、という意見である。私は「安全」という言葉を絶対的な意味で使っているわけではないが、学習者が自然体で参加するためには安全な環境が確保されているという感覚が必要だと信じている。「肯定」とは、感情的、社会的、心理的および知的なリスクをとろうとしている人に、十分な安全と支援が提供される状況を整えるということである。過度に脅威を感じると、人は「敵対か逃避か」という反応に走り、学びの可能性が閉ざされてしまう。これは最初に確保しなければならないステップではあるが、学習者が不安になったり防衛的になったりするたびに、十分な安全が確保できているかを継続的に見直すことも必要である。ここでは「肯定」の段階における重要な側面をいくつか概観しておこう。なお「抵抗」を防いだり対処したりする際、いかに「肯定」の環境をつくり出すかについては5章で取り上げる。

　相手を肯定するにあたって重要な側面の一つは、教育者と学習者との間に信頼とラポール（心の通い合い）を築くことである。心理学や教育学の他の理論でも、この関係を築くことの重要性を強調している。カウンセリングや家族療法の分野では、これを「ジョイニング（連結）」と呼ぶ。セラピストはクライアントやその家族と協力関係を築き、信頼の絆と共通の目的をつくり出さなければならないのである。

　　「ある家族とジョイニングするということは、技術というより心構えである。ジョイニングは、セラピー治療におけるあらゆる相互作用を包みこむ傘のようなものである。ジョイニングすることにより、家族はセラピストが自分たちを理解し、自分たちとともに、自分たちのために働いてくれることを知る。その庇護のもとにあるからこそ、家族は安心して別の選択肢を模索したり、普段と違うことを試したり、変化したりできるのである。」（Minuchen & Fishman, 1981, p. 32）

この短い引用の中で強調されているように、重要なのは相手を受容する姿勢とそれを表現することであり、個々の教育者が用いる具体的な行動や技術ではない。Rogers (1980) もこの考えに賛成している。ロジャースは受容（すなわち無条件の肯定的配慮）、誠実さ、共感的理解が、教室などでの成長を促す人間関係における重要な条件であると定義した。教育者は学習者に敬意を払い、尊重しなければならない。彼らの基本的人格、尊厳、自尊心を肯定しなければならない。教育者が信頼できなければ、学習者は自分の弱さを進んでさらけ出したりしない。最も優先させなければならないのは、聴いてもらっている、理解されている、大切にされていると学習者が感じることである。

　学習者が大切にされ、敬意を払われていると感じられるような安全な環境をつくり出す方法はいくつもある。言葉で語られることや言葉を介さずに語られることにも注意を払って耳を傾け、学習者の経験や感情を受け入れることが重要である。授業やワークショップでの交流のルールを参加者と一緒につくり上げ、合意で決めたルールは守る。教育者自身の生い立ちやこれまでに受けたり見聞きしたりした不公平、内面化してしまった偏見をいかに学び直してきたかなどを自己開示しよう。こうした問題を取り上げる際に人々が感じがちな感情の不安や恐怖をテーマとして取り上げ、学習者にそうした感情を感じた経験を話してもらおう。「つまらない」質問でもいいからと促したり、通りいっぺんの意見ではなく、クリティカルにものごとを見る視点を求めていることを明確にし、これは学ぶための環境であることを学習者に伝えよう（たとえ意見の相違があったとしても、一定の行動基準は守らなくてはならないことを伝える状況もあるだろう）。彼らの現時点での知識や経験を尊重し、これまで培ってきた彼らの知識の上に積み上げていってもよい。クラスのルール、話し合いのテーマ、課題あるいはクラスのアクティビティについての意見を求めることも、学習者への尊敬を伝えることになる。学習者に居心地良く感じさせることも大切である。アイスブレイクをすること、互いを理解できるようにペアあるいは小グループに分けることも有益である。差しさわりのない程度に個人的な情報を共有したり、打ち明けたりすることは、信頼を築く助けとなる。お互いの共通点、すなわち体験や嗜好や興味が似ていることに気づかせることも親近感を高める。学習者が警戒心を解き、自ら

の信条を問題意識を持って見直せるようになるには、教育者だけでなくクラスメート同士が信頼し合える、十分な安全と支援が整った環境が必要である。

葛　藤

　肯定されているという感覚が確保されたら、学習者を過保護にしたり居心地の悪さを回避させたりしないほうがよい。「十分な安全」と「居心地の良さ」は同義語ではない。限られた世界観の中に留まらせておくのではなく、自己や社会に対する新しく、より複雑な理解を築き上げる手助けをすべきである。目覚ましい成長は、自分自身の「安全地帯」から一歩踏み出したとき、つまり「追い詰められた状態で学ぶ」ときに起こる。葛藤の段階では、不均衡をつくり出すことによって成長を促す条件を整えるのである。ダイバーシティ教育といえばこの段階が注目されがちだが、最初に十分な信頼と安全が築かれていなければ成功はおぼつかない。

　社会的公正教育における葛藤の段階は、いわゆる批判的意識を発達させる段階にあたる（Freire, 1970）。フレイレによると、意識化（*conscientization*）とは社会や政治に対する批判的意識の覚醒である。それは「社会的、政治的、経済的矛盾に気づき、現実の抑圧的要因に対して行動を起こすようになることである」（1970, p. 19）。意識化は現状に疑問を抱かせ、個人や社会の意識の変革に向かわせるのである。

　通常、クリティカル・シンキング（批判的思考）は必ずしも社会や政治に対する批判につながるとは限らないが、批判的意識の発達と似た要素を持っていると言えるかもしれない。批判的思考の構成要素として、Brookfield（1987）は次のようなことを挙げている。例えば無意識の思い込みを明らかにし、疑ってみること、正常な、あるいは自然な考え方や生き方とされているものが、実は状況によって左右されるものであるという気づき、新たな考え方や生き方を想像したり、探究したりすることなどである（pp. 7-8）。ブルックフィールドは教育者に対し、このプロセスをめぐる注意喚起も行っている。

　　「これまでの生き方や考え方のもとになっていた前提を、むりやり批判

的に分析させようとすると、学習者に恐怖心を抱かせ、このプロセスに対して抵抗の壁を築かせてしまうことになる。しかし、相手を怖がらせたり、見下されたと感じさせたりせずに、このプロセスを自覚させ、促し、育み、強化させることは可能である。」(Brookfield, 1987, p. 11)

　葛藤の段階では、学習者は内省や分析を行うようになる。そこで学習者が無条件に保持している信条や態度を意識させ、その正当性を見直す機会を与えてもよいだろう。彼らのものの見方と現実に対する別の見方を比べさせよう。抑圧がなぜ起きるのか、またどのような影響を及ぼしているのかについて、様々な分析の結果を紹介しよう。感情的な反応に基づくような意見を主張するのではなく、批判的な分析ができるように手助けしてあげよう。支配的なイデオロギーがいかに個人の意識、組織の構造や習慣、文化的規範を形づくっているか、私たちの思考や行動がいかにその時代、その文化に縛られたものであるか、そしてそれらが社会的に構築されたものであることを理解させよう。個人的なことが実は政治的であり、個人の問題がより大きな社会的問題の反映であることに気づかせよう。自分たちの特権を分析させ、抑圧によって支配集団もまた傷ついていることを考えさせよう。最後に、現行システムや自分たちの現在の行動に代わる新たな選択肢を紹介しよう。一例として、男性から虐待を受けている女性を、社会的公正とは無関係の独立事象として捉える人がいたとしよう。その人は女性の行動を単に性格が弱いとか、心に問題があるせいとか考えるかもしれない。そこに性差別がどれほど影響しているか、女性が男性に従属するよう、自分のことは後回しにするよう、恋人や夫がいないと心細いと感じるよう社会化されているということは考慮されていない。虐待は女性にも責任があるとする文化的メッセージや、女性（特に子どもを扶養している女性）の経済的自立を難しくしている経済的現実は確かに存在する。男性もまた、支配的、攻撃的で主導権を握り、女性を所有物と見なすよう社会化されている側面もある。そこで学習者に対し、より大きな視点で社会を分析するよう促せば、男女間の暴力という問題にどう取り組んだらよいかについて、様々な考え方が生まれてくるだろう。
　学習者にこのような課題に取り組ませる方法はいろいろとあるが、葛藤段

第3章 個人の変化と発達について

階における学習内容やアクティビティは、学習グループの置かれた状況や目的によって大きく変わってくる。書籍、ビデオ、講演あるいは参加者間の交流を通じて、新しい情報や分析・事例に触れてもらうのもよい。あるいは研究、インタビュー、観察、フィールドワークへの参加を通して、より能動的に問題に取り組むこともできる。事例研究、ロールプレイ、討論、シミュレーション、イメージ瞑想法などを用いれば、自分とは違う視点や、現状に代わる新しい可能性について考えるきっかけとなる。一般的に言って、自分で経験するアクティビティは、楽しく、また思いがけない方法で新しい考え方に出合える点で効果が大きい。学習効果を最大限にするには、アクティビティや経験について自身で振り返ったり、(ディスカッションや発表などを通して)消化したりする機会を設ける必要がある。

　葛藤の段階は、肯定の段階で出された情報を広く検討していく時間でもある。葛藤の段階で学習者が語った感情や経験などをもとに、そうした経験をより大きな社会的・政治的・歴史的文脈から捉えるよう導くとよい。これまでの個人的な枠組みを抜け出して、より構造的な分析へと進む必要がある。学習者はあらゆるものを個人的な視点から見ようとし、様々な集団がどう扱われているかということや、制度的な慣習についても考慮しない傾向がある。例えば有色人種の人が昇進を拒否された場合、その人にスキルや適性がないからではないか、というふうに片づけてしまうかもしれない。しかし企業における有色人種の雇用と昇進に関するデータを見せれば、その企業や他の組織における人種差別のパターンが理解できるかもしれない。さらに特権集団の人々は、自らの個人的経験をもとに、自分たちの集団が差別されていると一般化したり、誤解したりする一方、被抑圧集団が直面している差別を軽く見ようとするものだ。白人であっても、不当に雇用の門戸を閉ざされたと感じている場合はある。したがって特定の状況で個人に対してなされた行動と、ある集団に組織的に繰り返されている行動とは分けて考えるよう、学習者を導く必要がある。

　差別や不当な扱いを受ける度合いだけでなく、社会的権力へのアクセスの違いも理解させる必要がある。抑圧的な体制のもとでは、ステレオタイプや不当な扱いに直面する人はいるが、特権集団のほうが被支配集団よりはるか

に多くの機会と選択肢を与えられ、資源へのアクセス、「何が普通か」を決める権力を持っている。幅広い情報（統計、歴史、制度的・文化的抑圧に関するデータなど）を紹介することで、学習者が自身と他者の経験について理解を深め、社会の現実をより明確に捉えられるよう促す必要がある。学習者の持っている誤解を正し、誤った思い込みを問い直し、知識の欠落を補うには、正確な情報を提供しなければならない。実力主義の神話に疑問を投げかけ、社会においてのスタートラインにはいまだに不平等や障害が多く存在していることに気づくには、そうした足がかりが必要だ。

　葛藤の段階では、教育者は学習者に現状に疑問を持つよう促し、議論を巻き起こし、新しい考え方を紹介し、リスクをとるよう励まし、資料を提供する。すると心にアンバランスが生じるので、学習者の反応に心を配る必要が出てくる。認知的不協和が大きくなりすぎると、彼らは恐れを感じ防衛的になってしまう。恐れが膨れ上がり、圧倒されてしまうと学びのプロセスから逃げ出そうとするかもしれない。学習者にとって脅威となりうる題材を扱うときには、学習者のペースや能力を尊重する必要がある。学習を続けられるよう、肯定段階におけるいくつかの作業——安全と支援が提供される状況を保証し、信頼感とラポールを再確認する作業——を改めて繰り返すとよい。

　学習者が自らの考えを評価し直し、自身と他者、そして社会的現実について新たな理解を獲得し始めたら、そうした新しいものの見方を統合する方法を学ばなければならない。葛藤の段階で心のバランスを失う経験をした学習者は、新たな気づきを取り入れてバランスを取り戻そうとする。こうした変化のプロセスを助けるのが次の段階である。

継　続

　継続の段階では、学習者が新たに得た知識や気づきを統合し、応用するのを助けることが目標となる。学習者は今、心の平衡を取り戻そうとしている。授業や研修が終わりに近づいてくると、全体のとりまとめもしなければならない。人間の自然な発達段階では、肯定・葛藤・継続のプロセスは誰もが同じタイミングで進んでいくわけではない。それが授業であれば、学期の終了時が近づいていたとしても、まだ自分は葛藤の段階にいる、と感じている学

第3章　個人の変化と発達について

習者もいるかもしれない。したがって学習者がそれまでに得た気づきをいかに応用していくかをまた教室を離れてもこのプロセスを継続するにはどうすればよいかを考えてもらう必要があるだろう。

　継続の段階では、学んだことをどのように実践していくのか、行動計画を立てると効果的だ。自分はどんな貢献ができるか、どんな行動がとれるか（行動のリスクの高さ・低さ、個人・制度・文化的抑圧のいずれを対象とするかなど）を話し合おう。問題の大きさに委縮せず、自分たちには力と可能性があるのだと感じてもらうよう励まそう。特に重要なのは、新たに得た認識や使命感に対して、どうすれば周囲の支援が得られるかということだ。友人や家族のほとんどはこうした学習経験をしていないため、この段階の人が必要とする支援や理解を提供できない可能性が高い。支援だけでなく、学習者自身が教育を継続できるよう、ワークショップや講座、グループ活動、地域または学校での活動などを探す方法も紹介しよう（アライのための活動については8章でさらに論じる）。

　肯定・葛藤・継続のモデルは、教育経験をデザインする際の出発点となる最も重要な枠組みである。5章でさらに述べるが、肯定段階の重要性は強調してもしきれないのに、現実にはなおざりにされがちだ。支援の得られる環境が繰り返し築かれることが、アンバランスからバランスへの回復プロセスを可能にする。この枠組みは個人にもクラス全体にもあてはめることができ、変化のプロセスの全体像を考えるうえでも役に立つ。次節では、個人の知的発達と社会的アイデンティティの発達をより具体的に説明する、2つのモデルを紹介していこう。

知的発達

　葛藤の段階では、無意識の前提の問い直し、多様な視点の理解、社会的立場の分析、深い内省、自分なりの視点の確立といった活動を通して、批判的思考を養うことが目標である。こうした作業においては、学習者の知的発達段階によって取り組み方や進め方が大きく異なる。知的発達段階は学習者の認識論的な考え（epistemological belief）、つまり知識や知ることについての、前提となる考え方に影響を与える。教育者にとって知的発達の枠組みは、授

業・研修の構成や内容に対する学習者の多様な反応を理解するうえで参考になる。知的発達に関する概念は、それぞれの学習者の知的ニーズや能力に合った学習経験を効率的に提供するうえで役立つ。さらに、学習者の反応は単に頑固で視野が狭いせいではなく、発達段階に関係していることも理解できる。こうしたことがわかると、教育者はより共感的になれ、偏った評価をしなくなる。

　William Perry（1968）が考案し、Belenky, Clinchy, Goldberger, & Tarule（1986）が発展させた知的発達モデルを手短に紹介したいと思う。ペリーの研究は白人の大卒エリート男性を対象にしたもので、ビレンキらの研究対象は様々な経歴を持つ、様々な状況の女性が対象だ。ここではこの2つの研究の知見を統合して、それぞれの発達段階の基本的な特徴を紹介し、次にこれらの発達段階の教育的意味合いについて述べたい。これらの発達段階理論についての詳細については、ペリーらの研究の原典を参照するとともに、彼らの研究を引き継いで理論・実践の両面について論じた多数の論文を参照されたい（一例としてBaxter, 1992; Capossela, 1993; Goldberger, et al., 1998; Kloss, 1994; Kurfiss, 1988など。反省的判断力の発達に関する関連モデルについては、King & Kitchener, 1994を参照）。

　ビレンキらは、ペリーのモデルの第1段階の前にもう1段階を設定し、「沈黙」の段階と名づけている。この段階の女性は心も声も失われ、受け身で無力である。知識については外部の情報源に依存し、男性の権威を恐れることが多い。ビレンキらがインタビューしたすべての女性の中で最も若い女性たちであり、社会経済的にも学歴的にも最も不利な立場にあり、大卒女性は一人も含まれていなかった。

　「二元性／受動的知識」の段階（ペリーの第1段階）にある人々にとって、知識は単なる事実の集積であり、権威者をあらゆる知識の源泉と見なす。知識は受け取るもので、つくり出されるものではない（特に女性にとっては人の話や視聴覚メディアから得られるもの）。この段階の特徴は、正誤、善悪、二者択一、自分たち対他者といった、二元的思考法が見られる点にある。この段階の人は授業の内容であれ構成であれ、曖昧さへの許容範囲が狭く、そのため教育者が「正しい」答えを与えてくれないと混乱し、怒ったり苛立っ

たりすることが多い。そうした人々は、教育者が「本当は何を求めているのか」を探り当てようとする。教育者の側も、学習者が複雑な問題に対して単純すぎる、狭量な見方をすることに苛立ちを覚えることもある。

　この「二元性／受動的知識」の段階にある学習者は、多元的なものの見方や分析が苦手である。複数の考え方を受け入れることができず、特に自分が納得できない場合などは、他者に共感することができない。例えばアメリカの移民政策について、移民をもっと制限すべきか否かを考えるよう言われたとしよう。二元論の段階にある人はイエスかノーかはっきりした立場をとる傾向があり、それは親、政治家、教授、社会学者など、尊敬している権威者の意見に基づいている場合が多い。移民問題の全体像を理解していないにもかかわらず、「移民は米国市民から不当に職を奪っている、公立学校に負担をかけ、経済システムの重荷になっている」などと主張するかもしれない。仮に移民がいかに米国経済や国民生活の向上に貢献しているかなど、対立した意見を言う人がいた場合は、その意見を否定したり、混乱に陥ったりしてしまうことがある。

　複数の解釈や自分とは異なる経験、多様な意見を継続的に聞く機会を与えていくと、学習者は自分たちの権威崇拝や、いわゆる「正解」探しに疑問を覚えるようになる。次の「多元性／主観的知識」の段階では、答えのない問題もあるということや、絶対的な「真実」などないということを悟り始める。この段階では、それぞれが持つ意見が知識につながり、知識とは直接的な経験を通して得られるものであると考えられるようになる。そのため、あらゆる意見も尊重されるべきで、それぞれに正当性があり、そうなると自らの内なる声を知識の源泉として捉えることに自信を持つようになる。「権威」への関心も敬意も徐々に薄れていく。とりわけ女性は外部の（男性的な）権威から離れて、内面へと向かう傾向がある。

　ある程度の複雑さを受け入れられるようになったとしても、「多元性／主観的知識」の段階では様々な視点を比較評価することができず、直観や感覚、あるいは「常識」に頼る傾向が強い。先に挙げた移民の例で言うと、この段階の人々は自分の直感や、個人的に見聞きしたこと、経験したことに基づいて意見を述べる。全体的に見れば「正解」は存在するとは考えず、お互いの

意見を尊重し、相手の感じ方は変えられないと思っている。それでも、この段階の人は自分と同じ見解を持つ人に同調する傾向がある。

　教育者が（発言や課題レポートという形で）自分の意見を支持することを学習者に期待したり、圧力をかけたりすると、この段階の学習者はそれを個人攻撃と受け止めたり、授業の評価基準が不透明だと感じたりすることがある。教師と意見が違うせいで不当な評価をされたと感じることもある。しかし自分の意見を裏づける証拠を求められたり、教材の中でそうした証拠の重要性を見聞きしたりすると、彼らは次の段階に進み始めることができる。

　次の「相対性／手続き的知識」の段階になると、知識そのものの正当性を評価できるようになる。意見には質の良し悪しがあり、根拠を示して裏づける必要があることに気づく。この段階はコンテクスト理論（contextualism）とか文脈的相対主義（contextual relativism）と呼ばれることがあるが、それは知識が相対的で、文脈に依存するものであることを理解し始めるからである。人が真実だと考えるものは、その人の「立ち位置」、すなわち経験、考え方、推論の方法などに基づいている。この段階になると、権威者の専門知識は尊重されるが、真理の裁定者とは見なされなくなる。

　この段階の人々は、特定の分野の手法（手順）を学び、応用し、様々な立場を評価するようになる。自身の持つ疑問に答えるために、あるいは答えを見つけるために、体系的なアプローチをとるようになる。ビレンキらは、手続き的知識には2種類あるとする。第一は「分離的知識」で、客観的な分析や論理によって、自分の意見を裏づけたり正当化したりすることである。第二は「結合的知識」で、相手の立場を説明したり明確にしたりするために、相手の立場に立って考えることである。「相対性／手続き的知識」の段階にある人なら、先の移民問題に関しても、社会の様々な分野における移民の影響についての研究を体系的に検証するといったアプローチをとるかもしれない。それらの研究の質、つまり方法論や研究者の立場なども視野に入れ、研究者の社会的な立場や経歴が本人の主張に影響を与えていることを考慮するだろう。「結合的知識」を持つ人であれば、他者の視点から、その人が特定の意見を持つ理由——このような信念をなぜ持つようになったのか——を理解することに強い関心を抱くだろう。彼らは移民の問題が単純ではないこと

を理解し、移民がもたらす様々な利点や課題を明確にし、論理立てて自分の意見を述べられるようになるだろう。ただし、移民政策について個人的な立場を表明することは、ためらうかもしれない。しかし複雑さへの理解が深まるにつれ、自分の選択に責任を持つ必要性を理解するようになり、次の段階に入っていく。

　「相対的／構築的知識」の段階になると、内面的な真理と外部から得た知識を結びつけて、内的知識と外的知識を統合するようになる。そしてその過程で自分自身の世界観を構築する。情報に統一性はなく、絶対的確信があるわけではないが、自分の立場をはっきりさせ、自分の意見を明確にできるようになる。歴史的・文化的な背景を正しく評価し、知る側の人間と知られる側の知識とが相互に絡み合っていること、「客観的真理」が存在しないことが理解できている。抽象的思考やメタ分析を行うことができる。構築的知識を持つ人は道徳観と感受性をそなえ、それに基づいて分析したり行動したりする。移民問題の例では、共感、道徳観、集めた情報に対する思慮深い分析に基づき、どのような移民政策を支持するかを決めることができる。

教育手法との関係

　教育者にとって最もやっかいな段階は、「二元性／受動的知識」の段階と「多元性／主観的知識」の段階だろう。これらの段階にある人は、批判的思考を行ったり、知識を体系的に検証することがきわめて難しい。批判的思考をすると、その人がよりどころとする認識論的信念が脅かされる。つまり、ものごとは正しいか間違っているかのどちらかだという信念や、どんな意見にも正当性があり、どんな意見を持とうとその人の自由だといった信念を持っているためである。我々の側からは「抵抗」として映る行動も、実は学習者の認知的発達のレベルから生じている行動である可能性も見逃せない。

　「二元性／受動的知識」の段階にある人々は、自分の見解に固執し、問題の複雑さにどう取り組んだらいいかわからない。そうした場合は、ほどほどのダイバーシティ（一つの問題に対して2種類か3種類の意見）を示してあげると、単純すぎる考え方を見直して、新たな選択肢を考えられるようになるかもしれない。あまり負担にならないよう、あらかじめ基本的な分析スキル

や批判的思考スキルを学ばせたうえで、内省や共感を促すのもよいだろう。こうしたスキルを実践する機会はたくさん与えるほうがよい。二元性／受動的知識を持つ人々には、（抽象的ではなく）具体的な、経験に基づく学びが適している。具体例やロールプレイ、シミュレーション、討論、事例研究などを使って、概念や問題に現実感をもたせるとよい（こうすれば安全を感じることができ、曖昧さを少しでも抑えることができよう）。複雑な問題に取り組むのに苦労するだろうから、講師や仲間から努力を認めてもらったり、応援してもらったりすることが大切だ。ある社会問題について持っていた信念を揺るがされたり、不慣れな考え方をするよう促されたりするのは不安な気持ちにさせるものだ。仲間から得た知識をすぐに認めるのは困難かもしれないが、それでも仲間と討論することで、安心して新しい考え方を試したり、多様な経験や意見に触れることができる。

「多元性／主観的知識」の段階にある人々は、互いの見解や経験を分かち合える、協調的でピア志向の授業を好む。様々な意見を評価し、証拠を検証し、根拠のある意見と薄弱な意見とを見分け、反対意見を見比べたりするためのツールを必要としている。この段階になれば、自分の意見を裏づける根拠を挙げさせたり、そのような結論に至った理由を説明させたりするとよい。優れた論証とはどのようなものかについて良い例を示すなど、評価基準を明確にしてあげるとよい。裏づけとなる根拠が個人的なものであってはならないことをわからせるには、他人の信頼を得たいなら、相手が納得できるやり方で自分の意見を主張しなければならないと説明するとよいだろう。レベル別クラスのどのレベルであろうと、明確な（かつ適切な）評価基準を示したり、様々な基準を満たしたレポートや回答のサンプルを見せて解説したり、基準をクリアできるよう機会やサポートをふんだんに与えたりすることは有益である。

「相対性／手続き的知識」の段階にある人々には、分離的知識を使った分析方略と、結合的知識を使った分析方略の両方を教える必要がある。この段階の人々は、特定の手法を使って相手の立場を批判できるだけでなく、その人の立場に「感情移入」して、そのような結論に至った理由を理解することができる。知識を状況依存的で相対的なものと見なしているので、自分の立

第3章　個人の変化と発達について

場を鮮明にすることには抵抗を覚えるかもしれない。そのような場合は、学問的方法論は内なる声を排除するものではなく、むしろ補足するものだと説明しよう。学問的な方法と内なる声という両方の知識の源泉を用いて、自分自身の考え方にコミットし、勇気や高潔さを育むよう励ますとよいだろう。

　ほとんどの大学生は、入学時には「二元性／受動的知識」の段階にあり、卒業するまでに「多元性／主観的知識」の段階、ないし「相対性／多元的知識」の段階にまで進む。大学院に入ってくる社会人学生の場合、入学時にまだ初期の段階にいる人も少なくない。学習者のグループが一つの段階に集中しているようなら、その段階を乗り越え、次の段階へ進んでいけるよう指導することができる。しかし組織内の研修などがそうであるように、同じクラスの中に様々な発達段階の人が混在している場合も多い。多様なレベルやニーズに応えるのは、どんな場合も困難である。社会的公正教育にしても、それ以外の場においてもそうだが、多様な経験をさせ、多様な機会を提供することが最も有益だろう。経験上、レベルのばらつきがある場合には、プレゼンテーションと実験的アクティビティを組み合わせるのが効果的なようだ。人は事実に基づいた情報や分析を聞いたり、アクティブ・ラーニング（能動的学習）に参加したりするのを好む。そうしたアクティビティに、各自が自分の発達レベルに合わせて参加したり分析したりすればよい。また自分自身の経験を振り返ったり、それに対する様々な意見を聞いたり、関連する話題や評価に触れたりするアクティビティは、あらゆるレベルの学習者に効果的である。

　一例として、私が行っているアクティビティを紹介しよう。ステレオタイプや思い込みにはたらきかけるためのもので、幅広い段階の人々に効果がある。まず学習者は、特定の集団について感じてきたこと、耳にしてきたこと、信じてきたことなどを2点、無記名で記入する（複数の集団について考えてもらう）。そしてその紙を交換し、内容を読み上げる。これらの回答を全員が参照できるように紙にまとめ、個人的にどれを真実だと感じ、どれに疑問を抱くかを考えてもらう。このアクティビティの中で、先入観を探り出し、集団間の共通点や相違点を比較し、集団内に見られるパターンを見つけ、歴史的・文化的な背景を考察する。このアクティビティは二元論的思考を持つ人

にとって十分に具体的であると同時に、様々な発達レベルの人が自己分析や社会的分析を行えるだけの複雑さもそなえている。

発達段階がなかなか先に進まないときは、これが知的側面のみの問題ではないことを思い出そう。ビレンキらの研究によく表れているように、人が持つ認識論に基づいた前提には、自己に対する認識や自身の道徳観に関係していることが多い。その人の生き方はその人自身の自己の認識の仕方と結びついており、それゆえ発達段階の変化は認知的であると同時に、非常に感情的なものでもある。「二元性／受動的知識」の段階の人が特定の考え方に強く固執したり、「多元性／主観的知識」の段階の人が反論されて傷ついたり怒ったりするなど、ときに教育場面で激しい感情に出合うのも、これによって説明できる。学習者が認知的発達の次の段階へと進むと、自分自身に対する見方も変化する。自分で知識を生み出すことができない者から、内なる知恵や自分の意見を持つ者へ、内省的・分析的な思考ができる者へ、そして自分にとっての真実を構築できる者へと進化し、それと同時に他者との関わり方や世界観も変わっていく。この過程は恐ろしくあると同時に楽しく、不安であると同時に自信も高まっていく。

これに加えて、知的発達は社会的・政治的文脈の中で起こる。アメリカ文化では単純化された二元論的な思考が良しとされる。複雑で分析的な考え方に接する機会はめったにない。特にニュースは、サウンドバイト（特定の印象を持たせるような短い発言や音声）や政治的スローガンに集約されがちだからなおさらだ。主流メディアでは、本当の意味で幅の広い視点や異なるものの見方に出合うのは難しい。また社会の権力構造が受動的な知識を広める結果となり、権威者の発言に耳を傾け、権威者が求めるものを理解することが奨励される。これでは批判的思考を発揮する機会は失われるばかりだ。さらに個々人の内なる知識は社会の中では公には評価されないため、こうした知識を開発して外部から得る知識と統合するのも困難だ。個人の知的発達の領域には、実は感情的・文化的な要素が大きく関わっているのである。

社会的アイデンティティの発達

知的発達に関する理論は、人がどのように知識や知と関わるのかを理解す

るうえで役立つのに対し、社会的アイデンティティの発達モデルは、人が自らの社会的アイデンティティや社会的現実にどのような意味を見出すのかを教えてくれる。社会的アイデンティティの発達理論とは、人が自らが属する社会集団、他の社会集団、そして社会的抑圧についての見方を変化させていく心理学的プロセスを説明するものである。この理論は、学習者の反応や教室内の対話を予測したり理解したり、あるいは教育的アプローチを考えたりする際の参考となる。

まず、Hardiman and Jackson（1997）の理論を紹介しよう。これは黒人と白人の人種的アイデンティティの発達に関する調査から生まれた理論である。そこから特権集団であれ従属集団であれ、社会的アイデンティティの発達全般を含む理論にまで発展させている。本章では、特権集団に属する人々の変化の過程のみを取り上げる（9章では、劣位集団の人々がたどる変化の段階についても解説する）。またJanet Helms（1990, 1995, 2008）による、白人の人種的アイデンティティの発達モデルについても述べる。このモデルは、特に白人における人種的自覚の過程を理解するうえで有用である。

以上の2つのモデルによると、特権集団の人々はまず、自身の集団の優位性を正当化する支配的文化のイデオロギーを（意識的にしろ無意識的にしろ）受容するという。彼らは制度化された抑圧や特権について無知であることが多いが、人によってはこうした世界観や社会関係の構造に疑問を抱き、抵抗するようになる。抑圧的な態度や慣行に気づき、反発するようになる。さらには支配的アイデンティティの捉え方を刷新して、自身が属する集団と同様に他の文化的集団も受け入れるようなアイデンティティを構築したいと願う人も現れる。そして最後に、自分自身と社会的現実に対する新たな意識がその人の中に内面化されるのである。

ハーディマンとジャクソンによる社会的アイデンティティの発達モデルによると、優位集団の人々がたどるとされる5つの段階がある。それぞれの段階ごとに、社会集団の一員としての自己認識や世界観に特徴がある。その人の行動が複数の段階にまたがることもあるが、優勢な段階は通常一つであるとしている。さらにいくつかの段階では、積極的（意識的）な傾向と消極的（無意識的）な傾向が見られる。この発達モデルは様々な形の抑圧や社会的アイ

デンティティにあてはめることができるが、当然社会集団ごとに多少の違いがある。また、その人のどの社会的アイデンティティと抑圧の種類に焦点を当てるかによって、発達段階が大きく異なる場合もある（例えば私の場合で言えば、白人としてのアイデンティティと人種差別を見るのか、中産階級としてのアイデンティティと階級差別を見るのかによって、発達段階は違ってくる）。

　第1段階の「ナイーブ」では、社会的アイデンティティや制度的不平等にほとんど、あるいはまったく気づいていない。通常、この段階にいるのは幼い子どものみである。集団間の差異に気づく子どももいるが、大人になってからのようにその差異に意味づけをしたり、優劣をつけたりはしない。とはいえ、子どもは両親や周囲からのメッセージに対する受容性が高く、かなり短期間で第2段階へ移行する。

　第2段階の「受容」の特徴は、不公正な社会の価値体系や仕組みを受容し、自らも関与することである。支配的な信念体系、つまり自分が属する集団の優越性や劣位集団の劣等性についてのステレオタイプ（固定観念）やメッセージなどが、すでに内面化されている段階である。この段階において、特権集団の人々は不公正な問題の存在を否定する傾向があり、問題に向き合うことを求められたり、加担しているのではと追及されたりすると、怒りを覚える。自分たちの持つ特権に気づかず、被抑圧集団の人々が適切に行動し、成功するには、自分たちの基準やあり方に同化すればすむことだと考える傾向がある。そして被害者側が悪い、と被害者側に問題があると思っていることが多い。

　この「受容」段階では「積極的受容」と「消極的受容」に分かれる。「積極的受容」の段階にいる人は、意識的かつあからさまに抑圧的な考え方を口にする。不平等なのは生まれつき欠陥があるからだと、不平等を正当化しようとする傾向がある。生活保護を受けている人たちは単に怠惰なだけで、その気になれば良い仕事が見つかるはずだと考える人もいれば、アフリカ系アメリカ人の成績が悪いのは、遺伝子的に知能が劣っているからだと考える人もいる。極端な場合、「積極的受容」の人が白人至上主義者の組織に加わることもある。

　一方、「消極的受容」にいる人の場合、特権集団に属する人は無意識かつ

目に見えない形で、不平等なシステムの維持に加担する。消極的（無意識的）な視点を持つ人は、待遇の差や不公平があること、また自分たちがそれに加担していることをしばしば否定する。「カラーブラインド（人種、すなわち人の肌の色の違いに気づかないふりをする傾向）」とは、権力や特権をめぐって制度化された不平等が存在することを認めないための一つの方法である。消極的受容の人は、社会は人の生い立ちに関係なく（文化的相違や抑圧の経験は無視して）すべての人を同じように扱っていると主張し、社会に適応するためには、「白人」らしくふるまえばいいと思っており、白人のようにふるまわない、あるいは「ゲイ」であることを隠さないふるまいをする人が理解できない人が多い。この段階にいる人は、優越感を抱いており、劣位集団の人々は自分の面倒は見れず、適切な判断を下せないので、手助けをする必要があると思っている。支配的イデオロギーを安易に受容することで、消極的受容の人は無意識のうちに不公平を助長しているのである。

　自分の世界観や信条を否定し、脅かすような経験や情報にぶつかると、特権集団の人々は第3段階の「抵抗」へと移行する（本モデルにおける「抵抗」という用語は、私が他の章で使っている「抵抗」とは違った使われ方をしている。他の章で言う「抵抗」は、社会的公正について批判的思考を行うことを拒否する態度のことである）。この段階では、抑圧的なイデオロギーに疑問を抱き、不平等が個人・組織・文化のレベルでどう行われているかを解明しようとし始める。そして自分たちの差別的な行動を認識し、いかに不平等の維持や継続に加担してきたかを振り返り始める。被害者を非難する態度から、抑圧の維持に特権集団が果たしている役割への気づきへと移行し、制度的特権と構造的不平等についての理解も深める。これには恥や罪悪感、怒りの感情がともなうことが多い。ときには、他の特権集団の人と自分を区別し、自分は特別で「いい人」だと思おうとしたり、劣位集団の人々と過剰に連帯意識を持とうとしたりすることもある（例えば有色人種だけと付き合う白人、貧困層や労働者層とばかり仲良くする中産／上流階級の人など）。「積極的抵抗」にいる人は、投書する、偏見に基づく発言に対して異議を唱える、組織の方針を変えるなど、声を発し、目に見えるやり方で差別的態度や慣行を非難する傾向がある。一方で「消極的抵抗」にいる人は、不公平は認識してはいるものの、行動は

ほとんど変わらず、表立って態度を明確にしたり行動を起こしたりといったリスクも冒さず、ときには世の中の主流から距離を置くという選択をする場合もある。

「抵抗」の段階では、「私はこのような人間ではない」という部分へのこだわり、不公平な社会に反対することに主な関心がある。あくまで劣位集団の人たちが受けている不公平が問題なのであって、自分たちのアイデンティティや文化に焦点は当てない。しかし、このような新たな意識が芽生えると、特権集団の人々は、「では、いったい、私は何ものなのか」という問いに答えざるをえなくなる。自分たちの立場について罪悪感や恥を感じ、積極的で肯定的な社会的アイデンティティを模索し始める。例えば、人種差別に反対する白人であるとはどういうことか、男女同権を支持する男性であるとはどういうことか、ということを考えずにいられなくなる。こうして、次の段階の新しいアイデンティティ意識へと進化していくのである。

社会的アイデンティティ発達の第4段階は、自分自身や自分が属する社会集団を定義し直そうとする「再定義」の段階である。同じ社会集団の他のメンバーと協力する場合は、こうした同一化の過程によって自集団に新たな呼び名をつけることになる。自分たちの中にある抑圧への気づきが、自分たちが持つ他の社会的アイデンティティや、様々な形の不平等を再考するきっかけになる。こうして自己のアイデンティティをより複雑に捉え、様々な抑圧が互いに関連し合っていることを理解するようになる。

最終段階は「内面化」の段階である。新しいアイデンティティが身についてくると、これが内面化されて、生活の様々な場面に応用できるようになる。社会は以前からの秩序を維持するために人々を社会化し、圧力をかけてくるので、新たなアイデンティティを保持するには他者からの助けと支援が必要だ。この段階にある人々は、同じ考え方を共有し、自分のアイデンティティや意識を肯定してくれる仲間や組織を必要とする。

ジャネット・ヘルムズのモデルはハーディマンとジャクソンのモデルに似ているが、白人の人種的アイデンティティの発達に焦点を絞っている。このモデルは、人種差別主義から反人種差別主義への意識の変化をより詳しく分析している。6段階からなるこの理論では、前半の3段階（段階はstageでは

なく、statusと呼んでいる）は人種差別的な段階だが、後半の3段階は反人種差別的である。Carter（1997）、Helms（1990, 1995, 2008）、Jones & Carter（1996）、そしてTatum（1997）に基づいてこのモデルの概略を紹介しよう。

　第1段階は「接触」である。この段階は人種や人種問題について無知であることが特徴である。人種への関心も、人種問題の重大性にもほとんど関心がない。有色人種に対する態度や固定観念を、無批判に支配的文化から受け入れている。具体的な差別行為は認めても、制度的差別や白人優位性の存在は認識していない。彼らにとって白人であることは「普通」だと思っている。無意識に人種差別していたとしても、自分に偏見があるという自覚はない。

　次の第2段階の「分裂」では、社会における人種問題の重要性に気づき、人種差別と白人優位性の存在を意識し始める。自分自身の中に偏見があることにも気づき始め、不安、罪悪感、恥、怒りを感じる。新たな気づきが不快感を生んでいることに対して戸惑い、葛藤が起きる。

　ここからは第3段階の「再統合」へとつながる。自身が感じ始めた罪悪感や現実を否定したいという感情は、有色人種に対する恐れや怒りという感情に転換される。また、自己防衛の手段として、差別の被害者を非難するようになる。白人の特権や有利性を正当化しようとするために、有色人種の人たちをおとしめ、白人を理想化する。こうした行為は、積極的・意識的に行われることもあれば、受動的・無意識的に行われることもあり、いずれも精神上の平衡を取り戻そうとしてのことである。

　次にくる第4段階の「疑似（見せかけの）独立」では、反人種差別的な白人アイデンティティが生じてくる。人種差別ダイナミクスの複雑さを理解し、人種的不平等を正当化できなくなる経験に出合うことで、「疑似独立」という段階に移行する。この段階の典型は、罪悪感を持った進歩的な白人である。彼らは自分が白人であることを恥ずかしく思い、有色人種と交わるのを好む。有色人種に同化を勧めることで、白人と平等になるよう助けようとする。人種や人種差別を知的な面で意識してはいるが、人種的不公平の制度を維持している白人（そして自分たち）の責任については、意識的に向き合うには至っていない。

　次の第5段階の「没頭／出現」の段階では、人種問題についての責任を自

覚し始め、人種の不平等と白人文化について積極的に調べ始める。白人であるとはどういうことかを理解しようとし、白人としてのポジティブなアイデンティティを見出そうと、同じような悩みを持つ白人や、お手本になる白人を見つけようとする。没頭／出現の段階の人々は人種問題に積極的に取り組み、同じ人種同士でも、異人種間でも、いろいろな経験を積もうとする。

最終の第6段階の「自立」の段階では、白人であることの新たな意義を内面化する。白人という人種が自身のアイデンティティの重要な一部ではあるが、それは優位性に基づいてのことではない。人種問題について複合的な視点を持ち、また敬意ある洗練された見方ができることにより、異人種間の交流も抵抗なく実践できるようになる。人種問題や抑圧に疑問を投げかけることが日常の一部になる。人種的アイデンティティに関してここまでのレベルに達しても、なお新しい情報や考え方を進んで取り入れ、自己意識を高めようとする。

教育における意味

社会的アイデンティティ発達の理論は、学習者の考え方の違いや変化を理解するうえで役立つ理論である。学習者各自の発達段階を見ることで、個人レベルの反応やクラス全体のダイナミクスを解釈するうえで手助けとなる。ハーディマン＆ジャクソンのモデルにおける「受容」、特に「積極的受容」に属する人々は、現状維持を志向する世界観が最も強く身についており、社会的公正の問題に対して最も抵抗を示すだろう。一方、「抵抗」の段階にある人々はより受容的だが、過度な罪悪感や不快感を感じているせいで逃避的態度を見せる場合もある。

同じ段階にある学習者同士は同調する傾向があるが、異なる段階にある学習者や、同じ段階にいたとしても同じ位置にいるとは限らず、学習者の間ではしばしば軋轢が生じる。例えば「抵抗」の段階にある学習者は、「受容」の段階にある学習者に対して寛容でない場合が多い。「再定義」や「内面化」の段階にある学習者は、教育者や調整役としてもやっていける人々だが、「抵抗」段階の学習者からはメインストリーム側に迎合しすぎていると見られたり、また別の学習者からは、逆にロールモデルとして見上げられたりするこ

第3章　個人の変化と発達について

ともある。また、こうした発達理論は、私たち教育者自身が特定の問題や人物に対して抱く感情を理解するうえでも役立つだろう。これについては8章で触れる。

　以上に紹介した様々な発達モデルは、最適な学習経験を設計するうえでも役立つ。学習者に様々な段階があることは確かだが、大部分の人は「受容」か「抵抗」（ごくまれに再定義）の段階にあるだろう。「受容」の段階にある学習者には、様々な集団に関する支配的イデオロギーやステレオタイプに疑問を突きつける教材が有効だ。特に効果があるのは不利な立場にある人々の経験や、抑圧がいかに制度化されているかを学ぶ機会を持つことだろう。実際に当事者に会ったり、現場を訪ねたりするのは効果的だし、情報も自分で見つけてきたもののほうが納得しやすい。「抵抗」の段階にある学習者に対しては、不公正の問題をより深く探求すること、意識の向上を認めてもらうこと、この問題への熱意や感情をより実践に結びつける方法を見つけることなどが大切だ。「再定義」の段階にある学習者については、自身の文化的背景を知ることが有益であるし、社会変革に取り組み、かつ自らのアイデンティティも大切にしている活動家について学んだり、ともに話し合ったりすることも有益だ。このように提供する情報、経験、選択肢に変化をつければ、多様な発達段階にある学習者のニーズに応えることができるだろう。

本章のまとめ

　発達段階理論になじみのない読者には、こうした理論をいっぺんに応用するのは難しいと感じるかもしれない。とりあえず、いちばん面白いと思った理論を選び、そこから始めることをお勧めする。私の経験では、状況を分析する視点が多ければ多いほど、様々な解釈が可能になり、解決のための方法も数多く思いつくことができると感じている。こうした様々な発達理論を用いることで学習者の行動を深く理解し、社会的公正教育をより効果的なものにすることができる。また、学習者に対しても共感深く、より寛容な心構えで接することもできるだろう。ペリーの理論について、Robert Kloss（1994）はこう述べている。「彼ら（学習者）を理解することで、結果的に私は彼ら

を厳しく批判したり、裁いたりしなくなった」(p. 152)。こうして私たち教育者は、人を責めたり、苛立ったりすることなく、より建設的な関わり方ができるようになる。

　ダイバーシティと社会的公正についての学びは、学習者にとって感情的にも知的にも多大な困難をともなうものであり、そこで成長し、変化するには実に奥の深いプロセスを経なければならない。しかも教育者には、個人とグループ内のダイナミクスの両方に配慮するという大仕事が求められる。この困難な道のりにおいて、学習者といかに意思を通じ、どう導いていくかの道しるべを、これらの発達理論は提供してくれるのである。

第4章
抵抗を理解する

　前章では葛藤のプロセスについて説明し、学習者に批判的思考（クリティカル・シンキング）を促し、批判的意識を高めてもらうための方策を紹介した。ダイバーシティや社会的公正の教育においては、自身の先入観を問い直し、異なる考え方を学び、これまでと違うものの見方ができるようにする必要がある。このプロセスにおいては、既存の権力構造や制度的不平等、イデオロギーについて再検討する作業が求められる。それには、内省や批判的分析を通して、自分自身の世界観を検証したり、自らと向き合ったりすることも含まれる。この過程を前向きに受け入れる人もいるが、そうでない人たちは抵抗する。例として、こんな状況を考えてみよう。

- 人種差別によって有色人種がいかに被害を受けているかなどの体験が語られる場で、白人男性が「本当に差別されているのは自分のほうだ」と主張する。
- 学習者の一人が腕組みをしたまま、ディスカッションに一切参加せず、関心を示す素振りを見せない。それなのに、ダイバーシティに関する進歩的な考察を展開した立派なレポートを提出する。
- レズビアンの教師が、異性愛主義について、人種差別や性差別、階級差別などと同等の時間を割いて講義しても、「同性愛の問題ばかり取り上げる」とか「個人的な主張を我々に押しつけている」と責められる。
- 中産階級に属する学習者が、制度的に貧困を克服することが厳しいというデータや情報を示しても、一切受けつけず、「努力すれば成功できるはずだ」とか、「生活保護をもらっている人たちは働かずにラクに暮らしたいだけ

だ」などと主張する。
・家父長制や男性優位について語ろうとすると、すぐにグループ内の男性参加者から「男性バッシングだ」と反論が出る。

　上記は、社会的公正に対する「抵抗」の示し方の一例である。教育者の多くが、こうした抵抗に遭遇した経験を語っている。抵抗はあからさまな場合もあれば（体験談を信用しない、情報や事実がウソだと言う、話題をそらそうとする、課題をやらない、授業や会議を妨害するなど）、わかりにくい場合もある（こちらの期待に迎合しようとする、積極的に参加しようとしないなど）。いずれの場合も、人々は学ぶこと、自分を変えることに抵抗するのである。
　抵抗は社会の現実がそうさせている場合もあれば、学習者自身の心理的な問題を反映している場合もある。本章では、抵抗の背後に社会的要因と心理的要因があることを明らかにしたいと思う。社会的要因と心理的要因は複雑に絡み合い、互いに影響を与え合っているので、個々の要因を特定するのは容易ではない。以下に紹介する分類も境界が曖昧で、ときには恣意的とさえ見えるかもしれない。それでも、抵抗を生み出す様々なダイナミクスを明らかにすることが私の狙いである。こうしたダイナミクスの多くは特権を持たない集団にもあてはまるが、ここでは特権集団の側に焦点を当てる。そして様々な種類の抑圧や社会的公正全般において、抵抗が生じる原因を論じようと思う。さらに次章では、そうした抵抗をいかに予防し、いかに対処するかについても述べていくつもりである。
　抑圧の分類が様々であるように、個々の「～イズム（～主義）」ごとに抵抗の形も異なる。私の経験からは、例えば階級について話し合っているとき、階級制度を批判的に論じようとするときに、抵抗が生じることが多い。たちまち社会主義や共産主義を擁護している、と解釈されてしまう（アメリカでは社会主義や共産主義は禁句とされていて、偏見を持たれていることが多い）。現在の階級制度を批判的に見ることは、上昇志向や成功への欲望自体が批判されていると受け止められることもある。また異性愛主義の問題では、宗教的信念から抵抗が起きることが多い。障害者差別のテーマを扱うときは、自分自身も障害者になるかもしれないという恐怖が「抵抗」として現れることが

よくある。こうした抑圧の分類ごとの抵抗については、個別に取り上げることはしない。もちろん個別の考察や方策を必要とする場合もあるだろうが、以下で紹介する考え方やアプローチは、大半のケースに適用できるものばかりである。

抵抗とは何か

　学習者が抵抗を感じている間は、教材に真剣に取り組むことができない。現状維持の支配的イデオロギーに疑問を持つことを拒否する。自分の世界観が信じられなくなるような情報や体験談に反発する。抑圧や制度的不平等が実在することを否定する場合もある。

　抵抗の裏には恐怖心や不快感がある。社会的公正教育では、自分の基本的な信念体系に疑問を持つことを求められるので、怖いと思ったり、反発したりするのは当然である。人が防衛的になるのは、不安や罪悪感などの感情的苦痛から自分を守るためである。それは不合理で自動的な反応であり、熟考したうえでの反応ではない（Clark, 1991, p. 231）。人は安全性や安定性のニーズが満たされない状況では、新しい情報に耳をふさぎ、心を閉ざし、避けるようになる。学びが起きる状況とは言いがたい。

　教育関係の文献では、「抵抗」という語が様々な意味で使われている（Giroux, 1983; Apple, 1982）。「抵抗理論」とは、学習者が政治的行為として、学ぶ行為に反発することを指す。被抑圧集団の人々が、学校や学習内容が文化的に抑圧的で不適切だと見なす場合、学習自体を拒否することがあるが、本書で取り上げるのはそうした抵抗ではない。本書の焦点は、支配集団が社会的公正についての学習において示す抵抗である。

　私が言う抵抗とはどのようなものか、もう少し説明しよう。まず抵抗は、偏見とは異なる。偏見とは、ある特定の社会集団についてあらかじめ持っている先入観、思考や信念である。抵抗とはその人の考え方ではなく、多様な考えをどれだけ受け入れられるかの問題である。偏見をなくすには自分なりの解釈や思い込みを自覚し、検証する必要があるが、そのように自己を深く突きつめて考えようとしない気持ちこそが抵抗なのだ。被抑圧集団に属する

個人に対して偏見は持っていないにしても、社会的抑圧の存在そのものは否定する人もいる。社会的公正についての教育では、偏見を検証するよう促すのはもちろんだが、まず取り組まねばならないのは人々のこのような抵抗である。

また、抵抗は、授業で取り上げるテーマについて自由に質問したり議論したりする行為を指すものでもない。真剣に問題に取り組む姿勢はやる気があるからこそである。批判的思考には、ものごとを分析したり、問いかけをしたり、疑問を投げかけたりする行為が含まれる。教育者として私がめざしているのは、皆に同じ意見を持ってもらうことでも、私と同じように考えてもらうことでもない。それぞれの立場から批判的に題材に取り組み、自己と周囲の世界について、事実に基づいた正確な情報をもとに分析し、理解してほしいのである。

教育者自身の持つ不安や文化的知識が不足しているために、学習者の行動を抵抗だと誤解してしまうこともある。教育者によっては、学習者の激しい感情や対立、反論を不快に感じてしまい、そうした態度を抵抗とし、非生産的なものだと見なしてしまうこともある。ユダヤ人やアフリカ系アメリカ人などの集団のコミュニケーションスタイルは比較的感情的で、対立の傾向が見られる場合がある（Kochman, 1981; Tannen, 1990）。疑問を抱いたり討論したりすることは、積極的に関与し学習しようとする姿勢の表れである。だからこの種の論争のやり取りを抑制すると、知らぬ間に教育目標そのものを損なうおそれもある。一方、アジア人などの集団は比較的おとなしく、教師に対して敬意を払う態度を示すことが多い。これを消極的抵抗、すなわち学習者が積極的に関わろうとせず、単に教師を喜ばそうとしているだけと誤解してしまうこともある。このように、様々な行動を誤解しないよう、またその意図がないのに抵抗と見なすことがないよう、慎重を期す必要がある。異文化に関する知識を身につけるのは誤解を防ぐ方法の一つである。また各文化の特徴にかかわらず、その人が新たな視点を探ったり、自分の思い込みを見直したり、他者の言葉に耳を傾けたりする気持ちがあるかどうかを見極めることも大切である。

抵抗は、ダイバーシティや社会的公正の教育において最も難しい側面の一

つである。私たち教育者はしばしば抵抗に対して怒り、相手に苛立ちを覚え、無力感にとらわれることさえある。抵抗している人に好感を抱いたり、共感したりすることは難しい。そのような気持ちでは教育効果はほとんど望めないことを、我々は痛感している。

だが抵抗への理解を深めるならば、そうした感情を抑え、教育効果を高めることができる。抵抗する人を頑固で手に負えないと思うのではなく、ひょっとしてその人たちは恐れや痛みを感じているのではないかと見方を変えてみてはどうか。そうすることで共感の気持ちが高まり、介入する方法をいろいろと考えられるようになる。

社会政治的な要因

抵抗を理解するには、まず抵抗感が生まれる社会背景の理解が重要である。私たちが生きる社会の現状を考えれば、社会的公正について討論するときに人々が防御的になるのも無理はない。今日の社会的、政治的、経済的なシステムは、真の民主主義や公正の否定につながるような世界観や態度を生み出し、強化しているからである。

アメリカにおける社会は、支配的権力モデル（power-over model）(Kreisberg, 1992; Lappe, 2010) や支配者モデル（dominator model）(Eisler, 1987) を基礎にして成り立っている。こうしたトップダウン・モデルの特徴は不平等、階級、支配、脅威である。それは二元的な、勝つか負けるかという精神構造、人間は限られた資源のために競争しなければならないという信念へとつながる。「トップになる」「優位に立つ」ことが個人の価値をはかる最大の尺度となる。他者を支配するのは自然なこと、正常なこと、避けられないこと、望ましいことと思われている。したがって、こうした考え方が抜本的な変革や真の社会的公正への関心を妨げているのである（この点については9章でも論じる）。

こうした社会的背景が抑圧を存続させているが、社会的公正への抵抗を理解するうえでは、特に次の2つの側面が重要である。一つは社会の構造と価値観、つまり階級制度、競争、実力主義や個人主義、さらには支配集団のほ

うが正常で優れているとされ、物質的恩恵も受けていることである。もう一つは抑圧された人々の人間性を奪い、差異を否定する社会の風潮や規範である。以下ではこの2つの側面をより具体的に検討したい。

構造と価値観

　社会制度は、概して特権集団に有利にはたらくように構築されている。特権集団は抑圧によって「物質的恩恵（material benefits）」を受ける。単に特権集団に属しているというだけで資源や機会を与えられ、他の集団が得ることのできない特権を労せずして享受できる。社会変革が起これば、これまで当たり前だと思われてきた特権集団の特権は脅かされ、社会の仕組みが変わってしまう。Wellman（1977）によると、白人のアメリカ人は黒人の要求に耳を傾ける気持ちはあるものの、自分たちに不利にはたらきかねない制度の再編成は回避するという（p. 216）。

　また人々は「特権集団のほうが優位で正常である」と信じるよう仕向けられる。特権集団は支配的文化からのメッセージを受けて、自分たちは被抑圧集団より優秀かつ「正常」であるという考え方を、意識するしないにかかわらず内面化していく。つまり、自分たちよりも劣っているはずの他者やその文化を対等に扱い、「優位」集団の支配を弱めようと努力するのは無意味なことのように感じるのである。

　社会的抑圧が支配と従属の関係から生じているように、社会のダイナミクスや制度的構造は「階層」から生じている。例えば学校や職場は序列化された組織であり、ある人々が他の人々より優れていると見なされる。概して高い地位にある人ほど重要な身分や特権を与えられる。どの階層に属する人も、他者より「上」をめざそうとする。さもなければ「下」に落ちるしかないと思い込んでいる。劣位集団は低い階層に置かれることが多いので、そのおかげで特権集団は上の階層に行くことができる。下位集団の人々を劣っていると見なし続ければ、こうした階層構造が正当化され、維持されるのである。

　私たちの階層構造には「競争」が組み込まれている。階層構造で上に立つには、他者を負かさなければならない。一方の犠牲の上に他方の利益が成り立つゼロサムダイナミクスが、ここから生まれるのである。私たちはしばし

ば地位や権力、資源（職業などの物質的な資源もあれば、注目や尊敬などの感情的資源もある）を得るために争わなければならない。私たちは他人を自分の業績や幸福への脅威と見なすよう仕向けられているため、その人たちの状況を改善しようという気にはなれないのである。

「実力主義への信仰」があれば、こうした競争構造も公平なものと見えてくる。特権集団の人々は、競争の場は公平だから、人の評価は実力次第と思い込んでいる。恵まれた集団に属する人々は、実力があって勤勉であれば誰でも成功できると主張する。成功できないのは実力がないか、怠惰か、あるいは文化的欠陥のせいと見なされ、不平等や差別の存在や影響は過少評価されたり、無視されたりする。「世の中を公平と信じる人々は、犠牲者側に不幸になる原因がある、あるいは自ら不幸を呼び込んでいると見なす傾向がある」（Rubin & Peplau, 1975, p. 71）。犠牲になるのは、その人にも過失があると見なす文化では、恵まれない立場の人々への関心は低く、現行システムを変革する必要性もあまり認識されない。

しかもアメリカ文化は個人主義を推奨する。集団への帰属意識や共同体意識を重視する社会とは異なり、アメリカでは自立した個人が称賛される（Bellah, Madsen, Sullivan, Swidler & Tipton, 1985; Sampson, 1988）。「自分の利益のみを追求せよ」「人の助けを借りずに生きよ」といった助言や期待はよく耳にする。こうした個人主義志向のせいで自立や向上心が最大の関心事になり、そのことが他者にどう影響するかはどうでもよくなる。自分たちが不平等な社会から不当に利益を得ていることや、優位社会集団に属していることにも鈍感になってしまう。大半の人が抑圧を個人主義的に解釈する。

そして不平等の原因は個人レベルでの差別や偏見にあると考える。それゆえ、抑圧を支える文化的価値観や制度の構造を検証するのではなく、偏見を持っている人たちを変えていけばいいのだと思ってしまう。自分は誰に対しても親切かつ公平に接しているから、ダイバーシティ教育は不要と主張する人もいれば、社会的不公平への罪悪感や、個人的に責任を問われることへのおそれから社会的公正の問題を考えるのを拒む人もいるだろう。特権集団の人々には、こうした個人主義的視点を維持することに、自分たちの利害が関わっている。もし個人より集団を有利にするシステムがあることを認めたな

らば、自分が築いてきた業績が本当に自分だけの力によるものだったのか、疑問を抱くようになるかもしれない。このように、より大きな社会的・歴史的視点が欠如していると、一族が「成功した」過去を持つ移民出身の白人集団の人々は、自分たちのように懸命に働けば、今の人たちも成功できるはずと考えるようになるのだ。

　競争と個人主義は互いに強化し合う関係にある。自分のことばかり考えると、他者はライバルに見えてくる。他者がライバルなら、共同体意識を持ったり、真の共感関係を結んだりすることは難しくなる。その結果、関心はますます自己に集まり、社会的責任感は薄れる。また人々が自己中心的になり、自分のことは自分で解決しよう、何としても成功しようと思えば思うほど、他者を競争相手と見なすようになる。特権集団の人ほど自分のことばかり優先するようになるのも、出世や成功のチャンスが与えられているゆえのことかもしれない（Derber, 1979）。

　競争的個人主義は支配的文化の中で育まれ、社会の制度的構造に支えられ、経済的な権力関係によって強化される。

> 「人々は、経済的な保障を提供するいかなるコミュニティからも切り離され、個人の実力を評価する労働市場に投げ込まれる。それは雇用が不安定で非常に競争的な市場である。よって一人ひとりが生き残り、成功するために自己中心的にならざるをえないのである。」（Derber, 1979, p. 91）

　私たちの社会を構成しているこうした価値観や考え方に加えて、次に述べる社会的要因も、社会的公正の必要性に対する人々の考え方に影響を及ぼしている。

社会的風土と規範

　社会的公正への抵抗は、社会全体が被抑圧集団の人々をスケープゴートにし、非人間的に扱うことでいっそう助長されている。移民、有色人種の人々、ゲイやレズビアン、そして女性たち（特にフェミニストの女性）は、社会悪や社会問題の原因だと名指しされることが多い。現在では、ラティーノをはじ

めとする移民に対する風当たりが強まり、イスラム教徒の男性はテロ活動に関わっていると自動的に結びつける傾向が強まっている。抑圧された人々が人間以下のように描かれたり論じられたりすることも多い。例えば下院の共和党議員たちは福祉法案に関する討論で、生活保護を受ける側の人々をワニやオオカミにたとえた（*New York Times*, July 19, 1996）。サウスカロライナ州の副知事は貧困層への政府補助金を、群れからはぐれた動物への餌やりにたとえた（*Associated Press*, Jan. 25, 2010）。バラク・オバマが大統領選に立候補した際には、ミシェル夫人ともども類人猿になぞえらえた漫画やジョークが数多く出回った。抑圧された集団の人々は社会のスケープゴートにされるだけでなく、彼らが置かれた立場は自己責任であると非難される。こうした「被害者を非難する」イデオロギー（Ryan, 1970）では、社会問題や不平等の原因は社会構造ではなく、個人にあるとされる。ある集団が差別されるのは、彼ら自身の欠陥――例えば規範からはずれている、怠惰である、知性に欠ける、あるいは「文化的に劣位である」などが原因とされる。結局、個人主義的な志向に立つかぎり、変えるべきは個人であり、社会を変えようということにはならないのだ。

こうした考え方の一因には、保守的な政治的風土もある。1980年代以降、社会保障制度は廃止され、政府は不平等を解消しようとの努力を放棄しつつある。ヘイトラジオ（言いたい放題悪口を言わせる保守派のラジオトーク番組）が流行している。「ポリティカル・コレクトネス（偏見や差別が含まれていない言葉遣い）」がやり玉に上げられ、進歩的な社会改革運動は過去のものになり、宗教右派が計り知れない人気と政治力を獲得している。

以上のように人種差別をはじめとする不平等には「様々な雑音」があるが、差異を認め、抑圧について議論することにタブーが存在することは確かである。そもそも人々は偏見があると見られないよう、差異に目を向けないよう教え込まれている。望ましいのはカラーブラインドネス（人種、すなわち人の肌の色の違いに気づかないふりをすること）であり、Ruth Frankenberg（1993）はそれをカラー（ないしパワー）・イベイジョン（人種や権力について言及するのを避けること）と呼んでいる。収入や財産に大きな差があるにもかかわらず、国民の多くが自分たちを中産階級と見なすアメリカでは、階級制度は存在し

ないものとされている。そこでは社会的アイデンティティ、不平等、あるいはそれにまつわる経験を率直に語り、有意義な議論を交わすのを避けることが社会の暗黙のルールとなっている。社会的公正についての授業やワークショップにやってくる人々は、こうした内在化されたタブーを抱えており、この問題について話し合うスキルも心の準備も整っていないのである。

このように様々な要因が重なり合っているため、社会的公正についての議論を後押しする要素は制度にも文化にも存在しない。制度化された不平等を認めて論じることも、コミュニティ意識や社会的責任感を促すことも奨励されない。もちろんこうした状況が絶対ではなく、逆のメッセージもある。恵まれない人を助けよう、隣人に親切にしよう、自分がしてほしいことを他人にもしよう、といったメッセージである。にもかかわらず、支配的な価値観や社会構造はそれとは逆の行動、つまり現状を維持し、今ある権力を守ろうとするように仕向ける。これが社会的公正への抵抗を育む豊かな土壌となるのである。

心理的要因

以上のような社会的・文化的・政治的・経済的要因は、私たちの心理や世界観に影響を与えている。すなわち心理と社会、個人と政治は絶えず相互に影響し合っている。私たちの意識は支配的なイデオロギーや制度化された慣習によって形づくられ、そうした意識が私たちの行動、自己をどう捉え、他者をどう理解するかに影響を与える。また私たちは特定の世界観を持ち、それに従って行動するよう、社会化されている。

このように、優位文化には確かに社会的公正への抵抗を促す要素がたくさんある。多かれ少なかれ、私たちは私たちをとりまく環境の産物なのである。しかしそうした文化的価値観や制度化された慣習の内在化のされ方は、人によって様々である。それぞれの心理、社会的アイデンティティ、文化的背景、状況によって、人は環境からの影響に異なる反応をする。つまり抵抗は社会的な要因に基づく一方で、最終的には個々の心理的な現象でもある。社会の現実に対する見方を変えることに抵抗するのは、多様な心理的プロセスが関

与している。そこには本人の精神内部の心理的なダイナミクスが作用しているかもしれないが、ここでは主に社会心理学的な側面に焦点を当てることとする。

自分自身の痛みと苦境に目がいく

　前のセクションでは、「利己主義、物質主義、シニシズムのエートス」のもとにある現在の経済・社会システムが、恐れや痛み、不安を助長していることを指摘した。多くの人々は自分が正当に評価されていない、受け入れられていないと感じている。能力主義を受け入れて、人生が上手くいかないのは自己責任だと感じている。このように自身の苦悩や不安に目が向いていると、社会的公正に関する問題や他者の苦境に対して抵抗を示すようになる。ナルシスティック（自己陶酔的）な文化的傾向も、自身の人生や個人的悩みにばかり目が向く一因となる。自己や自身の不安にばかり没頭していると、他者に対する関心や気遣いができなくなりがちである（Staub, 1978）。

　私はよく、特権集団に属する人々から、自身の生活や将来の幸福に不安を感じているという言葉を聞かされる。そうした不安は社会状況に関係している場合もあれば、もっと個人的な問題が絡んでいる場合もある。支配集団の人で、自分に権力がある、優遇されている、などと感じている人はほとんどいない。いわゆる抑圧する側の人間であるにもかかわらず、自分たちは被害を受けていると感じている場合もある。多くの人が、自分はいかに差別されてきたか、排除されてきたか、型にはめられてきたかを語る。そうした経験に憤りを感じ、傷ついている人も多い。白人は自分たちがいかに有色人種から冷たく見られ、人種差別主義者と決めつけられてきたかを語る。自分たちの生い立ちが、その後の人生に苦しみをもたらしたことを語る人もいる。裕福な家庭出身の人が、自分がいかに社会から孤立していたか、物質的には満たされても愛や家庭には恵まれていなかったかを訴える。男性であれば、自分たちは感情を押し殺し、本来の自分でない自分を演じるよう教え込まれてきたのだと語る。

　特権集団の人々が、本当の意味で不利益を受けているのは自分たちだと考えている場合も多い。彼らは低所得者や有色人種が、中産階級や白人が受け

られない経済的援助や就職・教育面での支援を受けていると不満を訴える。白人男性の中には、アファーマティブ・アクション（差別是正措置）のせいで白人女性や有色人種に職を奪われ、自分たちは社会のスケープゴートになっていると考える者もいる。また、ゲイやレズビアンが特権を得ていると考える異性愛主義者もいるかもしれない。彼らの考えが正しいかどうかはさておき、その感情や経験に偽りはない。たとえ他人のせいにしないまでも、彼らが教育、住居、子育て、あるいはリストラの中で仕事を確保することに不安を抱えているのは事実である。こうした不安に目を奪われているため、内省的かつ批判的な教育プロセスに心を開いて参加することができないのである。

特権集団の中でも、自分の中にある劣位アイデンティティを強く意識している人々は、自分たちが別の領域では特権を持ち、他の集団を抑圧していることに目を向けようとはしないだろう。彼らは劣位集団の立場に立ち、その痛みや困難にばかり注目する。犠牲になったり抑圧されたりした経験のインパクトは大きいから、自分に特権があることを認めるのが難しくなりがちである。自分の中に特権と抑圧の両方があること、優位アイデンティティと劣位アイデンティティがどう互いに交差し、影響し合っているのかを理解するのは難しい。2章では、特権集団の人々が自分の属する優位アイデンティティを小さく見積もり、劣位アイデンティティを強調しがちであることを述べた。「犠牲者」であることは「抑圧者」であることより魅力的に感じるものである。劣位アイデンティティに焦点を当て、他のアイデンティティを排除する現象は、社会的アイデンティティ発達のプロセスにも関係していると思われるが、これについては後述する。

本人の意識に上っていない過去の心の傷が抵抗の原因となるケースもある。スイスの精神分析医アリス・ミラーの研究（Miller, 1990）では、「幼年期における隠れた虐待」や「有害な教育方針」について述べられている。親の欲求を満たすため、子どもたちは様々な形で虐げられ、操られ、モノのように扱われるなどの例が挙げられる。そうした意識に上っていない過去の傷と向き合い、検証する機会を持たないかぎり、他者の苦しみを認めることはできないとミラーは指摘する。他者の苦痛を認めようとしないのは、自分自

身の苦痛に向き合うことを避けるためでもある。自分の受けた傷に意識的に向き合わない限り、他者に共感を持てず虐待してしまう可能性は高まるのである。

社会的アイデンティティ発達の段階

前節では、人の自己概念（self-concepts）や世界観を理解するうえで有用な、社会的（人種的）アイデンティティ発達のモデルをいくつか概説した（Hardiman & Jackson, 1992, 1997; Helms, 1992, 1995; Jones & Chatter, 1996; Tatum, 1997）。抵抗は、その人の社会・人種に対する意識がどの発達段階にあるかに関係している。抵抗は特定の段階、特に「再統合」（ヘルムズのモデル）や「受容」（ハーディマンとジャクソンのモデル）の段階で起きることが多い。人は「再統合」や「受容」の段階で、自分自身や他者についての支配的信念体系を内面化させる。この段階にある人々は現状維持にこだわり、社会的関係を構築するうえで別の方法があるといった、見方を変えることにきわめて強い抵抗を示すことがある。

「再統合」（ヘルムズ・モデル）の段階では、人種差別があることへの気づきと向き合うことになるので、罪悪感や否定的感情が起き、有色人種に対する直接的な恐怖や怒りに変容する場合もある。被害者である彼らを非難し、自分の優位性に頑なにしがみつくところまで逆行してしまうのである。白人とその文化を理想化し、有色人種とその文化をおとしめることで、特権意識を取り戻そうとする傾向も見られる。

「受容」の段階にある人も、支配的なイデオロギーを支持している。「消極的受容」では、不公正なシステムに無意識のうちに加担している。たいていの場合、悪意はなく、現状維持しようとする結果、不平等を維持してしまうのである。「消極的受容」の段階にある人々は、自分の思い込みに対して異議を唱えられると抵抗を示す場合もあるが、抑圧を維持する世界観にそれほど強くとらわれているわけではない。ところが「積極的受容」の場合は、支配・被支配を肯定する世界観に意識的に同調しているため、こうした人々は意図的に他者を抑圧する行動や態度を続け、自分たちが優位でいられる思考体系の維持を望んでいる。こうした考えを持つ人々が、最も強い抵抗を示す

と考えられる。

「受容」の段階から「抵抗」(この場合は抑圧的イデオロギーに対する抵抗)の段階へと移行した人は、社会的に不公正なシステムに対してより敏感かつ批判的になる。不安定な状態になるので、新しい情報を受け入れやすくなる場合も多い。しかし一方で、この時期は恐れと不安が生じる時期でもある。自分がいろいろなことに対して疑問を抱くことや、自分を省みることがどのような結果につながるのか不安になることがある。不快な感情や恐れがあまりに大きくなってしまった場合、それに圧倒され、心を閉ざしてしまうこともある。

劣位アイデンティティを持ちながら「積極的抵抗」の段階にある人々も、自分自身の優位アイデンティティと向き合うことを避けたり、他の劣位集団の人々への思いやりに欠けていたりする。この段階ではまだ自分自身の気持ちや状況だけで精一杯で、それ以外のことに注意が向かない。例えば人種差別に対して「積極的抵抗」の段階にある異性愛のラテン系男性の場合、ラテン系であることは劣位アイデンティティだが、異性愛者や男性としての優位アイデンティティで得られる特権を認めたがらず、ゲイ、レズビアン、バイセクシャルの人たちから見ると、異性愛主義がどう見えるかを理解しようとしないかもしれない。

認知的不協和

抵抗の根底にあるもう一つの心理的要因は認知的不協和 (cognitive dissonance) である。認知的不協和は、自分が真実であると信じているものと、その信念と矛盾する情報との間に不一致があるときに起きる。「認知的不協和の一つの捉え方として、これを心理的な不快感と捉えることができる」(Elliot & Devine, 1994, p. 67)。人は自分自身や他者、あるいは世界の仕組みについて、自己の見解に反するものに抵抗を示しがちである。だから社会的公正の教育プロセスは不安を与えるものになりやすいのである。アメリカは公正な国だとか、特定の集団は劣っている、などと今までずっと信じてきた人には、自分の世界観や、その中での自分の位置づけまでが根本的に否定されるような矛盾した情報は、排除したい気持ちになることは十分想像でき

だろう。

　人は認知的不協和を減らすために、いくつかの手段を用いる（Simon, Greenberg, and Brehm, 1995）。第一の方法は、自分の態度・価値観・意見・行動などを変えることだ。人は、今までの自分の見解は間違っていた、と認められるような情報を得たとき、信念を変えるのである。

　第二の方法は、自己の見解と事実との矛盾をなるべく縮めてくれるような情報を探すことだ。自分が抱える矛盾を小さく見せたり、言い訳したりしようとするかもしれない。自分の意見を支持する事実を探し出し、他者の見解の信用を失墜させようとする者もいるだろうし、社会の抑圧的な状態を正当化するため、様々な口実（被害者が愚かだとか怠惰だとかなど）を使って被害者を非難するだろう。

　認知的不協和を減らす第三の方法は、不快感の原因となっているものの重要性を軽減させるため、問題そのものを矮小化することである。例えば、抑圧されている側の経験は実はそれほどひどいものではないとか、実際に状況はもうすでに良くなっているとか、もっと不遇な集団もあるなどと主張する。また、劣位集団の人は神経過敏だとか、ささいなことを大袈裟に騒ぎたてているなどと非難することもある。

　最後に、認知的不協和の問題をひたすら避けたり、距離を置いたりする方法もある。心理的、あるいは身体的にひきこもってしまうのである。教育の場面では、授業を休んだり、課題をやらなかったり、注意散漫であったり、授業を妨害したりするような場合がこれにあたる。以上に述べたような方法はすべて、認知的不協和を減らし、心理的快適さを回復するために用いられるのである。

　認知的不協和が感情面に影響を与えることで、抵抗へとつながることもある。両親など、尊敬する人物から学んだ信念や価値観に疑問が生じるような場合、認知的不協和は大きな不安をもたらす。尊敬する人々への信頼が打ち砕かれ、その人との関係に亀裂が入る可能性もある。こうした不安は、今まさに両親から自立し、自身のアイデンティティを築こうとしている大学生などに顕著である。彼らにとって、これまでずっと尊敬の対象であり、親密さを維持したいと望んでいた人々が、狭隘で偏見を持った人間であると認める

のは非常に居心地の悪い状態だからである。

辛い感情を避ける

　社会的公正について学ぶと、この世界における不公平や苦しみの存在を全面的に認めることになり、辛い気持ちを経験するのではないかと感じる人もいる。つまり彼らが抵抗するのは、そうした罪悪感、恥、悲しみ、怒り、無力感といった辛い感情から自分を守るためである場合もある。新しい未知の情報を自ら進んで受け入れるのとは逆に、意識的であれ無意識的であれ、心を閉ざしてしまう、あるいは学びをはねのける道を選ぶのである。

自己の統合性や自尊心を保とうとする

　人は、自らの信念や価値観をゆるがすような認知的不協和を避けようとするのと同時に、自己概念をゆるがしかねない状況をも避けたがる。社会的公正の問題について考えるのを拒むのは、こうした自己統合を維持するためである。大半の人は自分は善良で、思いやりのある人間だと思っている。平等主義者で偏見などとは無縁の自己像を意識の中に持っているのである (Gaertner and Dovidio, 1986)。だから多くの人は罪悪感が引き起こされたり、自身のネガティブな側面への自覚を促されたりするような経験や情報を拒絶する。自分たちがいかに偏見に満ちているかが明らかになったり、他者への抑圧の継続にいかに加担しているかに気づいて後ろめたい思いをさせられたりすることを恐れるのである。また知的職業に従事している人々などは、優秀で、有能で、洗練された自己イメージを持っている場合が多い。自分自身や他者に対してこのような自己イメージを維持すべく努力してきているからである。だから学びの場において、自分が無知、愚か、あるいは未熟だと見られるのはできるだけ避けたい事態である。これが自分の能力や自己統制感に疑問を呈するような新しい視点や活動に対して、彼らが前向きになれない理由である。

　特権集団の人々が自己防衛に走るもう一つの理由は、自尊心を守るためである。ある人のアイデンティティが不安定で、他者に対する優位感の上に成り立っているものだとしたら、そうした枠組みに疑問を突きつけることは自

己観を脅かすことになる。無意識とはいえ、自らの属している社会集団は他に比べてより「正常」で「まとも」だと信じている場合、他の社会集団の特色や文化を真に評価し、その正当性を認めると、自らの優位性の感覚が失われてしまう。さらに競争主義的で、おそらく能力主義的でもあるシステムにおいては、私たちは常に自分の能力を証明し、自分は無価値ではないかという気持ちを打ち消さなければならない（Kohn, 1992）。他人を非難するのは、自尊心や自己の価値を高めるためである場合が多いのである。

変革に対する恐れ

多くの人は変化を恐れる。未知のものごとは恐ろしいものだ。特に特権集団の世界観を鵜呑みにしている人には、社会的公正を恐れるのに十分な理由がある。特権集団が権力の分配、公平性の拡大といった言葉から連想するのは、自分たちが逆に抑圧される側にまわされるという図である。今までと同じように社会的ダイナミクスがはたらくため、今度は自分たちが劣位の立場に置かれるのだという思い込みがある。社会的公正の促進の結果、自分にとって望ましくない事態にしかならないと考えれば、そうした動きに反対するほうが合理的な選択だろう。と同時に、連帯を求めるのであれば、被抑圧者より抑圧者と連帯したほうが理に適っている、ということになる。

たとえここまでの立場の逆転を恐れていないとしても、公平性の拡大が自分たちの生活に及ぼす影響への不安は残るかもしれない。いったい何を諦めなくてはならなくなるのか？　ライフスタイルをどのように変えなくてはならないのだろうか？　今は当たり前だと思っている特権のうち、どの特権を手放すことになるのだろう？　このように、不平等をなくすとどんな悪影響が生じるのかという不安が、社会的公正の問題に取り組むことをためらわせるのである。

その他の要因

教育者に対する反応

抵抗は、教育者へのリアクションとして起こることもある。なかには教育

の内容や指導者が誰であろうと関係なく、権威を持つ人に対して反発する人たちがいる。彼らにとって自分が低い立場に置かれることは耐え難く、それゆえ自身の権力を誇示しようとする。当然ながらダイバーシティの問題に取り組むことは怒りを買ったり、抵抗を招いたりしやすいが、この場合は、権限を持ち、人に指図する立場にある人に対する反抗心が根本にある。このような反応は、授業中の学生や組織のワークショップの参加者などにも見られる。そして、学習の場が、いわゆる「ポリティカル・コレクトネス」を学ぶためのものだと思われると、反発は大きくなりがちである。

　また、教育者を非難するのは、動揺させるような、聞きたくない話を持ち出す張本人であるからだとする人もいる。このような場合、受講者が感じている恐れや不安の矛先が指導者に向かう。自分を不快な思いにさせるような問題を提示したとして教育者を攻撃し、社会の現実や自分自身について"無理やり"気づかされたと非難するのである。

　さらに教える側と学ぶ側の間には、互いの社会的アイデンティティに起因するダイナミクスが生じる。Allsup (1995) によると「白人男性の学習者と白人男性の指導者の間には暗黙の絆」がある（p. 89）。白人男性の教師が白人男性の特権システムを暴いて、問題提起をすれば、白人男性の学習者は裏切られたと感じる場合がある。抑圧を持続させている暗黙の規範や、「先生だって俺たちの仲間さ」という思い込みに教育者が逆らったため、怒りを感じるのである。他の「～イズム（～主義）」の場合も、特権集団に属する教育者が期待どおりの考え方をせず、連帯意識を裏切ったりすると、同じような反応が引き起こされる。

　従属集団に属する教育者に対しては、特権集団に属する学習者がその権威や信頼性を疑ってかかることが多い。優越感や特権意識から、（特に白人男性の場合）そうした態度をとっても良いと思いがちである。白人女性や有色人種（特に女性の有色人種）は能力が劣っているのではないか、教師に値する資格を満たしていないのではないかと疑われる。尊敬に値しないと感じ、教育者の専門性を疑われることもある。教育者が自分の属する劣位集団への抑圧をテーマに取り上げると、ひとりよがりだ、文句ばかり言う、過剰反応だ、特権集団をバッシングしている、自分の意見を押しつけている、などと見ら

れることがある。いずれの場合も、問題に向き合うことを避けるため、教育者に責任転嫁をしているのだ。

宗教的・文化的信念

　社会的公正を支援する活動を、宗教的信念に基づいて行っている人は多い（これについては8章で詳しく述べる）。宗教的・文化的信念の強い人は、最終的には受け入れられないとしても、他者の意見に耳を傾け尊重することが多い。彼らは新たに得た知識や社会ダイナミクスの変化を、自分たちの宗教的・文化的信念と統合することができる。とはいえ、そうした信念が不寛容や偏狭さを生み出し、それが抵抗となって表れることもある。強い宗教的・文化的信念を持つ人の中には、そうした信念ゆえに他者の考え方を受け入れようとしない人もいる。頑なに自分の正しさに固執し、独断的に他者の考え方や経験の正当性を否定するのである。

白人男性と抵抗

　以上に述べた様々な社会的・心理的要因を考えると、社会的公正に最も強い抵抗を示すのは白人男性である、と多くの教育者が訴えるのも納得できるだろう。男性の心理や社会化プロセス、社会的立場はこれまで述べてきた抵抗の理由と合致し、その典型例といえる。第一に、白人男性は個人主義的で孤立した自己観を持っている。Landrine（1992）は「自己」への同一化には二通りあるという。すなわち自己中心的で西欧起源の「参照的自己」（referential self）と、社会中心的な「指標的自己」（indexical self）である。参照的自己は、中産階級に属す白人男性のアメリカ人に特有とされる「徹底した個人主義」に基づいている。白人男性は自分を社会集団の一員と見なすことも、自分の社会集団が社会的不公正から利益を得ていると自覚することもまずない。したがって社会的に制度化された抑圧を理解することも、自分たちの持つ社会的アイデンティティゆえに抑圧に加担している状況も理解することができないのである。

　第二に、白人男性は人間関係を競争に基づく階層構造と受け止めており、そこで自分の地位を維持ないし引き上げることが重要と思っている（Gilligan,

1980/1993; Tannen, 1990)。彼らのアイデンティティは、優越意識や社会での「成功」の上に成り立っていることが多い。社会的公正を推進すれば、役割や期待に変化が起こり、彼らのアイデンティティが揺らぐことになる。

　加えて、大半の男性は感情や恐怖心をコントロールするよう社会化されている。自分の感情を否定し、封じ込めようとするあまり、感情をともなう経験に抵抗するようになるのだ。抑圧に加担していることへの罪悪感や、自分の弱みや他人を傷つけていることを認めるのは、彼らには脅威と映る。自分の感情に正面から向き合うのは不得意であり、気持ちを表現することも抑えがちになる。自分の苦悩や感情を否定するため、他者の感情を理解することが難しい。そして社会的公正を推進するうえで必須要素の共感力が損なわれるのである。

　複数の研究で、社会問題の責任を不当に押しつけられているという気持ちが白人男性の間に強まっていることが報告されている（Cose, 1995; Gallagher, 1997; Gates, 1993）。白人男性集団に属する自分たちには優位性や特別待遇が与えられず、他集団の人々が享受していると感じている人も多い。私の授業を受ける白人男子学生からは、良い職につけるのか、またその職で働き続けることができるのかといった不安の声をよく聞く。自分自身の不安にばかり目が向き、他者に関心を向けるといった言動がなかなか見られない。

　また抑圧の恩恵を最も享受してきたのが白人男性であるぶん、失うものが最も大きいことも事実である。白人男性は人を評価する物差しとなる「規範」そのものだったため、その立場を失ったり、今まで当たり前のように享受してきた特権や優越性を失ったりすることへの恐怖心は想像できるだろう。そのため、彼らは社会的公正への変化を（以前に比べて同等のものを得ることができないゆえに）不当だと感じ、社会的公正運動への反動は、ここから起きているのである。

本章のまとめ

　社会的公正への抵抗の根底に、制度的構造および支配的文化の価値観が根強く存在していることは明らかである。アメリカ社会は、自分のことだけを

第 4 章　抵抗を理解する

考え、優越感によって自尊心を高め、他者を脅威と見なし、自分の資源を守り、失敗を自己責任に帰すことを促す社会である。こうしたメッセージや世界観が人々の中に内面化され、そこに個人の問題が重ね合わされるのである。心理学的に言うと、抵抗が起きる可能性が高まるのは人々が問題を抱え、社会的アイデンティティ発達の特定の段階にあり、認知的不協和を回避したり自意識を守ろうとしたりするときである。抵抗する理由はこのように山ほどあるが、希望が失われたわけではない。人々が抵抗する様々な社会的・心理的理由を理解することで、私たちはもっと彼らに共感し、もっと上手に彼らと協力できるようになると思う。（人々の大半とは言わないまでも）多くの人にはたらきかけることは可能である。そして変革のプロセスを進んで受け入れるよう、彼らを導くことも可能である。次章では、それをどうやって実現するかを述べたいと思う。

第5章
抵抗への対処法

　4章では、社会的公正の問題を扱うときに抵抗が生じる背景に、様々な社会政治的要因、心理的要素があることを述べた。競争色の強い個人主義やヒエラルキー、実力至上主義がアメリカの文化的価値観や制度、社会風土に色濃く存在しており、不利な立場にいるのは本人の責任とされ、個人や文化の差異は否定される。そのため人々は自分を守り、他者を犠牲にしても成功しようとする。心理学的に見ると、不安、苦痛、認知的不協和、自己概念の保護などが自己防衛心を強める要因になる。不平等を維持し、社会的公正に抵抗感を抱かせる社会通念や構造を一新するには、長期的には社会全体を変える取り組みが必要である。しかし短期的には、人々が自己防衛したり抵抗感を持ったりする要因をいかに減らすかに目を向けるほうがよいだろう。

　抵抗は恐れや不安、不快感の表れである。抵抗があると、新たな視点を取り入れて、現状に疑問を持ったり、抑圧の仕組みを分析したり、新しい社会関係を築いたりすることができなくなる。抵抗に対処するには「心理的安全とレディネス（心の準備）」を醸成しなければならない（Friedman & Lipshitz, 1992）。3章で述べたように、学習者に自分の世界観の見直し（「葛藤」）を促すには、まずはその人が認められ、支援される環境（「肯定」）が必要である。教育者は学習者に、そうした問いかけと支援をうまく組み合わせて提供しなければならない。

　　「人は力量を試されるとき、過剰に支援されると何も学ばない。逆に、人は支援を必要としているとき、過剰に難題を突きつけられると、その学びの場から逃げ出してしまう。自己防衛している人は、難題に直面し

ていながらも支援が不足しているのである。」(Bennett & Bennett, 1992, p. 4)

そこでこの章では、どのように支援(「肯定」)すれば抵抗を未然に防ぎ、和らげ、対処できるかを述べていく。全般的なアプローチに加え、個別対応やカリキュラムの立て方などについても紹介する。

教育者自身が視点を変える

　教育者である私たちが、抵抗そのものや抵抗を示す人をどう見るかによって、どれだけ抵抗に遭い、どれだけ効果的に抵抗に対処できるかも違ってくる。さらに言うと、相手が抵抗を示しているとき、私たちはその人の心の「問題」にすぎないと考えがちである。その結果、学習者を責めたり裁いたりしがちだ。それよりも教育者である自分に目を向け、学習者との人間関係を考える必要がある。教育者と学習者の関係の何が、学習者の心を開かせたり、あるいは逆に頑なにさせたりするのだろうか。ここでは2つのメタファーを挙げて、抵抗について、学習者との関係について考えてみよう。
　私は教育者を対象に、(できれば特権集団の一員として社会的公正について取り組んだ際に)自分がむきになって抗弁したり、反抗的にふるまったりしたときのことを思い出してもらう演習を行っている。そのときどんな気持ちになったかを尋ねると、とりわけ多かったのが怒り、苛立ち、無力感、あるいは誤解されているという感覚だった。その結果、投げやりになったり、言い返したり、言い訳したり、心を閉ざしたりした。決めつけられた、責められた、聞いてもらえなかった、と感じ、自分の話を聞いてもらいたい、思い込みを捨ててほしい、敬意を持って接してもらいたいと思ったという。
　こうした反応を並べてみると、彼らの気持ちや反応は、抵抗を示す学習者のふるまい方や感じ方と驚くほど似ている。抵抗を示す人を、ドアを閉めて出てこようとしない人にたとえてみよう。私たちはとりあえず、出てくるよう説得するだろう。うまくいかないと、声を張り上げることもある。そのうちに相手はドアに鍵をかける。出てくるようドアを叩いて叫び始めると、相

手は鍵を二重にかけ始める。さらにエスカレートすると、ドアに家具を押しつけてバリケードが築かれる。なんとか説得しようとドアを激しく叩き始めると、相手は危険を感じて身を守ろうとする。学習者は攻撃され非難されていると感じると、自分の立場を見直すのではなく守りに入る。ダイバーシティの問題を教える教育者の多くは、個人的に強い思い入れと情熱を持っているので、学習者を説得して問題の重要性をわからせようとしがちである。それよりも学習者と穏やかに話して信頼と安全を十分に確保したうえで、ドアの隙間を少しずつ広げていって、最後に出てくるのを待つというイメージのほうが有用である。

　二つ目はダンスのメタファーである。武道の一種である合気道では、正面から相手の力を受けたり止めたりせず、そのエネルギー（気）に合わせて動くことを説く。合気道とは「気と気を相呼応させる方法」という意味だ。トーマス・クラム（Crum, 1987）は合気道のこの考え方を紛争解決に応用しているが、私は本章の内容にもあてはまると思う。教育者は抵抗を一種の攻撃と感じ、とっさに「やり返し」がちである（力ではなく言葉で、あるいは心理的に）。前述の「ドアを叩く」メタファーもこれにあたる。合気道では相手のエネルギーに対抗せず、次の3つを教えとしている。第一は向かってくるエネルギーを敬い認めること、第二はそのエネルギーを受け入れることである。相手の攻撃に合わせて体の向きを変えれば、相手の力をそぎ、相手を別の方向に向かわせることができる。エネルギーをつぶそうとするのでなく、動きに合わせるのである。流れに振り回されず、流れをコントロールすると、そこにはダンスのような動きが生まれる。第三は体をかわし、攻撃目標をなくしてしまうこと。そこにあるはずの攻撃目標がなくなると、攻撃者はバランスを崩してしまう。学習者が抵抗を示すのは、教育者の反応を試そうとしているのであり、激しい反発を予想している。予想がはずれれば勢いはしぼむものだ。押し戻そうとすれば衝突を生み、前に進めない。相手の気持ちを認めて受け入れれば動きが生まれる。戦うのではなく、ダンスするのだ。

　ドアとダンスのいずれのメタファーも、抵抗にいかに対処するかを考える手がかりになる。学習者と敵対して強引に出るのではなく、学習者と語り合い、ダンスすることを考えたいものである。これがいかに難しいかは私も知っ

ている。私の経験値をもってしても、感情的になって、一番やってはいけないことをしてしまった経験が何度かある。様々な教育者と抵抗について話す中で、抵抗にあまり手こずっていない教育者には一定のパターンが見られることに気がついた。彼らは抵抗を示す学習者やその自己中心的態度に対して、教育者として心からの敬意と共感を伝えていたのである。これについては11章「教育者の課題」で改めて考えてみたい。

ここでは前述の2つのメタファーを応用して、学習者が思い切って踏み出せる安心な環境をいかにつくり上げるかを考えてみよう。まず抵抗を未然に防ぎ、軽減するための方法について述べ、次いで抵抗が起きたときの対処法について述べていく（表5.1のまとめを参照）。これらの方法はあくまで私の提案であり、正解を導く公式でも、必ずうまくいく必勝法でもない。簡潔に説明しているが、教育現場や学習者、教育者自身にはそれぞれ複雑性があり、単純に割り切って提示するつもりはない。また、私のアドバイスは特権集団に属する人々を念頭に置いているものの、大半はあらゆる学習者にあてはまる。また紹介する事例は授業形式のものが多いが、基本となる考え方は他の状況にも応用できる。

抵抗の予防

抵抗を未然に防ぎ、軽減するカギは、学習者が警戒心を解いてリラックスし、感情的にも知的にもハードルの高い問題に取り組めるような環境を整えることである。3章で安心できる雰囲気づくりについて簡単に触れたが、ここではそのための具体的方法を詳しく述べる。人間関係と信頼を築く、参加者を肯定し、認め、敬意を払う、そして参加者の思い入れを深める、という3つの分類のもと、具体的な方略を説明していこう。

表5.1 特権集団に属する学習者の社会的公正問題への抵抗に対処するには

●抵抗を未然に防ぎ軽減させる

人間関係と信頼を築く
- 参加者と事前に話し合う
- 相手を知ろうとする──ラポールを築く
- 適度に自分の内面を開示する
- 支援的な学習環境をつくる
- 学習計画と到達目標を明確に示す

肯定し、認め、尊重する
- 学習者の自尊心を肯定する
- 個人を責めない──文化的な条件づけや、抑圧の制度的側面を強調する
- 相手の感情・経験・考え方を認める
- 社会的アイデンティティの発達と各段階の典型的反応について話し合う
- 相手が持っている知識を認め、そこから発展させる
- 学習者自身に情報を発見させる
- 意見や感想を述べる機会を頻繁に与える

学習者の思い入れを深める
- 学習者に授業・研修プランづくりに参加してもらう
- 問題を身近なものにする
- ダイバーシティの問題を、誰もが共有する原理・原則や目標から捉える
- 社会的公正や支配システムの変革が自己利益になることを気づかせる

●抵抗に対処する

- 抵抗に対してムキにならない
- 抵抗の理由を突き止める
- 浮上した問題点をみんなで掘り下げる
- 反抗的なふるまいを封じる（時間制限を設けたり、言い分を要約して先に進めるなど）
- グループ全体が抵抗を示したら、流れに逆らわずに対処する
- 小休止をはさむ（日誌を書く、自由記述、ペアでの意見交換、休憩など）
- 個人面談の機会をつくる

人間関係と信頼を築く

　私自身、年齢を重ね、教育経験を積むにつれ、何ごとも人間関係なのだという考えが強まった。社会的公正教育において、抵抗が生じるかどうかの最も重要な決め手の一つは教える側のスタンスであり、教育者・学習者間の人間関係である。教育者が学習者や研修参加者にしっかり「寄り添う」ことができれば、それだけ抵抗に遭うことも減り、効果的に問題提起ができるようになる。

参加者と事前に話し合う

　かなりの抵抗が予測されるときは、私はセッションを行う前に学習者に会うことを心がけている。研修を行う組織で、テーマとなる問題に対して反発が予想される場合は、ニーズ評価やデータ収集を行って、参加予定者と話す機会を持つようにしている。こういう機会があると参加者が言い分を語ることができるので、抵抗の一部が解消されることが多い。また私のことを知ってもらい、話のわかる人間であること、何をしようとしているのかもわかってもらえる。また何か特殊な事情があれば事前に気づくことができる。抵抗の根本にあるものがわかれば、対抗策を練っておくことも可能だ。このアプローチは別の種類の会議、授業、ワークショップなどにも応用できる。会合が始まる前に、委員会やグループ内で達成目標を妨げそうな人と話をしておくのである。単なる事前の顔合わせにとどまらず、会合の円滑なプランづくりに相手を巻き込むのもよい。

相手を知ろうとする――ラポール（心が通い合う関係）を築く

　授業や研修が始まったら、目の前で抵抗を示している人と努めてコミュニケーションをとるようにする。休憩時間や授業の前後におしゃべりをしたり、オフィスアワーに話にくるよう誘ってみたりしよう。ラポールが築かれると抵抗は減る。学習者が教材に同感できないところがあっても、教育者に信頼感や好感を持っていれば、防衛的になったり進行を妨げたりしなくなる。私自身も学習者とのラポールが十分であるほど、学習者との関係をうまく保てると感じている。私が思いやりを持って学習者に接することができ、彼らの

ほうも私が心から彼らの利益を願っていることを理解していれば、使える手法の選択肢は広がる。(適切な範囲で)ユーモアを交えたり、相手の体に触れたり、率直な言い方をしたりもできる。自分の対応でよいのだと思えるし、学習者が私の行動の意図を受け止め、より積極的に反応してくれると信じられるようになるのだ。

適度に自分の内面を開示する

　教える立場にある人が自分の内面をさらけ出すと、教育者・学習者間のラポールは高まり、学習者はより強く安全を感じられる。差別をめぐる体験談、抑圧を理解するようになったいきさつ、ダイバーシティの問題をめぐる失敗談、偏見の克服に苦労した話などを適切に交えることで、決して「完ぺき」ではない教育者の人間味が現れ、親近感を持ちやすくなる。また学習者は不安などの感情を打ち明けても大丈夫という気持ちになる。教育者の中には、どのタイミングで、どのように自分の話をするかを意図的に決める人もいるだろう。授業の最初に語る話と、少し内容が深まってから語る話を用意しておくのだ。とっておきの話は、今まさに取り組んでいる問題と合わせるように、ここぞという場面で登場させる。教育者が自分の内面を語ることは、心を開かせ、信頼感を築き、それを維持する一つの方法だが、語る内容には配慮が必要である。あくまで学習者のために話すのであって、独りよがりにならないよう気をつけたい。

支援的な学習環境をつくる

　授業や研修に基本的なルールを設けることは、肯定的な雰囲気づくりの核となる。教育者がガイドラインを提示してもよいが、私は学習者につくらせるほうがよいと考える。授業の内容や構成を考えて、どんなことを決めておけば、誰もが安全を感じられる建設的な教育環境になるだろうか、と問いかける。必ず挙がるのは、互いを尊重する、口外しない、意地悪な発言をしない、互いの意見に耳を傾ける、人を批判しない、などである。そこでたいていは、「互いを尊重する」「決めつけない」などの一般的な表現は、その授業では具体的に何を意味するかを明確にさせる。また必要に応じ、学習者の同

意を得たうえで、付け加えるべき項目を提案することも多い。よく挙げるのは「自らの経験に基づいて語ることを大切にする」である。リストをつくり上げる過程で互いへの信頼が築かれる。それぞれの要望や心配事を出し合って、合意へと至る作業だからだ。しかもこのルールは自分たちがつくった、自分たちの思いが詰まったものだという気持ちも生まれる。コース全体を通じて、難しい議論にさしかかったときやガイドラインへの違反があったときなど、学習者も私もそのリストに立ち返って参照するようにしている。

　授業や研修が始まったときの学習者の気持ちを知ることも有益である。学習者には様々な不安がある。場違いな発言をしたらどうしよう、偏見があるのを見抜かれたらどう思われるだろう、メンバー間で対立が起きたら、自分の意に反する情報を無理強いされたらどうしよう、などである。不安を出し合えば、みんな同じなのだ、ついていけない部分があっても大丈夫なのだとわかる。そのために私が行っているのが「希望と不安」というアクティビティだ。まず各学習者にインデックスカードを渡し、表にはその授業やセッションへの期待を一つ、裏には不安や気がかりを一つ、無記名で書いてもらう。回収したら配り直し、それぞれ手元のカードを一人ずつ読み上げてもらう。学習者はみんなが書いたことを黙って聞く。そのあと、みんなが持っている希望や不安にどう向き合ったらよいかを話し合うとよい（前述のガイドラインが役立つ場合が多いだろう）。グループ内に信頼が構築されている場合は、同じ内容をペアで話し合い、発表してもらうのもよいだろう。

　他のアイスブレーカー・アクティビティでも、学習者が互いを知って快適性を高めることができる。学習者の緊張がほぐれ、肩の力を抜いて授業や研修に参加できるような、楽しめるアクティビティがたくさんある。まずはペアや小グループをつくり、最初は自分自身についての（リスクが低い）ことがらを伝え合い、そのうえで授業の内容について考えると効果的である。特に汎用性の高いアクティビティとして「ロテーティング・ペア」がある。短い質問に次々と答えていくもので、二人一組で質問ごとに相手を替えていく（二重の円をつくり、内側の円と外側の円を向い合わせ、質問が終わるたびに外側の円が一つずつ右にずれていく形でもよい）。質問の内容は幅広く選ぶことができる。好きなアクティビティは？　いま行きたい場所はどこ？　自分の属す

る文化の好きなところを一つ挙げるとすると？　ダイバーシティの問題で難しいと感じる場面は？　差別やステレオタイプに直面した経験は？　人種差別に最初に気づいたのはいつ？――質問はお互いを知るためでもよいし、授業内容への導入として使ってもよい。

学習計画と到達目標を明確に示す

　学習者の中には、何をやるのか、何を期待されているのかなど、様々な不安を抱いてやってきている人がいる。いわゆる「ポリティカル・コレクトネス」を支持しなければならないのか、意に反して個人的な話をさせられるのか、きまりの悪いアクティビティに参加しなければならないのか、教師の考えに賛同するか否かで主観的な成績評価を受けるのか、などと思い込んでいる。どのような教育現場であれ、学習者が何が行われるのか、何を期待されているのかをあらかじめ知っていることはプラスにはたらく。学習計画を知ることで不安やそこから起こる抵抗を和らげることができる。したくないことを強制されることはない（アクティビティは「パス」できる）、大事なのは新しい情報を学び考えることで、学習者を非難することでも考え方を変えさせることでもないとわかれば、学習者は安心する。教育者が心から、敬意を持ってこのことを伝えれば、学習者の大半が多少でも救われた気持ちになり、新しいことを進んで学べるようになる。

　授業の場合は成績評価が大きなポイントなので、学習者の評価をどのように行うかを特に明確にしなければならない。特定の信念を強制されるわけでもなく、偏見の度合いで成績が決まるわけでもないと明言する必要がある。むしろその問題についての理解力、表現力、応用力、批判的な分析力、あるいは文章力などに基づいて成績を決めるべきだろう。課題、成績評価の方法、到達目標を明記したシラバスをつくることが重要である。

肯定し、認め、尊重する

　ダイバーシティに関する講義やワークショップに参加してくる特権集団の多くは、悪者にされるのではないかと恐れているため、最初から防衛的になりがちである。自分の人間性や信念が攻撃されたりけなされたりすると思い

込めば、心を閉ざしたり、やり返したりするだろう。見下されている、過小評価されている、特定の見方を強要されていると感じれば、抵抗が起こる可能性は高い。そのため学習者が自分を見てもらえている、聞いてもらえている、評価されていると感じるような場をつくることが不可欠である。

学習者の自尊心を肯定する

　肯定的な自己概念を持っていれば、人は自己防衛的にならずに、自分の世界観を揺るがす脅威に耐えることができる（Steele, Spencer, & Lynch, 1993）。学習者の自尊心が十分に揺るぎないものであれば、社会的公正教育でときに求められる厳しい内省もすんなり受け入れることができる。学習者が抑圧の複雑な仕組みを考察するときには、肯定的な自己概念をサポートする方法を講じるとよいだろう。例えば自分の民族的・文化的背景を探りながら、その文化に特有の特徴や強みを自覚させ、自分の属する社会集団がどのように数々の障害を乗り越えてきたのかに気づかせてもよい。自分たちがどのようにダイバーシティと共存し、公正を支持し、不当な行為に立ち向かってきたかを話し合わせることもできるだろう。同じ特権集団に属する人々が社会的公正のために何をしてきたか、文献を読ませたりリサーチさせたりすることも可能だろう。このようなアクティビティを行うと、白人や男性であるからといって（あるいはそれ以外の特権集団の一員であるからといって）悪者にされるのではないことがより明確になる。コースを通して、手紙の送付、ボイコット、嘆願、募金活動、ボランティア、メンタリングなどの社会活動に参加するのもよい。こうした活動を通して自尊心が高まるだけでなく、無力感を打ち消すこともできる。

個人を責めない——文化的な条件づけや、抑圧の制度的側面を強調する

　特権集団に属する人々が偏った見方をしたり、知らず知らずのうちに抑圧的にふるまったりするのは、彼ら自身のせいではないことが理解できれば、学習者は自己防衛しなくなる。彼らは自ら求めてそういう態度やふるまいを身につけたのではなく、歪んだ見方を形成するよう条件づけられ、社会化を通してその役割にはめ込まれてきたのである。こうした条件づけがいかに広

範かつ無意識的に起こっているかを示すには、様々な社会集団について耳にしたことのあるステレオタイプを挙げ合うアクティビティを行うとよい。驚くほど似たステレオタイプが出てくることが多い。また成長過程で男性として、女性としてどうふるまうよう言われてきたかを話し合ってもよい。世代や文化が違っても、男性・女性それぞれの社会化の過程は非常に似ていることがわかるだろう。このように条件づけの過程が理解できれば、その正当性を自信を持って問い直せるようになる。

　同様に、抑圧も学習者一人ひとりが原因ではない。個人も一定の役割を果たしているが、不平等はシステムとして歴史や社会構造に根づいている。確かに特権集団には不平等の問題に取り組む責任があるが、彼らだけが不平等の原因ではない。構造的な不平等を個人の行動に帰してしまうと、支配的イデオロギーや制度化された政策、不当な社会の仕組みを問い直す必要性を見失ってしまう。責任を感じさせるより、社会的不公正を問い直すべき自分たちの役割に気づかせるほうが、ずっと建設的である。

相手の感情・経験・考え方を認める
　学習者に自分の気持ちや経験、考え方を話し、認めてもらう機会を与えることは、肯定のプロセスの最も重要な部分である。不安な気持ちをわかってあげ、多様な考え方を受け入れる授業であることを伝える。学習者の側が意見を聞いてもらえる、尊重してもらえると感じるだけでなく、教育者も学習者のニーズや懸念に関する情報を得られ、それを授業内容やプロセスに活かすことができる。さらに学習者が自分の心の声に耳を傾けたり、自分の経験や行動を分析・理解したりすることが促される。こうした理解を出発点として、もっと進んだ段階でどのように考え方が変わるか、比較してみるのもよい（Tatum（1992）でコース開始・終了時の学習者による自己インタビューが紹介されている）。

　肯定的な環境で、自分の気持ちや不安を口にできる機会が必要な理由がもう一つある。人は自分の苦悩や願望に目が向いているときは、他者の不幸に寄り添ったり気遣ったりすることはできない。また前章で述べたように、場合によっては過去に受けた不当な扱いが、今の態度や行動に影響していること

第5章　抵抗への対処法

とも認識する必要がある。だからこそ、他者の境遇を考える段階へと進む前に、まず過去の経験やそのときの感情を深く見つめる機会が必要なのである。Alice Miller（1990）は次のように書いている。

> 「人は自分の抱く不安を論じるのでなく、感じることによって初めて自分の置かれた状況を理解し、不安を解消できる。そうして初めてヴェールがはがされ、自分が本当に求めているのは何かが見えてくる。必要なのは指導者でも通訳でも聴悔師でもなく、成長を見守ってくれる場と、歩み始めたばかりの長い道のりを一緒に歩いてくれる見識ある立会人なのである。」（1990, p. 184）

立会人を持つことの重要性は、人気映画『カラー・オブ・フィア　*The Color of Fear*』によく表れている。様々な見方や解釈が、様々なレベルで可能な映画だが、私が心を打たれたのは、その人の苦しみを認めてあげなければ抵抗は収まらないことを見事に描いている点だ。このドキュメンタリーでは、様々な背景を持つ、人種の異なる8人の男性が週末に集まって人種差別について議論する。数名の非白人が、白人であるデイビッドに人種差別が存在することを認めさせようとする。繰り返し情報を与え、マイノリティとしての人生を語り、様々なタイプの差別経験を伝えようとする。ときに穏やかに、ときに怒りをあらわに、理性的に、あるいは情熱的に語る。力の限りを尽くすが、デイビッドの心は頑として動かない。いつまでたっても彼らの経験を些細なものとして取り合わない。過剰反応している、差別でないものを差別と決めつけ、「適応」する努力をせず、チャンスを与えられているのに活かそうとしないと主張する。ひたすら被害者に落ち度があると指摘する。

ところが週末が終わりに近づいたとき、変化が生じる。デイビッドが、子ども時代に横暴な父に虐待を受けていたことを打ち明けたのだ。父親の差別的な言葉を聞かされ、その家にいるためには従わざるをえず、自分を守るために感情を押し殺したことを涙ながらに語っていく。そしてデイビッドは気づく。自分は大人になった今でも現実社会の煩わしさや対立から目を背けてきた。だからメンバーの感情に向き合わずにすむよう、できるだけ取り合わ

ないようにしたのだ。デイビッドは、人種差別をめぐる社会ダイナミクスにまったく気づいていなかった。自分が受けた虐待の事実を認めて初めて、非白人が社会全体の仕組みの中で負わされている苦痛を認められるようになったのである。

　むろん人によってこれまで何に苦しんできたのか、虐待がどれだけ深刻であったのか、対処の緊急性がどの程度かは十人十色である。まず自分が体験した差別や偏見と向き合わないかぎり、他者の虐待や抑圧を考えられるようにならない人もいる。特権集団に属しながら他に顕著な被抑圧集団のアイデンティティがある場合は、自分の抑圧経験を語り、それが受け止められて初めて、他の被抑圧集団について議論することを受け入れる場合が多い。そうでないと、自分の抑圧より他者の抑圧のほうが重要視されていると感じてしまうのだ。例えばユダヤ系の白人は、ユダヤ人差別が他の抑圧と同等に認められていないと感じると、人種差別の議論に心から参加する気になれないかもしれない。非白人男性であれば、人種差別の問題が十分に認められていると感じるまで、性差別について議論したり、積極的に関わったりすることを拒むかもしれない。さらに人のアイデンティティは複数あって互いに絡み合い、日々の生活に影響を与えていることも認識する必要がある。他にどんなアイデンティティを持っているかによって、経験する特権（と抑圧）はみな異なるのである。

　特権集団に属する人が自分の話をするときは、恩恵ばかりを受けてきたわけではなく、社会的不平等に傷ついてきたことを認めてもらいたいと思っている。特権集団に属していても、自分に権力があるとか、人並み以上に恵まれているとか感じている人はほとんどいない。いわば抑圧の支援者である彼らも、自分は抑圧の被害者と感じていることが多い。前章で述べたように、特権集団に属する人々はたいてい、過去に不当な扱いを受けたとか、今も差別を受けているといったエピソードを持っているものである。

　しかし問題は、彼らの解釈を認めるとか、共感するとかいうことではない。彼らが社会的公正の問題を掘り下げていけるよう、自分の感情に向き合わせることがポイントである。内省や批判を求められる教育プロセスに、進んで参加する気持ちと能力を育てるのである。人それぞれの経験や観点を認める

ことは大切だが、それを唯一の現実と認める必要はない。彼らの思い込みが正しいかどうかは別として、そこにある感情や経験は現実のものである。学習者も教育者も、しっかりと耳を傾けて聞き、共感的に受け止める力を養うことが必要だ。しかしだからといって、あらゆる考え方が等しく正しいと認める必要はない。共感的に聞き、理解するということは、必ずしも同意することではない。学習者にもっと多くの情報を与えて、個人と政治を結びつけ、個々の経験がいかに社会条件に関連しているかを考えていけるよう支援しなければならない。

　教育者としては、特権集団の人々にいかに自分の気持ちや苦悩、不遇を語らせるのが最適か、慎重に選ぶ必要がある。他の学習者が疎外感を感じたり、被抑圧集団の人々が軽んじられたり、授業内容から脱線するようなことがないようにしたい。教育者はセラピストになってはいけないし、授業をセラピーの場にするべきではない（セラピーが必要な人には専門家を紹介するほうが適切だろう）。学習者に自分の経験や考え方を語らせるために私がとってきた方法は様々である。どの方法がよいかは、主として受講生の構成や力関係、使える時間の長さ、学習者の性格、そして私自身の状態によって決めている。学習者には、必要に応じて授業の基本ルールも確認させよう。

　全体討議の時間を定期的に設けて、その中で学習者が自分の気持ちや経験を共有する時間を確保しておくとよい。話し合いをペアや小グループで行う選択肢もある。最初のうちは同じような背景を持つ者同士で話すとよいだろう。あるいは顔見知りを誘い合って、背景の異なる人が混在するグループを組んでもらってもよい。このような環境なら、友好的な仲間のもとで、自分の体験談を時間をかけて自由に語ることができるだろう。段階が進んでいったら、もう少し時間的制約のある中で、クラス全体に体験を語ってもらうとよい。

　フリー・ライティングという方法もある。資料等を読んだあと、議論したトピックについて、または特定の質問に対して自由に記述してもらい、その中からいくつかを選んでクラス全体で共有する。日誌も、他の学習者の反応を気にせずに、自分自身の経験を表現したり振り返ったりできる効果的な方法である。日誌に書かれたことを（評価するのでなく）話題にすることで、

学習者の気持ちを認めて、対話の糸口をつかむことができる。こうしたアクティビティやクラス全体の討論だけでは足りず、もっとフォローが必要な学習者には、クラス終了後やオフィスアワーでの個別面談に誘ってもよいだろう。

　特権集団に属する学習者の不安や不遇感に耳を傾けるのは、ましてその話が取るに足りない、あるいは考えすぎと思われるような場合には、なかなか難しい作業であろう。しかしそうすることで、その学習者自身も、クラスメートも、そして私自身も大いに成長し、広い心を持てるようになったと思う。被抑圧集団の学習者でさえ、特権集団の経験談や気持ちを聞いて、彼らも同じ人間なのだと、理解を深めたと語っている。どんな学習者であろうと、共感を促し、抑圧のダイナミクスに対する理解を深めてあげることで、自分の感情・経験と他者のそれとを結びつけられるようになるのである。

社会的アイデンティティの発達と各段階の典型的反応について話し合う

　授業の冒頭で、多文化共生について学ぶときに起こる、学習者に共通の感情や反応について話し合っておくのもプラスになる。各段階で起こる感情を理解できるようにしてあげるだけでなく、段階が進むにつれてどんな感情が起こるか、あらかじめ心の準備をしてもらえる。攻撃されているような気分になる話題は避けたいと思ったり、怒りや罪悪感や悲しさが湧き上がったりするかもしれないこと、自分の信念に反するような情報に対して疑念が生じることが多い、といったことを説明しよう。学習の過程でそうした感情が起こった場合、どうすれば感情をコントロールできるかというアイデアも考えさせよう。

　社会的アイデンティティの発達段階を学んでおけば、社会問題を考察する過程で自分が経験する感情を納得できるようになる（社会的アイデンティティ発達モデルについては3章と11章を参照）。自分自身の態度や反応だけでなく、クラスメートの態度や反応もよりよく理解できるようになる。教育者と同じように、学習者も自分や他者の考え方・経験を理解するための理論的枠組みを持っていれば、それが当然のプロセスの一部であるとわかり、こわがらずにすむ。こうすることで抵抗の一部は未然に防ぐことができるし、自分の感

情はあたりまえのものだと理解でき、クラスで抵抗が起きたときも共通の用語で意見を交わすことができる。

相手が持っている知識を認め、そこから発展させる

　相手を尊重しつつ抵抗を抑える方法として、学習者がすでに知っていることを認め、そこから発展させていくという方法がある。こうすれば、一方的に自分の考えを押しつける専門家のように見られることもなく、指図されたくない気持ちやポリティカル・コレクトネスへの警戒心を誘発せずにすむ。特に大人の場合、自分の経験や専門性が評価されると気を良くする。特にケース・スタディを活用すると、学習者の特定の問題についての知識、何が効果的で何が効果的でないか、あるいは問題解決の方法などについて、知っていることを聞き出すことができる。そうしたことを苦労して語ろうとするうちに、学習者は自分に足りない情報や考え方は何であるかに気づくものである。

　人は往々にして、自分の経験をもとに一般化しようとする（例えば自分たち一家は移民だが、二か国語教育を受けなくても学校生活がうまくいった。だから他の移民にも二か国語教育は必要ない、というように）。このように、学習者の見方は一面的だったり不完全だったりする。教育者がその中から真理を引き出して評価し、そこから発展させて、より大きく複雑な全体像を示してあげるのがよい。また学習者が一部だけ正しい情報を出してくることもある。そのときも正しい一面は肯定しつつ、より正確な見方を示してあげよう。

学習者自身に情報を発見させる

　一般的に自分が発見した知識ほど学習効果が大きいと言われるが、抵抗が起こっているときは特にそうである。それが同意できない情報であれば、押しつけられているように感じるものだ。そこで情報を与えるのでなく、学習者自身によって見つけさせよう。統計を集めてもらうのもよいし（組織内の職階や部署ごとの人種や性別による内訳、能力別クラスや補習クラスにおける非白人生徒の割合など）、メディアにおける人物の描き方を調べてもらってもよい（ゲイやレズビアンのキャラクターの数やタイプなど）。あるいは生活保護受給者は実際いくら受け取っているのか、彼らの生活にはどんな制約があるの

かを調べてもらうのもよい。特定の集団に属する人にインタビューして経験を聞いてもよいし（障害を持つ人の学生生活はどういうものかなど）、様々な情報源を使って特定のトピックに関する調査を行わせてもよい。組織における調査（セクシャル・ハラスメントにまつわる経験の聞き取りなど）や参与観察（授業における性別や人種に関する偏見を観察するなど）もよいだろう。

あるクラスで『スティル・キリング・アス・ソフトリー　Still Killing Us Softly』という、広告における女性イメージを取り上げた映画を見たとき、何人もの男性学習者が内容の信ぴょう性に疑いを持った。映画に出てきた広告は誇張され偏っていて、実際の広告を正しく反映していないという主張だった。そこで私は全員に、自分で調べて雑誌から広告を集めて持ち寄り、ビデオで見たものと比べてみようと言った。その結果、学習者たちは広告が驚くほど性差別的であることに気づき、男性陣も現状が思っていた以上にひどいことを認識したのだった。

また学習は、実生活であれシミュレーションであれ、自らの経験を通して進むものである。どんなに情報を伝えても、実際にそれを経験することほどの説得力は持たない。不平等がもたらす影響はどんなものか、犠牲者にも責任があるという主張がどれだけ間違っているか、ホームレスやDV被害者のシェルター、貧困地区の学校などを実際に見学してから話し合えば、よりいっそう強烈に伝わる。仲間外れにされた人がどうなるかを口で説明するより、実際に疎外される経験を模擬体験したり、学習者に疎外された実体験を話してもらったりするほうがインパクトは大きい。こうした問題を理解させるための効果的なシミュレーション手法はいろいろある。学習者が自分で発見し、結論を引き出すことができる学習経験を提供することによって、抵抗を減らし、学習をより意義深いものにできる。

意見や感想を述べる機会を頻繁に与える

抵抗が起こるのは、学習者が自分に発言権がないと感じるときである。授業内でお互いにアイデアや経験を述べ合うだけでなく、授業のプロセスや内容について意見を述べる機会も頻繁に与えるとよい。無記名の簡単な感想を毎回（ないし数回に一度）書いてもらってもよいし、もう少し長いものを定

期的に書いてもらってもよい。日誌を利用してもよいし、授業の開始時か終了時に口頭で尋ねてもよい。フィードバックの機会を与えることにはいくつもの利点がある。不満がたまって授業中に不適切なタイミングで噴出するのを防げる。発言の少ない学習者とコミュニケーションをとれる。目立たない形で学習者と関われる（そして自分の意見を出しても大丈夫という安心感を与えられる）。そして教育者が学習者の気持ちや意見を尊重しているということを強調できる。もちろん学習者のフィードバックを受け取ったことを何らかの形で知らせ、教育者が学習者の意見にきちんと対応していることを示すことも大切である。例えば学習者全体のフィードバックをまとめて伝える、授業のやり方に修正を加えたり柔軟性を持たせたりする、日誌にコメントを返す、疑問点について追加の話し合いを提案する、などが考えられる。

学習者の思い入れを深める

　教育者が取り上げるダイバーシティや社会的公正の問題に対して、学習者が思い入れを持つとしたら、それはどのような理由からなのか。このことを考えれば学習をより効果的なものにできるだろう。授業の内容や構成は学習者にとって興味深く、大切であると感じさせるものでなければならない。教育者は教材の提示の仕方をよく考え、学習者が共感を持てるようにし、彼らと同じ言葉を用い、彼らの不安に応え、彼らの思考様式に訴えかけ、彼ら自身の生活と結びつけられるようにしなければならない。

学習者に授業・研修のプランづくりに参加してもらう

　授業のプランづくりに一役買えば、学習者の授業への思い入れは強くなる。自分たちの関心が取り入れられ、やらされているという感覚がなくなり、尊重されているという感覚が強まる。学習者の関与の程度はいろいろある。授業の最初にどんな問題や主題に取り組みたいかを尋ね、それに基づいてシラバスを作成してもよい。宿題や教室内のアクティビティから好きなものを選んで、リーダーの役割を担ってもらってもよい。教育者と協力して、授業や研修の内容や進め方を一緒に考えてもらうこともできる。抵抗が予想されるなら、授業への反応に影響を及ぼしそうなキーパーソンを取り込むようにし

よう。彼らが授業プランに関われば、前向きな雰囲気をつくり、みんなが適切な態度で取り組むよう促してくれるだろう。また学習者が自分に関係がある、役に立つと思うような問題を選ぶことも可能になるだろう。

この方法がことのほか功を奏したのは、私がある警察署で研修を行ったときのことだった。多くの警官は余計な研修を、しかも警官ではない人間から受けることを押しつけと感じていた。そこで私は仲間から一目置かれ、研修全体の成否を左右する可能性のある二人の警官に協力してもらうことにした。彼らに研修の進め方に意見を出してもらうだけでなく、最も有益と思われるケース・スタディをいくつか提案してほしいと頼んだ。こうして研修は警察署全体が関わる共同作業と見なされ、外部から押しつけられたものとは見なされなくなったのである。

問題を身近なものにする

人は事実について論じるほうが容易であり、抽象的な話題は無視しがちである。味気なく理論的な情報には耳を傾けなくなりやすい。だが人間的な問題として社会的不公正の問題に触れたら、もっと注意を引かれる可能性がある。だから社会的公正の問題を身近なものにすることを考えよう。その問題が個人に影響を及ぼすことがわかり、自分自身の経験に基づいて想像できるような状況だとしたら、参加者は進んでその問題を掘り下げようとするだろう。特定の抑圧の影響を現実に受けている人のことを見聞きすると、それがクラスメートであろうと、他の学習者や職場の同僚、コミュニティの一員であろうと、抵抗が抑えられ、関心が高まるものである。8章、9章で詳しく述べるように、共感は他者への思いやりを促す強力な力であり、抵抗を減らすだけでなく、行動への動機づけにも一役買う。

ダイバーシティの問題を、誰もが共有する原理・原則や目標から捉える

学習者が授業・研修を、自分の目標や価値観と矛盾するもの、無関係のもの、あるいは反するものと見なすと、抵抗が起こりやすい。学習者の持つ原理・原則や使命感と一致する形で問題を提起できれば、受け入れてもらえる可能性は高まる。それが自分たちにとって有益で、自分たちの哲学と一致し

第5章 抵抗への対処法

ているとわかれば、学習者はもっと積極的になるのである。

　組織で研修を行う場合、私はその研修をミッションステートメントや目標、長期計画と関連づけるようにしている（有効なミッションステートメントであればあるほどこの方法はうまくいくが、残念ながら文字の上では立派なことが書かれていても、実践につながっていない場合が多い）。商店や企業の関心は通常、生産性、効率の良いチームワーク、優れた顧客サービスにある（言うまでもなく訴訟問題や悪評は避けたい）。これらはすべて収益に関わるからだ。ダイバーシティや平等への気配りは、職場のチームワークを高め、多様な顧客（と有能な従業員）を引き寄せかつ維持し、組織のイメージを向上させる。学校であれば、多様な学生・生徒のニーズに応え、安全で互いを尊重し合う学内コミュニティをつくり、成績の向上を図ることが重視されるだろう。そうした条件のもとでは、ダイバーシティや社会的公正に配慮する学校ほど、多様な生徒への教育力を高め（彼らの点数を伸ばし、授業への集中力を高め）、集団間の緊張を緩和し、喧嘩をなくし、インクルーシブな教育環境を生み出すことができる。社会的公正の問題は、実に様々な目標と関連づけることができると私は思っている。8章の「自己利益」の項目でも、個人や組織に特有のニーズや懸念に対処する方法を述べるつもりである。

　より広い意味で考えると、教育者は民主主義や公正、平等に訴えて学習者の参加を促すこともできる。これらはアメリカの中核的な原理・原則で、大半の国民が信奉している。これらの言葉の意味するところは何か、我が国はこれらの原理原則をどこまで守れているかを考えるということを、授業の枠組みとして据えてもよい（例としてAndrzejewski (1995) を参照）。様々な不平等が様々に正当化されているが、それでも我が国がこれらの理想を実現していないことは、多数の説得力ある証拠が示すとおりである。掲げられた目標と現実がどのくらい合致しているか、学習者自身に評価させよう。ただし教育者が反米であるとか、国家や組織の原理に反対しているとか見られないよう、すでに確立されている目標や公約に対して、社会的公正の問題を論じるようにしよう。

社会的公正や支配システムの変革が自己利益になることに気づかせる

　参加者に社会変革のイメージを捉え直させると、現状に疑問を投げかける活動で起こりやすい自己防衛を減らすことができる。学習者は、現在や将来の幸福を損なうような考え方や方法に抵抗を示しやすい。被抑圧集団の人々は現状を変えることが自分たちにプラスであると理解できるが、特権集団の人々は往々にして、社会変革を「勝つか負けるか」の状況（そして負けるのは自分たち）と見なしがちである。このように考えれば、学習者が自己防衛的になるのは当然なのである。

　一つの対策として考えられるのは、議論の枠組みを「勝つか負けるか」の関係から、抑圧をなくすことは万人に利益があるという考え方に持っていくことである。特権集団に属する学習者が、抑圧によって自分も制約を受けてきたこと、社会を変えることが自分の利益になることを理解すれば、彼らの抵抗は小さくなり、社会的公正に取り組む気持ちも強くなる。様々な授業やワークショップで、抑圧の代償と思われる経験を語ってくれた人がたくさんいた。白人の学習者で、他の人種の人とデートしたことで家族からつまはじきにされた経験を語った人もいたし、他の人種や文化と関わることに恐怖感があると語った人もいた。両性愛主義者の人々は、同性愛嫌悪のせいで、ゲイやレズビアンの友人や家族とのつながりを失った経験を語った。「男らしく」ふるまうという性役割にプレッシャーを感じ、自分らしさを十分に発揮できなかったと話す男性もいた。裕福な家庭環境の人々は、自分の特権に罪悪感を持ち、他の階級の人々とうまく付き合えないと嘆いた。

　多くの学習者は、不公平な社会・経済の仕組みが暴力や社会の腐敗に直結していることを理解できる。だからといって、特権集団が実際に優遇されていることを否定するのではなく、むしろより大きな公正を実現することで、特権集団に属する人々には失うものばかりではなく、得るものもあることを理解させるようにしよう。そして不平等なシステムに代わる、すべての人にとってより良いシステムがありうるのだということも理解させなければならない（次章以下では、特権集団にとって抑圧がもたらす代償は何か、社会的公正がもたらす利益は何か、学習者の自己利益にどう訴えていけばよいか、支配のシステムに代わるものは何かといった点について詳しく述べていく）。

抵抗に対処する

　抵抗を未然に防ぎ、軽減する努力を最大限に払っていても、セッションを重ねていく間には抵抗に遭うこともある。ここで思い出してほしいのがドアとダンスのイメージである。教育者が自分の考えを見失わず、冷静さを保つことができれば、それだけ効果的な教育を行い、自分の仕事を楽しむこともできるだろう。

抵抗に対してムキにならない

　反抗的なふるまいに遭うと感情的になりやすいので、いくつかの罠に特に気をつけなければいけない。それぞれの人に、「こういうタイプの反抗を示す人や行動に反応してしまう」という傾向があることだろう。そういう人になるべく注意を向けずに無視しようとしても、結局は他の学習者をほったらかしにして、そこにばかり注意が行ってしまうことになりがちである。一つ目の罠は反抗する人と言い争って、自分が正しく、相手が間違っていることをわからせようとすること。もう一つの罠は、興味を示さず集中力もない人を、無理やり参加させようとすることである。注意を引き、何かしらの反応を引き出そうと夢中になる。そういうとき、私たちは学習者全体にとって何が最善かということより、自分自身の関心や願望のために行動しているのである。

抵抗の理由を突き止める

　先に述べたように、学習者が自己防衛するのには多くの理由がある。非難されたと感じたから、威圧感を感じたから、受け入れる気持ちになれないことを受け入れさせられたから、自己概念を守るため、などである。そうした反応は、学習者の知的アイデンティティや社会的アイデンティティの発達段階と関係しているのかもしれない。教育者が相手の心の状態をよりよく理解できれば、より良い対処法を選べるようになる。抵抗を未然に防ぎ軽減するという項目で挙げたアドバイスを、もういちど読み返していただきたい。多

くの場合、必要なのは安全や連帯感を確保してあげること、相手の気持ちを受け入れ、自意識を肯定してあげること、あるいは少しペースを落としてあげることだったりする。

浮上した問題点をみんなで掘り下げる

　抵抗と思われる発言をする人がいたら、なぜそんなふうに考えたり感じたりするのか、詳しく理由を話してもらうとよい。頭ごなしに否定されず、逆に意見を聞いてもらえると、その後は他者の発言にも耳を傾けられるようになることが多い。学習者の中に「これは差別の問題じゃない。一生懸命に働けばいいだけのことだ」と怒って言う人がいたら、すぐに誤りを指摘したりせず、穏やかに、心からの関心を持って、「この件について強い意見をお持ちのようですね。どうしてそんなふうに感じるようになったのですか」と尋ねてはどうだろうか。

　説明を聞くうちに相手の気持ちや考え方がわかり、「人によって業績や成功に差が生まれるのはなぜか」といった、より大きな問題に話を広げる糸口を探ることもできる。特に特定の個人がグループを牛耳っている場合などは、別の考え方を引き出してくることがきわめて重要になる。「他の人はどう思いますか」「違う意見はありませんか」などと質問してみよう。もし学習者たちが話したがらないようだったら、次のように別の見方を提示するとよいだろう。

> 「成功できないのは、劣等感が内面化されて無気力になり、自信が持てずに何もしたくなくなるからだという意見もあれば、特にその人が文化的な規範からはずれている場合、就職や昇進に制度的な差別があると考える人もいます。そういう文化的な規範からはずれた人は人の二倍努力しなければ、能力を認めてもらえないと言います。こうした意見について、どう思いますか。」

　別のやり方で切り抜けたこともある。ダイバーシティについての授業で、ブライアンという白人の学部生が、生活保護の受給者に同情しすぎだと苛立

ちをあらわにしたときのことだ。自分にできるのだから、他の人もできるはずと彼は言った。どうしてそこまで強い感情を抱くに至ったのかを尋ねると、彼はそれまでの自分の人生を手短に語ってくれた。片親の崩壊家庭で育ち、家を飛び出し、ドラッグに手を出した。しかしそこからなんとか自分を立て直し、働きながら学費を払う苦しい生活をしているという。クラスメートも私も、彼の体験談を受け止め、今の生活にたどり着いた心の強さを称賛した。

　こうしたやりとりのあと、私は全員にブレインストーミングを呼びかけ、ブライアンができて他の人ができない理由があるとしたら何か、列挙してもらった。10分ほどで黒板はアイデアでいっぱいになった。人種・性別・障害・性的指向に基づく差別がある、子どもがいる、抑圧を内面化しているため積極的になれない、英語ができない、コミュニケーションが苦手、文章が書けない、コネがない、精神疾患がある、ホームレスである、などである（ブライアンが経験していない障害もたくさん含まれている）。ブライアンの経験を否定することも、誰かに何らかの考えを押しつけることもなかった。それでもブレインストーミングで理由を列挙するという作業によって、学習者はこの問題をより広く、違った角度から考えることができたのである。

　反対したり挑発したりなど、意図的に敵対的な発言をするのは、オープンで建設的な議論を望んでいない証拠である。だからその人の個人的な見解について議論するのはやめ、問題をもっと大きく捉え、誰もが共感できる視点から掘り下げよう。挑発に乗らず、建設的に話を展開させよう。例えば「その気になればセクハラは避けられる。被害を受けるのは本人がそれを望んでいるからだ」という類いの発言があれば、それに対して言い返すのでなく、その発言にセクシャル・ハラスメントのどんな特徴が表れているかを分析していくのだ。「興味深い指摘ですね。性的な関心を引くのは女性側に責任がある、いやならノーと言えばいい、と考える人は確かにいます。では、セクシャル・ハラスメントにはどんなダイナミクスがはたらいているのかを考えてみましょう」などと言って、セクシャル・ハラスメントは誰に責任があるのか、力関係はどうなっているか、被害者をとがめることについて、法律や政策についてなど話し合ってみよう。個人の意見が正しいか間違っているかを問題にするのではなく、学習者の発言をきっかけにして何が問題なのか、

多くの人が共有する一般通念とは何か、といった部分に目を向けていこう。発言を出発点と捉え、議論を個人の観点から一般論へと移行させよう。

　問題を掘り下げ、様々な意見があることが理解できたら、正確な情報を与えて、自分の意見を適切に説明できるよう導こう。どんな意見であれ、無条件に事実として受け入れてはいけない。考え方や気持ちを表現するよう促し、それを認めてあげたら、今度は批判的な自己分析を促すことが大事である。そのためには、先に述べたように必要な情報を与える方法もあるし、自分でリサーチしてもらう方法もある。

反抗的なふるまいを封じる

　一人か二人の学習者が、繰り返し自分の意見を主張したり不適切な質問をしたりして進行を妨げるときは、ストップをかけなければいけない。声の大きい人がその場を支配するのはよくあることだ。一人か二人でもそういう人がいれば、話題を独占して授業が脇道にそれてしまいがちである。まずは彼らに自分の考えを話す機会を十分に与え（前述のアドバイスを参照）、その意見を認め、要約したうえで、議論を先に進めていこう。「なるほど、あなたはアファーマティブ・アクションを逆差別と感じており、誰であろうと特別扱いはいけないという考えですね。この問題については、明らかに様々な意見があります。ひとまずこの件は置いておいて、差別をなくすための別の法律について考えてみましょう」などと導いてもよいし、制限時間を設けてその問題について話してもらったうえで、別のトピックに移るよう促してもよい。「2〜3分で話したいことをまとめてください。そのあと別の問題について話し合います」というように。（授業外で）別に時間をとって、話す機会を与えてもよいだろう。グループで行っている以上、別の人の別の意見にも耳を傾けるべきである。特定の学習者がクラスを乗っ取らないよう配慮することは、グループ内の他の学習者からも喜ばれるだろう。

グループ全体が抵抗を示したら、流れに逆らわずに対処する

　学習者全員、または大半が抵抗を示しているときには、その時点でそれを止める手立てはほとんどないと感じてきた。潮の流れに逆らってもむだであ

る。こんなときに特に役立つのが合気道の教えである。柔軟に、エネルギー（気）に合わせて動くのだ。まずは気になっている問題を語らせたうえで、どうすればそれを授業の目的と関連づけられるかを考えよう。あるとき、教員を対象にダイバーシティに関する研修を行おうとしたところ、たいへんな抵抗に遭ったことがある。演習や話し合いに入ろうとするたびに、参加を強制されたとか、学校の幹部こそが問題だとか不満を言う。何とか参加させようとしたがうまくいかなかったので、ひとまず一歩譲り、彼らに感情や不満を発散させた。これがきっかけになって、対策を考えることができたし、教師の気持ちと生徒の気持ちがどう関連し、それがダイバーシティの問題とどう関連しているかを理解できたのである。

　ほとんどのトレーナーが知っていることだが、通称「トレーナー殺し」という、学習者グループが好んでいるゲームがある。怒り、恨み、不安、無力感など、そのグループが経営陣や組織に対して感じているものをトレーナーに投影するのだ。トレーナーは感情を発散させる恰好のターゲットとなる。対決姿勢をあらわにし、真っ向から対立しようとしても絶対に負けてしまう。先にも述べたように、頑なに立ちはだかるのでなく、相手のエネルギーに合わせてダンスをするほうが建設的だ。グループの動きに合わせ、彼らが重要と思っている問題を一緒に考えよう。研修を行うにあたって私が経験から学んだことは、事前にできるだけ調査を行って、研修の実施に適したタイミングなのか、この方法でよいのかなどを判断すれば、「罠にはま」らずにすむということだ。十分な事前調査ができれば、こうした事態は多少とも回避できる。

小休止をはさむ

　抵抗が強くなり、学習者グループか教育者のどちらかに考える時間が必要となったら、「小休止」をとるとよい。休憩という形にして、数分ほど頭を冷やしたり、他愛ない話をしたり、あるいは単にエネルギーの流れを中断させてもよい。もう少し計画的にするなら、数分間ペアで話し合う、今の気持ちや考えを自由に書く、その問題についての自分の意見とその根拠を書かせる、この問題にどのように取り組みたいか（別の方法で続けるか、それとも時

間をおいて改めて取り組むか）を考えさせる、などの方法もある。また数分間、沈黙して深呼吸してもよい。小休止を入れることで、教育者も参加者も心を落ち着け、仕切り直して、どのように先へ進むべきかを考えることができる。

個人面談の機会をつくる

　強い抵抗がある場合や、抵抗がどんどん強まっている場合には、当事者（たち）と話す機会を持つのが妥当かもしれない。その際には、こちらから誘うことが大切で、くれぐれも懲罰的にならないようにしたい。叱られそうだとか、攻撃されそうだと感じたら、相手はますます自己防衛的になる。こちらが関心を持ち、心配しているということを伝えれば、雰囲気は変わってくる。「授業（研修）を受けるのがちょっときつそうですね。あなたともっとお話をして、気になっていることを聞かせてもらいたいのですが、お時間はありますか」というような誘い方をしてみよう。面談中は心からの関心と敬意を表し、共感を持ちながら話を聞こう。相手の意見を肯定しつつ、同時にこちらの考え方を伝えたり、他の学習者への影響をわからせたりできるはずだ。どうすれば状況を打開できるか、一緒に問題解決プロセスを試してみよう。

本章のまとめ

　魔法のような解決法はないにしても、抵抗を未然に防ぎ、軽減し、対処する方法として、幅広い選択肢があることは間違いない。大半の人は、可能性さえ与えられれば、心配したり自己防衛したりせず参加するようになる。きちんと参加することができず、場を壊して喜んでいるような人に対しても、他の学習者の学習を妨げない形での対処法がいろいろある。思い通りに成長させることはできないまでも、私の経験では、最初から最後まで同じように抵抗し続ける人はほとんどいない。信頼とラポールが十分に築かれ、興味深い教材やアクティビティが提示されれば、学習者は建設的に参加するようになることが多く、なかには自分でもわからないうちに参加するようになる人もいる。

　つながりをつくり、維持していくには、時にとてつもないエネルギーと忍

耐が求められる。しかし敬意と思いやりを持って学習者に接することができなければ、さらに厳しい状況に直面することになるだろう。学習者が参加しやすい環境を生み出すことは、学習者のためであり、私たち教育者のためでもある。

第6章
特権集団にとっての抑圧の代償

　前章では、特権集団の人々の社会的公正への考え方が変わることで、どれだけ抵抗が減らせるかを述べた。人はなかなか変われないものだが、変化によって多くを失うと思えば、ますます変わりたくなくなる。特権集団の人々の多くは、社会変革は勝つか負けるかの問題であり、自分たちは負ける側だと思っている。確かに、平等を推し進めれば権力や資源を手放し、分け合わざるをえなくなるだろうが、社会的公正は彼らの人生を豊かにするものでもあるのだ。

　組織的・制度的な不平等がある社会に生きることは、優位な立場であるかどうかにかかわらず、すべての人に影響を与える。その深刻な影響は、自分自身や他人をどう考えるか、誰とどのように付き合うのか、また人生をどう生きるかなどをめぐる機会や選択に影響を与え、制限する。一部には良い影響をもたらすとはいえ、様々な形で私たち全員に損害や有害な影響をもたらしているのである。

　抑圧の社会的・心理的影響を理解しようとする場合、劣位集団の人々の経験に注目することがほとんどだ。しかし、抑圧のシステムは特権集団の人々をもむしばんでいる。特権的立場にいる人々の経験を考察するときは、抑圧される側の経験と比較することが多く、支配集団がいかに他者を抑圧し、不平等によって利益を得ているかに焦点が当てられるのがふつうである。もちろん、それは重要なことだ。だが一方で、様々な理論の多くが、抑圧が特権集団の人々にどれほど負の影響を与えるかを論じようとしない。しかし、その点が十分に探究されないと、私たちの理解は完全なものにはならない。相互依存的な社会の一員であるからには、特定の人々に影響を与えるものは、

第6章　特権集団にとっての抑圧の代償

必然的に全員に影響を与えるのだ。マーティン・ルーサー・キングが私たちに気づかせてくれたことは、「人はみな相互依存の逃れられない網の目に捉えられ、一蓮托生なのだ。なんであれ、一人に直接影響することは、間接的にすべての人に影響する」（1991, p. 7）ということである。

　変化への抵抗を乗り越え、社会変革に向けて息の長い取り組みを生み出す方法の一つは、構造的な不平等によって自分たちがどれだけ不利益を被っているかを特権集団に理解させることである。この章ではまず、支配集団の人々が抑圧によって悪影響を受ける具体的な事例を紹介し、抑圧をなくすことにどれだけ利点があるかを示していく。次に、より広い視点から、抑圧のシステムがいかに特権集団の人々の人間性をむしばみ、可能性を閉ざしているかを考察する。すでに述べたように、特権集団に属する人のほとんどは、同時に劣位集団にも属していて、特権集団以外の社会的アイデンティティの影響を受けているが、ここではあくまで特権集団の一員としての経験に焦点を当てる。

抑圧がもたらす特権集団に固有の代償

　社会的不公正が特権集団の人々に与える様々な悪影響を説明するときは、そうした悪影響を生み出しているより大きな社会権力の力学を忘れてはならない。支配集団が抑圧によって悪影響を受けていることをわかってもらったとしても、それを被抑圧集団の人々の経験と同等と思わせてはいけない。支配集団の人々の支払う代償がなんであれ、劣位集団の人々が直面している権力、尊厳、機会、資産の喪失とは比べものにならないのだ。この意味において、私は特権集団に属す人々が「抑圧されている」とは思わない。特権集団の人々が必要以上の社会的権力を手にしていることに変わりはないのである。こういったことに留意しつつ、それでも特権と支配の代償について論じることは、抑圧の力学を十分に理解するためにも、変化に向けての戦略や構想を練っていくためにも有益だと私は信じている。

　制度的不平等によって支配集団が支払う代償について、掘り下げた議論はほとんどなされていない。そうしたなかでも、男性による男女同権運動では、

おそらく最も明快な形で男性に及ぼす性差別の悪影響が指摘され（Kaufman, 1993; Kimmel & Mesner, 1989; Kivel, 1992）、男らしさについての新たなモデルが提案されている。階級差別（Bingham, 1986; Mogul & Slepian, 1993; Wachtel, 1989）、人種差別（Bowser & Hunt, 1981/96; Feagin & Vera, 1995; Kivel, 2002）、同性愛者に対する差別（Blumenfeld,1992; Thompson, 1992）に関しても、特権的な人々への悪影響について触れられている。抑圧の形態ごとに特権集団に与える影響は様々ではあるが、支配システムに共通するある種の力学を反映して、そうした影響には似通っている部分がたいへんに多い。

　すでに引用した研究成果や私自身の指導経験を用いながら、抑圧することが支配集団にもたらす心理的・社会的・道徳／宗教的・知的・物質的な代償について論じていこう。これら様々な影響を一つひとつ論じていくが、互いに重複し、影響し合う部分も多い。さらに言うと、これらの代償は個人ベースで経験するものであると同時に、より大きな社会的パターン、構造、イデオロギーの結果でもある。それゆえ、特権集団が受ける代償は、私たちの社会に特有の支配と不平等のシステムに起因している。同じ抑圧的社会であっても、社会構造のあり方が異なっていれば、特権集団への悪影響のあり方も異なるだろう。

　以下に取り上げる項目は、性差別や人種差別など、抑圧の種類が何であろうと、支配集団によく見られる影響や問題点に焦点を当てている。引用した証言はここ数年、私が行ってきた授業やワークショップの参加者から得たものである。彼らが受けた影響の中には、非常に個人的で、本人やその対人関係をめぐって生じたものもあれば、社会の一員としての個人に影響を及ぼす、社会的な規模の悪影響もある。

心理的代償：心の健康や健全な自己観が失われる

　抑圧的なシステムのせいで、支配集団の人々は人間性を十分に育てることができない。与えられた役割に自分を合わせなければならなかったり、感受性を抑制しなければならないといった圧力が、自己意識の発達を妨げるのである。自分自身を十分に知ることができないから、様々な不安が生まれ、健全な心理的成長が妨げられる。全般的な心の健康がどのように損なわれるの

第6章　特権集団にとっての抑圧の代償

か、いくつかの側面について述べていこう。

特定の役割や行動パターンへの社会化

　支配集団の人々は、社会化のプロセスを通して一定の厳格な行動基準に従うようになる。そうすることで、自分の中にある、求められる基準と合致しない部分の成長を抑えてしまうのである。例えば、異性愛者は同性に対する感情やつながりを無理に抑制するし、男性は感情を表に出すことや、「女性的」と見なされる事柄への関心を抑えようとする傾向がある。上流出身の人々は、専門職以外の仕事に就く、代々受け継がれてきた職業以外の分野に興味を持つといったことを阻まれるし、反対もされる。このように、求められる役割に従おうとすることで、自分自身が何者なのか、何ができ、何を真に必要としているかを知る能力が損なわれてしまうのである。

感情や共感を抱けない

　繰り返し教え込まれたこと（平等、愛、親切心）と、期待される行動（人々を不公正に扱うこと）の矛盾と向き合わなければならないことも、個人の成長を阻害する。例えば、ホームレスから目をそらす、サービスを提供する立場の人を一段下の人間として扱うようなケースがこれに該当する。その結果、相手の気持ちを無視し、軽視することになるが、このことは劣位集団の人々を明らかに傷つける一方で、特権集団の人々も自分の感情や感受性、あるいは他者との関係を否定しなければならなくなる。こうして自分の気持ちに正直になれなくなり、共感力を発揮すること、育むことが妨げられるのである。

自分を知ることができず、歪んだ自己像を抱く

　支配集団の人々は、不公正な社会システムで果たす自分の役割を理解するための情報や機会を絶えず奪われているし、非抑圧集団の正直な意見も知らされることがない。その結果、自分の立場を自覚することができなくなる。こうして歪められた自己認識は、様々な悪影響を及ぼすことになる。

　特権集団の人々は（意識的ないし無意識的に）他者をおとしめることで、肯定的な自意識を保っている場合が多い。自分以外の誰かを劣っていると決め

125

つけることで、自分自身を肯定的に感じるのだ。しかし、このような自尊心は、底の浅い、不自然な、偽りの自尊心である。中米出身のラテン系アメリカ人と結婚したある白人女性は、以下のように語っている。「私は『特権的な』立場であったため、何となく彼や彼の周辺の人たちよりも自分のほうが上と感じていました。責任を持って自分と向き合い始めたとき、私は自分が人種差別的な対応をしているということを直視しなければなりませんでした。簡単ではありませんでしたが、それは必要なことでした」。

　特権集団の人々は、不平等を正当化しようとして優越感を抱き、自意識を歪めることが多い。不公正な階級制度のもとでは仕事や勉強の機会、資源へのアクセスが公平に与えられていない。多くの場合、これらは本当の実力によってではなく、人脈や特定の人種・性別・階級によって与えられるのである。このような優位性を正当化するため、支配集団の人々は、どこかでそうではないことに気づきつつも、自分たちは他者より優れているのだから当然だ、と自らに言い聞かせる。自分が優位に置かれている状況と妥協するために、自分自身の優位性を信じ続けるのかもしれない。そして、支配的文化に属していることも、このような考え方を持ち、強めることを可能にしている。

　こうした努力をしても、自分が有利であることを受け入れ、自分の能力を信じるのは容易でないかもしれない。自分が築き上げた成果が特権によるものなのか、実力によるものなのか、思い悩むこともあるだろう。マッキントッシュはこれを、「詐欺を犯している気持ち」と呼んでいる（McIntosh, 1985）。このような感覚が生じる原因はいろいろあるが、あらかじめ勝利が決まっているシステムで成功しても、人は自身の能力を信頼できないし、達成感も得られないということだろう。

外からの見かけと本心との間のずれ

　外から見た姿と、心の内は裏腹であることが多い。特権集団の人々は、周りが思うほど自分に「権力がある」とか、「特権的な」人間であるとか思ってはいない。特権的な地位にある人々、特に裕福な人々は、表面的には「すべてを手にしている」ように見えても、内面的には疎外感や孤独感を抱き、自分自身や他者、「本当の世界」から切り離されていると感じていることが

多い。物質的な成功に恵まれていても、感情的・精神的なむなしさを感じているのだ。

特権集団に特有の不安や苦悩
　特権集団の抱く恐怖は様々であるが、その多くは社会生活に悪影響を及ぼしている（これについては次節で取り上げる）。たとえ（特定のタイプの人々や新しい、もしくは異なる状況に対する）不安の一部は不合理で根拠のないものだとわかっていても、そのような不安が人生の障害となり、精神的苦痛の原因になっていることに変わりはない。特権を失うことを恐れている人もいて、被抑圧集団の人々が仕返しをしてくる、彼らがそうされたように自分たちを不当に扱うのではないか、劣位集団が大きな社会的権力を手にしたら、それを自分たちに向かって行使するのではないか（女性が男性の雇用機会を奪う、有色人種が白人を二流扱いするなど）と恐れている。
　一方、劣位集団の人と親しい関係にある人々は、劣位集団の人が不幸な目に遭うのではないかと恐れる気持ちがある。劣位集団の人たちが苦痛を覚える、手荒な扱いを受けるのを見聞きすることを辛いと感じる。それが日常的な差別であろうが、劇的な事件であろうが、友人や近親者に危害が及ぶのを目にするのは辛いことである。娘や妻がレイプされた、有色人種である友人が警察から不当な扱いを受けた、低収入の友人が仕事を見つけられない、ゲイである友人が暴力を振るわれた、ユダヤ人である友人のシナゴーグ（ユダヤ教の教会）が被害を受けたといった場合はなおさらである。特権集団に属する両親が、劣位集団に属する子ども（肌の色が違う、ゲイやレズビアンである、または身体的な障害がある）を持った場合、我が子がどう扱われるのか、安全が守られるのかなどと案じるケースはよく見られる。
　特権集団に属しながら、社会的公正を信奉する人々の多くが、劣位集団についての不快な言葉を聞くという苦痛を経験している。彼らのまわりにいる特権集団の人々は、彼らも同じような偏見を持っていると思い込んでいるのである。他人を誹謗するそんな言葉を耳にすれば、心理的にも感情的にも乱される。人種的な憎悪に基づくより深刻な行動を目にすれば、同じ人間がそんな残酷な行為をするのかと、いっそう心を痛めるのである。

本物の心の健康を得られない

　トーマス・ペティグルーは心の健康について6つの基準を策定している (Pettigrew, 1981)。その中で挙げられているのは、自己意識と自己受容、潜在能力の活用度、社会的圧力からの相対的自由度、適切な現実認識、そして、精神的なはたらきの統合性である。これまで述べてきた様々な代償に見られるように、不公正な体制に適応した人は、心の健康を支えるこれらの要素を身につける能力を奪われてしまう。特に特権集団に属する人々は、マイノリティや被抑圧集団の人々への恐怖心を抑え込もうとして、不健全な心理的メカニズム（拒絶や偽りの正義感、投影、解離、そして、非難の転嫁）を発達させる傾向にある (Fernandez, 1996)。こうしたプロセスについて、ある女性はこう語っている。「白人女性として、私は自分のネガティブな部分をなかなか認められません。ネガティブな部分があることを否定し、そうした部分を他者（有色人種）に転嫁しているのです。その結果、私は自分の中の重要な部分から疎外されています」。中年の人々は、自分が死すべき運命にあることを否定しようとして、老人を周縁的な位置に追いやり、切り捨てることがある。また、自分の中にある同性への感情を受け入れられない異性愛者が同性愛者を嫌悪する行動に出ることもある。

社会的代償：人間関係が失われ、制約を受ける

　集団間の信頼が欠如している、社会の中に（社会的背景が同じ男女の間を除けば）差異を超えた人間関係がほとんど認められない風土がある、社会化のプロセスで自分や他者に対する誤った考え方を植えつけられると、人間関係を育むことはできない。内面化された抑圧や社会的タブーが、背景の異なる人間同士の関わりを阻むことになる。恐怖心があり、自分と違う人々を避け、他者と関わる経験や知識が限られていると、人間的なつながりは希薄になり、人々は互いに孤立してしまう。その社会的代償は計り知れない。

自分と違う人々と交われない

　自分とは違う他者との間に距離ができてしまうのは、個人の心理的・感情的な問題が原因であることもあれば、社会の構造や規範が原因であることも

ある。前者の場合は恐怖心や不安のせいで相手との距離を縮められない。例えば以下のような発言がある。「私はたいていの人の中で浮いている感じがして、つながりたい気持ちは持っていたけれど、『未知のもの』への恐怖のほうが強くて、抵抗できませんでした。そのせいでどれほど悲しい思いをし、後悔したことでしょう！」。多様な人々との間に深く、意義深く、喜びに満ちた関係を持つ機会が失われる。ある健常者の男性はこう述べている。

> 「私は障害のある人たちと関わるのを避ける傾向がある。どう行動したらいいかわからないから。つまり、能力に差があるのを認めることと、失礼な態度をとってしまうこととの狭間でどうふるまえばよいのか悩む。助けることと恩着せがましくふるまうこととの線引きはどこでするのかわからない。障害のある人たちと中身のある交流をしようという努力が欠けているので、社会的な距離は大きくなるばかりだ。」

　一方、後者の社会の構造や規範が原因である場合について言えば、社会に存在する様々な抑圧が仕事や遊びに制約を課し、差異を超えた人間関係を結ぶことを難しくしている。ある種の集団に属する人々とまったく接点がない、たとえ、あったとしてもきわめて少ない。

> 「私は健常者なので、障害のある人と接することはなかったのですが、中学生になってボランティア活動をするようになって初めて接点ができました。障害のある人たちと様々な活動をしてきましたが、彼らと一緒にいることにいまだに違和感があります。障害者が生活の一部になっていないため、人口の一部である彼らと友達になる機会を逃していると感じます。」

より深い、本物の人間関係が結べない
　たとえ異なる集団との間に接点がある場合でも、意義深い人間関係を結ぶのは難しい。多様な背景を持つ人々と、本物の深い人間関係を育てるのは容易ではなく、その過程には様々な困難が立ちはだかる。

第一に、特権集団に属する人々は、不平等な社会における自分の立場や、社会化のプロセスが原因で、大きな恐怖心を抱え込んでいる場合が多い。非常によくあるのは、自分と異なる人たちへの恐怖心や、これまでとは異なる文化的経験への恐怖心である。自分とは異なる人々と接した経験がなく、そうした人たちに関して否定的な情報を受け取ってきているため、自分の属する社会集団の外にある場所へ出かける、人間関係を結ぶといったことを怖いと感じる。たとえ劣位集団と接触がある場合でも、間違った言動をするのではないか、攻撃的な態度をとっていないだろうかと心配する。

　「祖父母がいろいろな人種集団について否定的な発言をしていたので、いつか無意識にそうしたことを口走ってしまうのでは、と不安です。祖父母の言葉を信じたくもないし、自分でも使いたくもありませんが、ある種の人種差別は幼いときに染み込んでしまっているのではと心配です。」

　「卵の殻の上を歩く」とよく言われるが、社会規範は絶えず変化していくので、善良な人々でさえ何が受け入れられ、何が受け入れられないかについて混乱し、恐れを抱くことが多い。つらく、戸惑う可能性があるなら、まったく何もしないほうが楽だと思ってしまうのだ。
　第二に、ステレオタイプや先入観のせいでそもそも出会いがないし、たとえ接点ができたとしても本当の人間関係にまで発展しない。特権集団の人の中には、（特に集団間の分離が奨励される環境のもとで）他者に対するステレオタイプがあるため、被抑圧集団の人と知り合う、または人間関係を構築する能力が育たなかったことを認めている人もいる。ある白人女性は、自分自身に人種差別意識があり、分離主義的な環境にもいるため、自分にとって重要なものになりうる人間関係を築く機会を失った経験をこう語っている。

　「私には大学時代、アフリカ系アメリカ人の男友達がいて、友人たちによれば、彼は私に好意を持ってくれているようでした。しかし私は友人以上の関係に進もうとはしませんでした（彼も同じでした）。黒人男性と

付き合うなんて、考えただけで不安だったからです。今思えば、育ってきた環境が白人との人間関係に限定されていたために、優しく親身になってくれる男性と真剣に付き合う機会を逃したのです。もし彼とデートしない理由を問われたら、人種差別主義を激しく否定していたと思います。しかし、心の底ではこれ（差別意識があること）が真の理由だとわかっていました。」

　第三に、特権集団に属する人々は信頼関係の欠如を感じている。そもそも被抑圧集団の人々は特権集団の人に心を開くこと、正直にふるまうことができないし、関係づくりには時間がかかるだろうと思っているのだ。異性愛に関するレポートで、ある人は「どうしても彼ら［ゲイやレズビアン］に本音を語ってもらえなかった」と書いている。
　信頼関係を感じられないとすれば、難しい話題を切り出そうとか、煩わしい人間関係の力学を乗り越えようとかいう気持ちはなくなる。ある白人女性は、差別意識がどれほど自分の行動に悪影響を及ぼし、有色人種の人たちとの実質的で正直な人間関係を阻んでいるかをこう語っている。

「人種差別主義者と思われるかもしれないという恐怖から、その問題に対して自分が感じていることや気がかりなことを正直に話すことができない事実に、私は傷つき限界を感じています。本当に気にかけていることを正直に話し合えないなら、私たちは決して真の解決に至ることはできないと思います。問題が起きて目の前に突きつけられるたびに、私たちはその問題をそっと避けて通り、絆創膏を貼ってごまかしています。カップルや親しい友人同士のコミュニケーションとまったく同じで、自分のものの見方に正直に向き合わない限り、現状維持で妥協するか、現実からさらに目を背けるかしかありません。根気よく、良い方向に向かって変化を起こしていくことはできないのです。」

　特権集団の人々は、従属集団の人からステレオタイプな見方をされ、個人として見てもらえないという不満を持っている。所属する社会集団の特性に

基づいて判断され、避けられるので、いら立ち、不公平を感じることもある。
　実際の経歴や自己イメージに反して、男性が女性からレイプを警戒される、裕福な人がエリート主義の俗物と見なされる、白人が鈍感な人種差別主義者と見なされるといったことがある。二人の白人女性がこんな経験を語っている。

　「白人ではない人たちが抱える問題について手助けしようとすると、慈善事業のように見なされ、白人だから気楽にそんなことができるのだとか、しょせん自分にふりかかる問題ではないのだなどと言われてしまいます。その状況を私がどう感じているか、また個人としてどう考えているかに関係なく、こうした発言をされるのです。私の肌の色だけを根拠に、自分のほうが優れていると思って手助けしているなどと、単純な判断が下されるのです。」

同じことをもう一人の女性も語っている。

　「……個人として見てもらえず、特権集団のステレオタイプにあてはめられ、思いやりがなく、金持ちで利己的で偏見があり、異なる文化を受け入れず、無礼で俗物で、自分は人より優れていると思い込んでいるなどと、白人に否定的な考えを持つマイノリティの人から決めつけられています。」

　こんなふうに決めつけられると思っているから、特権集団の人々はありのままの自分を隠すようになる。そして個人のアイデンティティを押し隠していたら、開かれた正直な関係を築くことはできない。このことは階級の問題に絡んで語られることが多い。

　「中・上流階級で育った者として、先入観を持たれているとよく感じます。甘やかされ、すべてを与えられていると見られます。思いあがった俗物だとか、父親に何でもしてもらっていると思われます。その結果、私は

自分の人生の恵まれた面を隠すようになりました。」

自らが属する集団内で孤立したり、排斥されたりする

　特権集団の人々に人間関係の問題を尋ねると、自分の属する共同体や家族の内部で互いの距離が生じていることを挙げる人が多い。前述の場合と同じく、この距離も本人の態度によって生じることもあれば、他者の態度が原因で生じることもある。孤立の一つのタイプは、同じ集団に属しながら、別の社会的アイデンティティを持つ場合に起こる。

　共通の劣位アイデンティティを持つグループの中に、別の優位アイデンティティを持つ人がいると、そのせいで社会集団内に亀裂が生じることがある。中・上流の有色人種の人たちは、同じ人種集団であっても貧困層・労働者階級に属する人々と隔たりを感じることが多い。以下の例のように、優位アイデンティティを持つ人のほうが疎外感を抱くこともある。「黒人女性である私ですが、上位中産階級であることは常についてまわる問題です。同じ黒人同士の態度や評価を気にして、このことを隠さなければと思ってしまうことがよくあります」。また優位アイデンティティを持つ人たちが、社会経済的に低い階級の人々とほとんど接点を持てない場合もある。こういった距離は、自身の不安感や疎外感、あるいは特権そのものによっても起こる。「裕福な白人コミュニティに住む上流の黒人として、自分と同じ外見だけれどもお金を持っていない人たちに対して、つい抑圧的にふるまってしまうことが多々あります」。

　断絶をもたらすこのような力学は、家族の中にも存在する。ある女性によれば、階級の違いが原因で、家族内でこの力学が働いたという。

> 「階級差別のせいで、私は父方の家族のことを知りません。母方の家族は中産階級で、教育も受けていますが、父方の家族は農家と漁師。母方の家族は父方の家族を『知る必要がない』と考えており、私は自分のいとこのことすら知りません。」

　また、異性愛者のきょうだいや親が、同性愛者の子どもを拒絶し、最も重

要であるはずの人間関係が失われることもある。

　別のケースでは、自らが属する集団内の規範に背くような選択をしたために、集団から疎外されるということがある。こうして家族や友人、仲間、同僚との絆が損なわれ、あるいは失われる。例えば男性が「普通の男」でないことを理由に、からかわれたり、仲間外れにされたりする場合がこれにあたる。

　　「自分のゲイとしての気持ちや価値観、それを積極的に表明する姿勢が原因で、私は職場の仲間内で違いを指摘されることがよくあります。男性の同僚たちは、明らかに私に『男性』としての行動や態度を求めていると思います。」

　自分とは異なる人種もしくは階級集団の人と付き合ったり、結婚したりすることで、家族から縁を切られたり、疎外されたりする場合もある。米国出身のある白人女性は、グアテマラ人男性と結婚したがゆえに起きたことについて語った。彼女は、自分の家族から「拒絶され、見捨てられ、不信感を抱かれ、ほぼ完全に無視されるという苦悩を経験した」という。別の女性は「父親が、別の人種の人間と付き合うべきではないと思い込んでいるために起こる多くの問題」について語っている。「父は私が黒人男性とデートしたことに怒り、私に暴力を振るった」という。

道徳的・精神的代償：道徳的および精神的な健全性が失われる

　ほとんどの人は、自分は親切で思いやりがあり、公正だと思っているが、彼らが生きる社会には、ホームレスや貧困、暴力、職業上の差別などといった不平等が蔓延している。多くの人は自分が身を置く現実と、自分の道徳的・宗教的信条との食い違いに頭を悩ませているのである。

罪悪感や羞恥心がある

　「持てる者」がいる一方で、「持たざる者」がいることに、違和感を覚える人たちがいる。そういう人たちは、自分が他人よりも多くのものを手にして

いることに居心地の悪さや罪の意識を感じている。自分たちと同様の特権や生活水準を他人が持っていないと知ったとき、しばしば罪の意識を感じるのだ。こういった不平等が明らかになればなるほど、それに反応して人々は「被害者を非難する」ことが多くなるが、それでもやはり、多くの人は罪悪感や羞恥心に苛まれる。ほとんど何も持っていない人がいるというのに、自分は多くのものを手にする資格があるのだろうか？　「持たざる者」に対して、あるいは自分自身や家族に対して、何をなすべきなのだろうか？　持たざる者が陥っている状況や制度を変えるために何もしていないのに、どうして自分を思いやりのある親切な人だと思えるだろうか？

　不公正をより強く意識するようになるにつれて、特権集団の人々は、このような気持ちや疑問を無視するのが難しくなり、道徳的な面でより強く自分を責め続けるようになる。そして自分のアイデンティティをめぐって、自己嫌悪に陥ったり、自己防衛的になったりする（「自分は白人かもしれないが、親しい友人の中には黒人もいるじゃないか」）。他人を苦しめたり、搾取したりすることで利益を得ていると思うと、恥ずかしくなる。そして、自分が不公正で非人道的な状況を変えようとしないでいること、侮辱的な言葉やジョークを黙認していること、あるいは不公正に異議を唱えないことについて、罪悪感を覚えることも多い。

道徳的な葛藤がある

　個人的な信念に従って行動したい気持ちと、家族に迷惑をかけること、仲間外れにされることへの不安の間で、心が揺れ動くケースも多い。例えば、社会変革を起こすための取り組みに多額の寄付をしようとするとき、あるいは「劣位集団に属する人」と結婚しようとする場合などだ。また、「正しい」ことを行うか、あるいは社会的な圧力に屈するかの二者択一を迫られることもある。例えば、（一見）同じ人種や同じ価値観を持つ人たちばかりが住む地域にある自分の家を、同性愛者やユダヤ人、有色人種に売却しようとする場合や、顧客やスタッフが居心地の悪さを感じ、受け入れにくいと知りながら、障害者を雇用するといった場合だ。さらに、抑圧された集団に対する自らの否定的な感情に疑問を抱き、個人的な嫌悪感や相手の能力への疑問が、

偏見によるものなのか、公平で筋の通った判断なのか思い悩むこともあるだろう。

精神的な虚しさや痛みを感じる

　私たちは誰もが「神の子」だ、というのが、多くの人にとっての宗教的あるいは精神的信条である。唯一であるものの一部であり、互いにつながり、依存し合う存在だと信じている。抑圧を認めるということは、こうした連帯感に反することだ。また、各人の中に神あるいは霊が住むという観念が裏切られ、各人に本来備わっているはずの高潔さが損なわれることにもなる。ある人が語ったように、「ある集団が苦しむと私たち全員が苦しむのは、それが私たち自身の"魂"の喪失を意味しているから」である。

知的代償：知識の幅を広げられない

　支配集団の人々は、学校教育や自身の体験だけでは、自分が属する集団あるいは他の社会集団についての正しい情報を十分に得ることができない。被支配集団の人々との間に人間関係がなく、（正確な）知識がないため、無知を脱することができない。つまり、知性を高めていく可能性が妨げられているのである。

異なる文化や歴史に対する歪んだ見方

　特権集団の人々は、自分たち以外の多くの集団についてまったく知らないことや、間違った情報を与えられていることがある。音楽、食べ物、芸術、価値観、哲学、社会制度などの文化的側面も含めた、他集団の貢献についても同じように無知である。特権集団が自分と同じ種類の人々の慣習や業績にしか触れていなければ、歪んだ世界観を抱くようになる。歴史を支配集団の観点からばかり解釈していたら、過去について断片的なイメージしか持てない。そして、こうした無知によって、自分たちとは違う生活様式、ものの見方、視点、集団に対して偏狭で歪んだ捉え方をするようになる。現実からかけ離れていき、より生産的で効率的な生き方を考える能力、他者の生き方を理解する能力を失っていくのである。

第6章　特権集団にとっての抑圧の代償

　ある白人の女性が、アフリカ系アメリカ人社会における体験をこう語っている。

　「私はアフリカ系アメリカ人の家族と仕事をして、非常に豊かな気持ちになりました。そして、集団主義という今までとは違った世界観を理解するようになりました。家族単位で、家族の構成員や地域社会、一族の問題に対処するのです。このような異なる世界観もありうるという体験をしなかったら、どんなにか損をしていたことでしょう。この体験は私の生き方や優先順位を変えました。」

　とはいえ、無知ゆえに他の社会集団について誤解や画一的考え方を持ち続ける場合のほうがずっと多い。こうした無知に恐怖感が相まって、自らの世界観を揺るがす可能性のある人々や体験を避けるようになる。このように歪んだ視点は、社会全体にも影響を与える。

　「上位中産階級の一員である私は、階級意識や『被害者にも責任がある』という考え方のせいで、自分より下の階級を理解しようとか、自分から近づいていこうということができませんでした。自分の特権について深く理解するまで、他の階級の人々を『人間』として見ることができなかったのです。」

自らの文化や歴史に関して無知である
　特権集団の中にいると、他者だけでなく自分自身についても正確に理解できなくなる。歴史に関する文献では、被抑圧集団の人々の体験が割愛される、あるいは歪められるだけでなく、支配集団の人々の体験もが歪められている。心理的代償の項で個人の自己認識の喪失について論じたが、特権集団の人々は、自分自身の文化集団に関しても正確な理解ができなくなるのだ。例えば、人種差別ゆえに、多くの白人は主流社会に同化して特権を享受するため、自分の民族的背景を否定することを強いられてきた。先人の知恵や伝承を否定するということは、とりわけ自分自身の人生について、重要な視点や情報を

失うことを意味する。「私は老人差別のために、過去からの知識という豊かな資源を手に入れ損ないました。一族の年長者から人生経験を聞くこともなく、それを子どもたちに伝えることもできませんでした」。

物質的・身体的代償：安全や資源が失われ、生活の質が低下する

抑圧が生み出す社会状況は、特権集団の人々にきわめて個人的で直接的な影響を与えるだけでなく、間接的な影響をも与える。社会的不公正により、私たちは物質的資源と人的資源のいずれをも失う、または無駄遣いをすることになるし、安全や生活の質に関わる多くの要素が、様々な悪影響を受ける。

暴力や社会不安

抑圧と不平等は社会不安の原因になりやすい。不当な扱いを受けた、希望がない、社会の主流やその利益から切り離された、といった感情があると、暴力や反社会的行動が増加する。支配集団の人々はこうした現実から目を反らそうとすることが多いが、その影響から逃れることはできない。自分たちを不安にさせるような人々や経験を避けようとして、住む世界がいっそう狭められていく。フェンスで囲まれた住宅地で暮らし、自宅で囚人のようになってしまいかねない。特定の場所に行くのは安全ではないと感じれば、行く場所は限定される。外の世界で行動するのを恐れるようになり、身の安全や財産を守ることにより、多くの時間、金、労力を費やすようになる。

健康への悪影響

他者に恐れや断絶を感じる度合いが強ければ強いほど、ストレスも増え、ストレスに起因する病気にかかる確率も高くなる。ピラミッド型の競争社会で自分の地位を勝ち取り、それを維持しなければならないというプレッシャーも、徐々に健康をむしばんでいく。所得格差の大きい地域では、裕福な人も貧しい人も、他の地域より死亡率が高いという研究結果もある（Lynch, et al., 1998; Wilkinson & Pickett, 2009）。

より多くのコストがかかる

　安全で質の高い住宅や学校がなかなか見つからない環境では、実際に安全で良質な住宅や学校があればその費用は高くなり、生活水準を保つことがより難しくなる。初歩的な経済学が教えるように、需要が多く供給が不足すれば、価格は上昇するのである。これと同じことは労働市場でも言え、（ステレオタイプ、差別、受け入れ態勢がないなどが原因で）ある集団が雇用対象から自動的に排除されると、それだけ採用候補者の数が少なくなり、人件費が高くなる。その結果、有能な人材を集めるには、採用により大きなコストをかけなければならなくなるのだ。

資源の無駄遣い

　不公正なシステムを維持し続けるには金がかかる。私たちの税金や経済的資源のうちのかなりの額が、警察、司法および刑罰制度、社会的な支援サービスの提供などに費やされている。経済的・人的資源が、すべての人に機会を保証するためではなく、社会的不公正の結果生じた問題を処理するために使われているのだ。ある研究によれば、アフリカ系アメリカ人・アジア系アメリカ人・ヒスパニックのために支出された医療費の30％は、健康にまつわる不平等に由来しているという（LaVeist, Gaskin, & Richard, 2009）。こうした不平等がなければ、米国経済は1兆2400億ドルを節約できたはずなのである。

貴重な従業員、取引先、顧客が失われる

　ある集団が安定した職に就いて生活費を得ることを妨げられるならば、その人たちの商品やサービスに対する購買力は落ちてしまう。このことは経済にマイナスの影響を与える。レストランや大学、企業その他の組織が、様々な被抑圧集団にとって近づきがたく、差別的ないし非友好的と見なされれば、そうした組織は取引先や顧客、学生を失うことになる。これは事業主にとっては財政的な損失であり、従業員にとっては雇用の安定が脅かされることになるだろう。同様に、組織の成功に大きく貢献できるはずであろう、劣位集団に属する有能な従業員を引きつけ、引き留めるのも難しくなるだろう。たとえ彼らを雇用できても、（アイデンティティや文化面を含め）全人的に仕事

に従事できない、あるいは、常に偏見と闘わなくてはならないとすれば、創造性や生産性を十分に発揮してもらうことはできないだろう。

社会の発展や幸福に役立つはずの知識が失われる

　ある集団の人々が権利を奪われ、成功の機会を与えられず、その集団の文化が無視され、消されてしまった場合には、社会全体がその集団から得られたはずの貢献を受けられなくなる。様々に異なる文化や生活体験が、目の前の問題や課題に新鮮な視点を与えてくれることは周知のとおりだ。異文化や異なる生活体験が無視される、そうした文化や経験を持つ個人が能力を発揮する機会を与えられないと、新旧様々な問題に取り組むための、新しい道を見つけられなくなってしまう。また、国や世界を豊かにし、進歩させる芸術や科学への寄与も失われることになる。ある人はこう表現している。「私たちはまさに"機会を逸する"のです。私たちの文化は、成長の機会を奪われた多くの人が成し遂げたであろう発明や創造からの貢献を、部分的に失ってしまうのです」。

共通の課題に協力して取り組めなくなる

　抑圧の結果起こった問題への対処や、個人（あるいは集団）の生き残りにばかり関心やエネルギーが向けられると、社会全体の幸福を高めるはずの様々な課題に目が行かなくなる。こうして私たちは分断され、より大きな共通の関心事（環境・教育・健康などの問題）に協力して取り組めなくなる。狭い意味での集団活動、例えば組合などでさえ、意図的にせよ意図的でないにせよ、被抑圧集団を排除したり疎外したりすることによって協調行動が妨げられているのだ。

代償の相互関係とバリエーション

　上記では別々に述べたが、抑圧がもたらす様々な代償は実際には重なり合い、互いに強化し合っている。これらの代償が、相乗効果によって悪循環を生み出すことも多い。例えば自分たちとは異なる人々と接点がなく、自分についても相手についても正確な情報を持たないと、恐怖心を持ち、またステ

第6章　特権集団にとっての抑圧の代償

表6.1　特権集団にとっての抑圧の代償

心理的代償：心の健康や健全な自己観が失われる
- 社会化を通して特定の役割や行動パターンを身につけてしまう
- 感情や共感を抱けない
- 自分を知ることができず、歪んだ自己像を抱く
- 外からの見かけと本心との間にずれがある
- 特権集団に特有の不安や苦悩（差別的な言動をしてしまわないか、被抑圧集団から仕返しされないかという不安、批判を恐れて本音を言えないこと、自分と異なる人々や経験に臆病になることなど）
- 本物の心の健康を得られない（自分自身や現実に対する歪んだ見方、否認、投影）

社会的代償：人間関係が失われ、制約を受ける
- 自分と違う人々と交われない
- より深い、本物の人間関係が結べない
- 自らが属する集団内で孤立したり、排斥されたりする

道徳的・精神的代償：道徳的および精神的な健全性が失われる
- 罪悪感や羞恥心がある
- 道徳的な葛藤がある（「正しいことをする」対「社会的な圧力や現実に屈する」）
- 精神的な虚しさや痛みを感じる（他者との断絶、宗教的信条への冒涜）

知的代償：知識の幅を広げられない
- 異なる文化や歴史に対する歪んだ見方
- 自らの文化や歴史に関して無知である

物質的・身体的代償：安全や資源が失われ、生活の質が低下する
- 暴力や社会不安（移動の自由が制限される、自分や他者の安全が脅かされる、住居・職場・学校・余暇を過ごす場所などが限られる）
- 健康への悪影響（例：ストレスやストレスに起因する病気）
- より多くのコストがかかる
- 資源の無駄遣い（不平等の結果生じた社会問題に対処しなければならない）
- 貴重な従業員、取引先、顧客が失われる
- 社会の発展や幸福に役立つはずの知識が失われる
- 共通の課題に協力して取り組めなくなる

レオタイプにとらわれ、それがまた接点を持ちにくくする。そして接点がないと、不快感、拒絶感、無知、恐怖がますます大きくなる。その結果、様々な問題にぶつかったときに抑圧的・非効率的な社会政策を支持しがちになり、今度はそれが不平等を永続化させてしまうのである。

　さらに、一口に抑圧の代償と言っても、その現れ方は様々かもしれない。例えば「他者との断絶」という代償も、それが心理面に起こる場合もあれば、社会的、道徳的／宗教的、知的、物質的な代償として起こる場合もあるだろう。例えば他の集団と交われない人を考えると、その人は不安に陥りやすいのかもしれないし、限られた自己認識しか持てないのかもしれない。深い意味での人間関係を結べない、または、差別されている人たちと距離を感じるかもしれないし、他者の生活や考え方がわからず、貴重な人材から貴重な知識を得ることができなかったりするかもしれない。ある女性がこのことを端的に表現している。「このような断絶は、他者の苦しみや経験を理解できない鈍感さにつながります。そして視野が狭いために、政治的、社会的、知的、精神的な成長が妨げられることもあるのです」。

　Wilkinson and Pickett（2009）は国家間、あるいは米国内の経済格差が健康や社会に及ぼす影響を分析し、心身の健康、薬物乱用、教育、犯罪歴、肥満、社会的流動性、地域社会の信頼関係、暴力、十代の出産、子どもの健康状態などが、格差社会であるほど劣悪になることを明らかにしている。こうした問題は、格差が大きい社会のほうが深刻になりがちである。不平等が大きいほど、つまり集団間の格差が大きいほど、社会の分裂や腐敗が生まれやすいのである。不平等は不安を助長し、信頼関係を失わせ、人間関係を損ない、地域社会への参加も少なくさせる。上層を含めたすべての階層の人々が、心の病、暴力、薬物乱用、十代の妊娠といった、不平等による物質的・精神的な悪影響を経験する。特に大きいのは、社会的地位をめぐる競争、すなわち他人からどう評価されるかというストレスや不安である。社会としての健全性が損なわれると、そこに属するすべての人々にマイナスの影響が及ぶのである。

　特権集団に属する人々が抑圧による代償をどのように認識し、経験するかは、人によって様々である。ときには、他人から指摘されるまで、それが抑

圧の代償であることに気づかない人もいる（例えば抑圧を維持するのにかかるコストなど）。特定の生き方、特定の社会の仕組みを当たり前のこととして、少しも疑わないのかもしれない（例えば性別による役割分担や異なるグループ間の対立など）。どの部分に代償を感じるかは、当然のことながら、特権集団の人々が他にどんな社会的アイデンティティを持っているかに左右される。

　例えばジェンダーの違いについて考えてみよう。一般的に、男性は現在の社会システムにおいてより優位な立場にあるため、抑圧の代償を感じない傾向がある。けれども男性は、社会化の過程で支配の役割を引き受け、厳格な性別役割に縛られていることが多いので、社会的に意識の高い男性の場合、自他の人間性を無視するような行動を強要するプレッシャーに対してより敏感かもしれない。一方、女性は感情豊かであることが許されて（または奨励されて）おり、とるべき行動においてもそれほど束縛されていない（したがってそれを抑圧の代償と感じることも少ない）ため、むしろ（白人であったり、異性愛者であったり、中産／上流階級出身であったりするせいで）他者との人間関係が失われることのほうに敏感かもしれない。あらゆる人が、同じように抑圧の代償を感じることはありえない。けれども、抑圧が様々な影響をもたらすことを説明し、その人が個人として、あるいは社会の一員として、抑圧からどのような悪影響を受けているかに気づかせることは有益である。

特権集団の人々に共通して見られる代償

　特権階級の人々が受ける抑圧の代償を総合的に見れば、不公正なシステムの影響から免れられないことは明らかだ。不平等を維持するために、特権集団の人々は社会的な序列の中で自分たちの役割を果たせるよう、心理的に条件づけられなければならない。現代のイデオロギーや社会構造は、不公正を永続させるような思考や行動を強化するようはたらいているが、そうした不公正は最終的には全人類をおとしめるものだ。社会的な不平等を支えている制度・活動・社会的関係に参加している以上、私たちは否応なく他者の人間性を奪う行為に関与しているのであり、私たち自身の自由も、信頼も、人間性もおとしめられている。何人もの著名な社会活動家が、抑圧者と被抑圧者

の運命が絡み合っていることを指摘している。

パウロ・フレイレ（1970）によれば、「ヒューマニゼーションは人の使命」であり、「抑圧者が（被抑圧者の）人間性を奪い、人権を踏みにじるなら、彼ら自身も人間性を奪われる」(p. 42) という。「人間性のはく奪は、それを奪われた人だけでなく、奪った人にも（別の形で）影響を与えるものであり、より完全な人間になろうとする道を閉ざすものである」(p. 28)。

前述のパウロ・フレイレの言葉に加え、ネルソン・マンデラは著書『自由への長い道』でこう書いている。

「抑圧者たちもまた、被抑圧者たちと同じように解放されるべきであることを、私は何よりもよく知っている。他者の自由を奪う者は、憎しみの囚人であり、偏見と狭い心の檻に閉じ込められている。私の自由が奪われれば私が自由ではないのと同様に、もしも私が他者の自由を奪っているとしたら、私は真に自由ではない。抑圧者も被抑圧者も、同じように人間性を奪われるのだ。」(1994, p. 544)

マーティン・ルーサー・キング・ジュニア（1991）もこのことに言及している。

「あなたがあるべきあなたになるまで、私はあるべき私になることはできない。そして、私があるべき私になるまで、あなたはなれるかもしれないあなたになることはできない。」(p. 7)

ロバート・テリーは人種差別に関する著書（Terry, 1981）で、真正性（authenticity）の喪失について述べている。真正性とは「人生のあらゆる面において、この世界に意味を見出し、その中で目的意識を持って行動する欲求」(p. 121) であると述べている。つまり、自分に対して正直、世界に対して正直であるということだ。他の抑圧と同様、人種差別も自分自身との関係や、他者、社会との関係を歪めるという点で、真正性を歪めるものである。

人間の基本的欲求の一つは知りたい、知られたいという欲求である。私た

ちは相手を十分に「理解」し、相手から十分に「理解」される人間関係を求めている。本当の自分を知ってもらいたい、と思っているのである。抑圧は、互いに理解し理解されるこのプロセスを妨げる。自分自身を十分に知り、真正の自分になる力を奪うと同時に、周りの人からも本当の自分を理解してもらえなくなる。特権集団の人々は、とりわけ被抑圧集団の人々からわかってもらえない、誤解されていると、苦痛に満ちた様子で語ることが多い。彼らの経歴や文化的背景、これまでしてきた経験について、その複雑さの細部まで理解されることはなく、一面的に見られてしまう。むろん、そうしたことは劣位集団の人々にも起こる。しかし劣位集団と特権集団の経験は異なるとはいえ、人間性を喪失すること、真正の自分になれないこと、誤解されることは、あらゆる形の抑圧の本質的側面なのである。

社会的公正の利点

特権集団の人々が上で述べたような抑圧の様々な代償を認識すると、抑圧のシステムが自分たちにとって必ずしも有益でないことがわかってくる。そこからさらに、より公正な社会で生きることの利点についても考えられるようになる。事実、Wilkinson and Pickett（2009）では実際のデータをもとに、平等な社会がもたらす現実の利益を挙げている。この研究によれば、アメリカでもより平等が実現されている州では、収入・教育・職業のレベルにかかわらず、人々はより幸福な生活を送っている。その人たちは逆境に強く、長生きで、幸福度も高い。具体的に言うと、心の病が少なく、地域社会は信頼に結ばれて団結し、社会流動性が高く、健康である。薬物依存や暴力は少なく、子どもたちの成績も良い。

これらのデータに基づいてウィルキンソンとピケットが指摘するのは、アメリカの収入格差が先進国で最も平等な4か国（日本[*]、ノルウェー、スウェーデン、フィンランド）程度に縮小すれば、「他人を信頼できる」と答える人の割合が75％に増える可能性があるということだ（[*]訳注：収入格差のデータは2009年以前）。おそらくは、それにともなって地域社会の生活の質が向上し、心の病や肥満の割合が従来の3分の1程度にまで減少し、十代の出産率は半

分以下、受刑者数も75％減少するだろうという。そして人々の年間の労働時間が2ヵ月ほど減り、平均寿命も延びるというのだ（p. 261）。

　私はよく、特権集団の人々に抑圧の悪影響を挙げてもらうのだが、同時に社会的公正が実現した場合、彼らがどんな恩恵を得られるだろうかという点も尋ねるようにしている。我々が生きているのは真の意味で公正な社会ではないので、特権集団の人々が挙げる恩恵はどんな生活になるかという想像に基づいているだけでなく、（人間関係、生きがいの追求、仕事、社会活動や宗教活動などにおいて）一時的とはいえ、実際に自由や真正性、公正を手にしたときの経験に基づいていたりする。ここまで挙げてきた抑圧の代償からもわかるように、社会的公正が実現すれば、より完全で真正な自己意識を得られ、人間関係がより真正なものとなり、一貫した道徳観が高まり、文化的な知識や知恵をより広く得られ、仕事も家庭生活もより良いものになる。政府や様々な機関で、真の民主主義が実現する可能性もあるだろう。

　あるセッションで、支配集団にとっての社会的公正の恩恵について話し合ったあと、参加者がこんなことを言い出した。社会的公正の恩恵は不安を減らし、人間関係をより良いものにし、生活の質を向上させるにとどまらないというのだ。そこにはより多くの喜び、楽しみが生まれるという。このことは、健康が単に病気でない状態を指すのではなく、ウェルネスが単に病気を取り除いた状態以上のものだということを示す良い例だろう。人々は人生をより深く味わい、自分自身や他人との関係を心から楽しめるようになると彼らは言うのだ。「喜び」という言葉には自由や活力が込められており、公正で思いやりのある世界がもたらす解放が見事に象徴されている（この経験をきっかけとして、私は次章の「特権や抑圧について学び直す喜び」というテーマを考えてみようと思いついた）。

　実際の経験からであれ、研究における分析や実証に基づくものであれ、特権集団が社会的公正の実現によって得るものがあることを納得させるのは難しくない。しかし、特権集団の人々に抑圧の持つ個人的・社会的限界を理解させるだけでは、現行のシステムを変革しようという気にさせることにはならない。現状を維持することの利点はいくらでもあるからだ。それでも現状を批判的に考えてみたり、勝つか負けるかという考え方を問い直すきっかけ

第6章　特権集団にとっての抑圧の代償

には間違いなくなるはずだ。次章では、特権や抑圧を学び直すことで、特権集団の人々がどのような恩恵を受けるかを具体的に示したい。そこから、抑圧のシステムに異議を唱えることが、あらゆる人々にプラスの効果をもたらすことが見えてくるだろう。

第 7 章
特権や抑圧について学び直す喜び

　いったん学習してしまったレイシズム（人種差別主義）や他の「〜イズム（〜主義）」を意識的に忘れ、学び直すことは、私の生涯の中で最もやって良かったことの一つである。私は長年こうした学び直しの作業に取り組んできた。数えきれないほど多くのワークショップや講座に参加し、かなりきつく、居心地の悪い経験もした。涙したことも、罪悪感や怒りにとらわれたこともそれなりにあったが、その価値は十分にあった。それほど解放感をもたらす経験だったのである。

　この時点で、私のダイバーシティの講座やワークショップの参加者は、半信半疑の視線を向けつつも、かなり熱心に聞き入るようになる。なぜなら、私が示そうとしている視点は彼らにとって滅多に聞く機会がないものだからである。例えば白人が人種差別について学び直そうとするときや、男性が自分の中にある性差別と向き合おうとするとき、彼らが最初に感じるのはたいていネガティブな感情だ。不快な気持ちにさせられるのではないか、罪悪感を抱かされるだけなのではないのか、世界中の問題がすべて自分のせいにされ、激しく非難されるのではないのか、などと思うのである。彼らのこうした不安げな声を聞くたびに、私は「何かが足りないのではないか」と感じるようになった。特権や抑圧を意識的に取り除き、新たに学び直すといった意義深いプロセスを通るにあたって、実際どのような利点があるのかを教えなくてはならないのではないか。つまり、偏見を乗り越え、心を開いた結果、何が手に入るのかについて、ビジョンを持つことが重要なのだ。

　私の考える特権や抑圧を学び直す作業は、価値があり、人を変化させる力

第7章　特権や抑圧について学び直す喜び

を持っているが、決してユニークなものではないこともわかっている。学び直しの作業を通じてどれほど満たされた気持ちになったかを、受講生は皆、自分なりの表現や比喩を用いて語ってくれた。「癒された」、「自由になれた」、「解き放たれた」といった表現が最も多かった。当初抱えていたネガティブなイメージとは裏腹に、特権や抑圧を学び直す過程を経た人は、たいへんポジティブで意味深い経験だったと感じていた。つまり、さらに語られるべき重要なテーマがあったのである。

「特権や抑圧について学び直す」プロセスを的確に表現する言葉を見つけるのに苦労した。「多面的・包括的なプロセスで、自省と社会分析を含むもの」ということを伝えたかった。特権と抑圧について学び直すには、自身の偏見、社会化、態度、行動、世界観を再検討する必要がある。さらに、1）差別や抑圧が過去・現在にどう作用してきたのか、2）不平等がいかに組織的・制度的抑圧の結果であるのか、3）支配側の特権を有する体験がどういうもので、従属者による抑圧の体験がどういうものか、等を理解しなくてはならない。つまりアライ（味方）となり、社会的不正に立ち向かうことを学ぶのである。一方で、私は様々な社会的不平等を余すことなく含む言葉を探していた。そこで、よく使われる「レイシズムをアンラーンする（学び直す）」にちなんで、「特権や抑圧を学び直す」という、より広範な表現に言い換えることにした。「特権」「抑圧」の二語を使用する理由は、特権集団に属する人たちにとっては、抑圧に加え、特権に目を向けることが特に重要だからだ。この複雑なプロセスを表現するのに、これが最良の表現だと現時点では思っている。

また、私は、「ジョイ（喜び）」という言葉を使いたいと考えた。「特権や抑圧について学び直す喜び」を章のタイトルとしたのは、『ジョイ・オブ・セックス』や『ジョイ・オブ・クッキング』にかけて、特権や抑圧について学び直すことを「楽しいもの」と捉えてほしかったからだ。この言葉遊びに気づかないにしても、「喜び」という言葉は、あきらかに多くの人の経験に訴えかけるものがあるはずだ。私はこの言葉を使うことで、特権や抑圧について学び直すことに内在する多大な努力や、社会の周辺に追いやられた人々への抑圧を軽く扱い、あるいは矮小化するつもりは、決してない。この言葉を使

うことにより、人々の注意を引き、このプロセスが個々の人生において持つ意味の可能性を想像してほしいのだ。

　第3章にもあるように、人種的・社会的アイデンティティの発達理論は、自分、他者、そして社会問題に対する捉え方が発達段階が進むにつれて変化するとしており、変化の過程にともなうより複雑な意識のあり方を示している。この理論は、個人の人種的・社会的アイデンティティに基づいた気づきや意識のレベル、スキーマの変遷を表しており、それがすなわち「学び直し」の過程を示唆しているのである。例えば、Helms（2007）は、人種差別主義者としての白人アイデンティティから非人種差別主義のアイデンティティへと進化する過程を取り上げている。こうしたいくつもの理論においては、明確な最終段階に到達するというふうには書かれていないものの、各段階を経るごとに確実に意識の変革や複雑さの度合いが強まることを提示している。ただ残念なことに、より高い段階に到達した人が、自分自身についてどう考え、自分の生活についてどう思っているかについては、あまり触れられていないようである。本章では、私の「特権や抑圧について学び直す喜び」に関する研究を紹介し、より深い「気づき」の段階に到達した人の経験を例示することで、前述の理論をさらに深めることができればと思っている。

　研究するにあたって、ワークショップ、学会、メーリングリストなどで、特権集団に属する人が特権や抑圧について学び直した体験に関する回答を口頭や書面で集めた。また、様々な特権集団の人々に対して綿密なインタビューも行った。回答は、主に性差別、人種差別、同性愛差別に関するものが多かったが、それ以外の差別についても触れることはあった。回答者の多くは、一種類の差別の形態を中心に話を進め、他の差別にもいずれ取り組みたいと述べた。ほとんどの場合、何か一つの「〜差別主義」に対して情熱を注ぐ傾向がありつつも、他の不平等や不公正も気にかけている、という印象を受けた。この章では調査対象者からの言葉を数多く引用している。

　調査対象者の回答を分析してみると、特権や抑圧についての学び直しから得られる主な恩恵と、先の章で紹介した特権集団の人々が感じる抑圧の代償に関する私が行った別の研究結果との間に、興味深い関係があることに気がついた。2つの調査の実施時期には、数年の開きがあり、対象者も異なって

いたが、テーマには強い相関関係が認められた。抑圧による主な代償として特権集団の人々が挙げたのは、精神面の健康と自己の真正性の喪失、人間関係の喪失とその質の低下、幅広い知識を習得する機会の喪失、道徳心と精神性の喪失、安全とクオリティ・オブ・ライフ（QOL: 生活の質）の喪失などである。これらは学び直しの過程で「得た」または「取り戻した」と感じられる項目と一致している。特権や抑圧について学び直すことで得られる「喜び」は、少なくとも個人レベルでは、抑圧による数々の喪失を緩和する作用があるように見える。なぜならば、学び直す過程で、本人や人間関係に与えるネガティブな影響の多くを抑制することができたからである。特権と抑圧について学び直す「喜び」に関する回答者のコメントを読むうえで、「抑圧の代償」と照らし合わせるとよいだろう。

　本章ではまず、特権集団の人々が挙げた特権や抑圧について学び直すことから得られる恩恵を、以下の５つのテーマ——知識と開眼、精神的に豊かな生活、より真正な人間性、エンパワーメント・自信・コンピテンス（適性）、および解放感と回復——に分類して述べる。以上の項目には重複が見られるが、それは得られるものが明らかに互いに関連し補い合っているためである。人が現在の経験について語るとき、比較の対象となるのは、特権や抑圧について学び直す以前の自分である。回答者が抑圧について学び直し、それを続けるために必要な要因については、本章後段にて述べる。

知識と開眼

　特権と抑圧を学び直すことで、人は学習した情報や視点をもとに、新たなレンズを通して自分自身や世界を見つめることができるようになる。つまり、以前に比べて深い気づきや、広い見識、深い洞察力が持てるようになる。社会の仕組みに関する知識を習得すると同時に、個人の体験に基づいた知識を習得することができる。社会や自分の意識の中にある抑圧に対して、分析力を鍛え、理解を深めていける。特権や抑圧を学び直す作業のことを「社会学的および私的研究」である、と表現した回答者もいた。

　抑圧のシステムは、その本質から、人、文化、歴史、社会の現実に関する

知識を歪曲し、否定する。学び直しの過程においては、そうした本質を見抜き、分析を可能とする情報や思考の枠組みを得ることが重要なポイントとなる。特権や抑圧を学び直すプロセスについて回答者は、「これ以上に興味深く刺激的でやりがいを感じたものはない」、「謎解きをするミステリーのようだ」、「深く興味をそそるもの」と表現した。また、「ものごとをより複雑に捉えるようになると同時に、自分に見えていないものや抜け落ちているものが何だろう、と自身に問えるようになった」という人もいた。

抑圧のシステムは往々にして混乱や不合理を感じさせるものである。何かが違う、おかしい、と思っていても、それを的確に表現できないのである。抑圧の仕組みを知ることで、自分の住む世界と自分のそこでの役割がわかるようになる。いわば「不条理なシステムに対して意味づけを行う」作業であり、「頭の中で点と点をつなぐ」作業なのだ。ある女性曰く、「良識に欠ける社会に生きているが、おかげで自分は良識と思いやりを見失わずに生きていける」。

知的成長の側面の一つには、一度真実として受け入れたことを再考し、それまで考えたこともなかった視点を考慮することが含まれる。抑圧について学び直すことで、特権集団の人々は、今までどれほど多くのことを見落としてきたか、また、自分の世界や考えがどれほど限定されてきたか知るようになる。ある人は「頭の中を飛び出した」と表現した。特権と抑圧を学び直すことによって、特権のある人は、尊重されるべき対象は何かについて再検討するよう促される。

> 「私は他の集団について何も知らなかった。他の集団の人たちが価値ある視点を提供する存在であることを見ないよう教育されてきた。私は非常に狭い、序列的な見方をしており、優越感を抱いていた。しかし、今や他の集団の人々や情報や視点を受け入れることができるようになった。」

抑圧の様々な形とその作用について理解することにより、私も以前に比べて自分の頭が鈍いと思わなくなった。会話の中で、個人的な経験や時事問題

第7章　特権や抑圧について学び直す喜び

の話題が出てきても、意味がわかるうえ、うまく対応できるようになった。政治的な分析にもついていけるようになり、自分の意見も言えるようになった。「さっぱりわけがわからない」と思うよりも、「うん、わかる、わかる」と思うほうがずっと好ましい。会話の相手だって、私が理解していたほうがいいに決まっている。

　しかし、知的レベルでの理解は、知識と開眼を得るためのほんの一面にすぎない。特権と抑圧を学び直すことにより、自己に対する理解も深まり、自分を顧みる機会や手段を手に入れることができる。抑圧について学び直すことで、人はそれまで隠れていたり、歪曲されたり、見過ごされていた自己を見つめることになる。ある回答者は「自分の経験をより意識的に、より高い受容力で振り返ることができた」と述べ、別の回答者は、「自分の個人的な体験や過去をより理解できるようになった。人間として精神的により完全になれた」と話した。人は特権や抑圧というより大きな文脈の中で、自分の性質や社会性、歩んできた道のりを探ることができるのである。

　自身のアイデンティティを見つめ直す際、支配的文化のメッセージをどう内面化してきたかについて考えることが重要である。特権と抑圧を学び直す作業は、抑圧のシステムを反映し、温存させてきた自分自身の偏見、態度、信条、行動に気づくことが含まれる。自身に偏見があることを否定し、あるいは不平等な体制の中で生活しているにもかかわらず無傷でいられる、と思っていると、意識改革や解放の妨げになる。自身の偏見を認めることは、単にそれを受け入れ、正当化するのではなく、克服するためにその偏見を認識し、向き合うのである。そうすることで、自分の中のステレオタイプを一掃し、誤った考えを修正することができるのだ。

　自己知識と開眼が増すことで、偏見や優越感を抱えていたとしても、自分は悪い人ではないと思えるようになる。そのため罪の意識や恥じる気持ちが軽減する。特権集団に属する人は、社会的公正をめざしながらも同時に意識的・無意識的に条件づけられた抑圧的な側面を持ち続けるのである。ある女性は、「人種差別主義者の自分と反人種差別主義者の自分の両方を受け入れることができた。両方が私の中で共存しているのだ」と語った。特権と抑圧を学び直している人は、いつか完璧な段階に到達する、という幻想を捨て、

それゆえ不完全なままの自分を受け入れ、自分をできる限り高め、公正な社会の実現をめざすのである。

こうした自分への洞察は、自身にとっても有用だが、他者との関係においても、どう対応すべきなのかがより明瞭になる。つまり、自身の偏見や課題を他者のそれと切り離すことができるようになるため、自分の考えや感情に対して責任がとれるようになるのである。「私は自分が抱えているものを他者——特に支配集団に属する人——に投影したりしないし、表面的に人を判断することもない」。つまり、自分の持っている過去の体験やしこりをもとに、その状況において自分がどういう反応に出るかを素早く察知できるようになる。「ある反応を無意識にしてしまいそうな状況をあらかじめ察知できるので、そうした反応を抑制したり、止めたりすることができる」。人は自分のとる行動に、自分の態度や先入観がどう影響するかに気づくことができる。「自分の中に内在する人種差別主義に対してオープンな気持ちでいられることで、行動に現れずにすむ」わけだ。

回答者の中には、批判を個人攻撃として捉えないようになった、と述べる人もいた。相手の反応が、自分に対して向けられたものなのか、自分の属する特権集団に向けられたものかの見分けがつくようになるのだ。これは白人からよく聞く内容で、有色人との関係性において、または白人が人種差別にどう加担してきたか、というテーマにおいて多く見られる。例えば白人女性が有色人女性の怒りの声を聞きながらも、その怒りは自分自身に個人的に向けられたものではないことがわかるのである。別の白人女性は、過去の人種差別や白人として受ける恩恵については、白人としての集団責任は感じている一方で、個々の白人による差別行為一つひとつには責任がないことも理解している。「電話が発明されたことに責任を感じないのと同様に、個人的に責任を感じずに、有色人や白人の話に耳を傾けることができる」と話す。

特権集団に属する人に、他者は異なる現実の中で生きている、という気づきがあれば、それが自身の生き方を振り返るきっかけともなる。当たり前だと思ってきたことに対して疑問が芽生え、すでにあるもの対してありがたみを感じるのである。数人の回答者は「自分の立場よりも悪い状況に立たされている人はたくさんいる。一歩下がって、客観的に見つめることが大切だ」

と話す。抑圧を学び直す過程は自分自身の変化にフォーカスするものではあるが、他者の抑圧された状況に目を向けることで、自分自身が自己中心的にならずにすむのである。

心豊かな生活

　特権と抑圧の学び直しに携わった人は、自分の人生がより豊かになり、充実していると感じている。彼らは、生き方に意味や目的を見出すようになる。情熱を傾けられる問題を見つけ、意義があると感じる行動をとる。社会的公正に努めることで、自身の生き方に深みと方向性が生じるのである。
　特権と抑圧を学び直すことは、新たな人間関係を構築し、新しい世界を知ることにもつながる。以下のように述べる人が少なからずいる。

> 「他者に対して、心から関心を持ち、尊重すれば、より豊かな経験と幅広い人間関係への扉が開かれる。
> 　そのこと（特権と抑圧を学び直すこと）は、私に別のあり方を示してくれた。世の中にある抑圧や異なった生き方に気づかせてくれたのだ。私は人やすべてに対してよりオープンになった。」

　回答者は、以前に比べて多様な人たちと、特に以前あまり接する機会がなかった人たちとの広範囲な人間関係を育むことができるようになったという。こうした人間関係の広がりは、広範囲な場所へ出かけること、多様な活動に関わったことの成果である。その結果、多様な友人や知人によるコミュニティを持つようになるのだ。「この活動のおかげで、私や子どもたちの生活の中でたくさんの人との関わりができた」。また、認識が深まり居心地が良くなってくると、以前であれば避けていたかもしれない状況に身を置くことが容易になってくる。ある人は次のように説明する。「特権と抑圧を学び直す作業を通して、人間関係が広がり、一緒にいて心地良いと感じる人も増えた。私だけが周りと違っている空間にいたとしても、居心地が良いと感じられる」。また周りの人々が、自分についても関心を持ち始めてくれている

ことにも気づく。「私は『豊かなコミュニティ』に属している。私は周りに対して以前よりオープンであり、周りも私に対して友達として接することにオープンになってきている」。

　新たな経験や人間関係に対してオープンになることで、特権集団に属する人は、社会的に排除されてきた集団の文化や英知に触れる機会を得る。そうした人々の世界観、文学、歴史、芸術、哲学、音楽、演劇、精神性に徐々に接し、学ぶようになる。例えば、男性の回答者が、女性の精神性や、より協調性の高い接し方を学ぶことで心が豊かになったと語る例や、白人が有色人種の集団主義的な世界観や彼らの歴史に価値を見出したという例もある。文化的盗用や搾取の可能性もあるが、一方でこうした被差別集団の文化的貢献や視点を適切な形で受け入れることができるのだ。

　同じ特権集団に属する人たち同士の関係においても、うまく付き合えるようになるようだ。例えば、意識を高めた特権集団の人は、社会的公正に関心のない同じ特権集団の人に対して興味を持てなかったり、寛容でいられなかったりすることが多々ある。しかし一方で、学び直しを経験することで、自分の集団のメンバーに対して寛容な気持ちになれ、親しみを感じるようである。ある白人はこう語る。「私は白人に対して批判的に捉えることが減ったように感じる。他の白人を非難したり、自分を相手に投影したりすることもなくなった」。別の人は言う。「私は以前、他の白人に対立した白人アイデンティティを持っていた。つまり、分割統治者のように対立した図式でしか白人について考えられなかった。でも、今では白人に対して深い愛情で接するようになり、自分自身も白人集団の一員である、というところに落ち着けた」。

　また、同じ特権集団に属する人同士が関わることで、より深い人間関係を築くことができる。男性は、男性同士のグループで行動し、白人は白人同士で連帯して自身の持つ人種差別主義に向き合う、といったパターンが多い。このような活動は、体験を共有するうえでお互いに心を開き、信頼し合い、支え合うことが求められるため、表面的な付き合い方から脱却していく。抑圧の学び直しをパートナー同士で取り組む場合、二人の関係性がより密になった、と語る人もいる。

このように他者との多様なネットワークを築き、深い関わりを持つことで、孤立感が軽減されることもある。特権と抑圧を学び直す過程で、自分の態度、行動、優先順位が変わるため、友人関係を見直す必要を感じる人は多く、場合によってはその人間関係を解消してしまう人もいる。孤独を味わったり、社会とのつながりを失い不安に陥る人もいるかも知れないが、回答者のほとんどは、喪失感よりもよりつながりのある人間関係を得たと感じている。ある人は次のように語った。

> 「人は家族や人間関係を失うことを恐れがちだ。だが、孤立していると感じるどころか、私は孤立感が減ったと感じた。私は大家族やコミュニティの一員になったと感じ、皆と一体となって闘っている実感がある。我々は社会的公正をめざすコミュニティの中では周縁にいるように感じることもあるが、それでもコミュニティの一員なのだ。」

　私の生活は、他の人にも言えることだが、人種や階級によって分断されており、社会的公正活動に携わっているからこそ、多様な人たちとの関わりを築くことができている。そうした場では、興味のあることを共有したり価値観を分かち合い、協力しながら共通の目標に向かって活動できる。このような人間関係がなければ、私の人生はどれほど不毛で味気ないものになるだろう。自分と同じ支配集団のアイデンティティを共有する人たちといることは確かに楽かもしれない。しかし、私が求めているような刺激や活気がこの同質性の中では得られないのである。幅広い人間関係やコミュニティの一員であるという意識は、多くの回答者にとって、人生をさらに豊かにするものであった。彼らは社会的公正の実現のために尽くす集団の一員としてはもちろん、多様な人たちとのつながりや、大きなヒューマン・コミュニティの一員であるという感覚も大切にするのである。

真正性と人間性

　回答者は、自分自身の内面、人間関係、人生において、真正でありたいと

いう深い欲求を繰り返し語る。真正であるとは、偽りがなく、自分に対して忠実であることを指す。彼らは、自分が何者であるかを、社会化の中で慣らされてしまった状態ではないところで知りたいと思っており、他者と意味のある関係性を築きたいと願っている。回答者の多くは「バランスのとれたより完全な気持ちになりたい」と表現したり、「自分の本質的な価値観により近いところで生きたい」と語る。

特権と抑圧を学び直すことで、明らかに真正性を感じることができる。特権と抑圧を学び直すという作業のおかげで「私は、すべての人間関係において誠実でいられる。どこにいようが私は私であり、自分の信条のために立ち上がることができる」と語る男性もいる。ある人は次のように語る。

「私は心の中では『偽りなく真正に生きたい』と願っていた。突きつめて考えると、45歳にして、私は今の自分に与えられたもの、今までの自分をつくり上げてきたものの大部分が偽りだと感じていた。その偽りである、という感覚を自身が認めることは大変なことであったが、絶対に必要なステップであった。この12年間、学び直しの過程の中で、特権があらわになったときはそれを認め、今まで自分に問いかける必要性を感じたことがなかった問いを自分に突きつけた。そこで得たものは、自己認識に関する心の静寂だが、それだけではなく、常に周りを教育し、自分や周りの中で意識を高め続けたいという気持ちも得られた。」

回答者の中には、どのような社会集団の中で社会化されたかにかかわらず、より自分らしくいられると感じる人もいる。彼らは、社会から期待されるあり方を再評価し、既定の枠には収まらず、こうありたい、と思う自己を選択できるようになる。以下のように自らの体験を語る女性がいる。

「異性愛者で、女性アスリートである私は、いわゆる型にはまるような女性ではない。伝統的な性規範からはずれた行動をとれば、レズビアンだと思われるかもしれないという自分自身の恐怖と向き合わざるをえなかった。私は自分らしくあること、つまり自信に満ち、声が大きく、身

体的にたくましい自分、に自信を持てるようになった。おかげで私は等身大の自分のままで生きやすくなり、心地良くなれた。」

　ある異性愛者の男性は、自分の男としての多様な部分を認め、男性としてのアイデンティティをいかにして受け入れたかについて語った。「今やすべてがスペクトラム（連続体）であることがわかった。自分を一つのカテゴリーに押し込める必要はないし、レッテルを貼る必要もない」。
　特権集団に属する人々の真正性が損なわれるのは、優位な集団と劣位な集団とを分ける思考を内面化するからである。この思考こそが、抑圧というものが形成される基盤となっているのだ。特権と抑圧を学び直す特権集団の人にとって、このイデオロギーを理解し、拒否することが重要なポイントである。これができるようになると、もはや被抑圧集団をさげすむ必要も、自分自身や自分が属する社会集団を持ち上げる必要もない。そして、自分や周りの人の真の人間性を体感することができる。「明らかに誤った考えだとわかっているのに自分の心に潜み続けていた優越感を手放すことができて、より完全な人間になったように感じている」。
　真正でより「人間的」になることは、情緒的な能力をフルに取り戻すことでもある。不公正で不公平な社会に生きるためには、人は抑圧の影響を和らげるため感情を抑え込み、否定するようになる。「特権は、自分の感情を停止させ、他者との関係をも断ち切ることを要求する。今の私は、やっと感情に触れることができるようになった」。特権と抑圧を学び直すことにより、人は感情や共感する力を取り戻すことができるのだ。
　社会的不公平に関する知識が増えてくると、他者に対する思いやりや共感の気持ちは強まるものである。「抑圧への理解が深まるにつれ、私自身の共感性、思いやり、気づき、寛容さが強まった気がした」。このように、誰もがいかに正常に機能していない、有害な社会システムの中に閉じ込められているかがわかる。抑圧が、個人レベルを超えた制度的な問題である点を強調すると、共感性が高まる。より大きな社会的文脈の中で捉えることで、被害者自身を責めたり、特権集団の人たちの抑圧行動を責めたりする行為から離れることができる。ある女性は、「被抑圧集団の中にいるときに、支配集団

に属する人を以前に比べて許せるようになった」ことに気づいたという。

　さらに、回答者の中には、自分自身や自分の信念に対して誠実であることを心がけるようになり、被抑圧集団の人々から好かれたい、感謝されたい、と思うことが減ったと言う人もいる。「被抑圧集団の人たちから良く思われたいという想いから、彼らに対して責任を果たさなければ、という想いに変わった。今は自分の想いと行動の一貫性を目標にしている。真正性、一貫性のある人になりたい。自分に周りからもそう見られたいと思う」。つまり、他者から認められたいという原動力がもとになっていない形で、関係性を保ち、責任感を持って行動するのである。

　実は多くの回答者がいかに違いを超えた真の関係性を切望し、重要だと考えているかがうかがえた。自分自身に対して真正でいられるようになると、他者に対してもより真正でいられるようになる。人間関係が広がるだけでなく、その関係がより本物で満たされたものになる。彼らは、こうした意義ある人間関係がつくれるようになったのは、特権と抑圧を学び直す過程で得られた直接的な成果であると主張する。ある男性はこう語る。「性差別問題に取り組んだからこそ、今のパートナーとの満たされた関係を得ることができた」。特権集団に属する人がより誠実に自覚と思いやりを持って取り組むことで、被抑圧集団の人からより信頼されると実感するのである。こうした強い関係性の基盤ができると、異なる集団の人たちは互いに無防備になれる。被抑圧集団の人が心を開き、抑圧の体験や苦闘を語るとき、特権集団に属する自分がいかに卑小な存在であったか、そして心が動かされたか、と語る人もいる。有色人種の人たちとの友情関係についてある白人女性はこう語る。「私は自分の長所も短所もすべて含めて、偽りのない自分でいられる。そんなありのままの私であっても、相手は好いてくれる」。このように、友情関係を築くうえで、完璧な自分でないと駄目だとか、失敗をしては駄目だといった不安を感じる必要がないことに気づき始めるのである。

　特権と抑圧を学び直すことで、自分の人間性を実感し、相手の人間性をも十分に実感できるようになる。「私に見えるのは人間であって、肌の色ではない」、「私は人種というものを超越したので」などと言う白人はたいてい、人種そのものの存在を認めない、人種の違いがもたらす意味に対して無知で

第 7 章　特権や抑圧について学び直す喜び

あるがゆえに、居心地の悪さを表明している（人種以外の他の社会的アイデンティティとの関わりについても同様である）。学び直しの過程で得られる利点の一つは、社会的アイデンティティの重要性や人が何者であるかということの複雑さを認識しながら、同時に「ただの人」として他者と関わりを持てることだ。多様な社会的アイデンティティやそれらの関連を意識しながらも、従属集団に属する人と交わり、お互いの社会的アイデンティティの違いを念頭に置きつつも、二人の人間として気取らず付き合えることが、私が経験した最大の喜びの一つである。特定のアイデンティティに固執したり、そのアイデンティティを排除する、といったようなことはないのである。

　一般的に特権集団の人は、従属集団の人々との関わりにおいて、警戒心が減り、もっとのびのびしたものになると述べる。常に自分の言動を監視する必要もない。例えば、私にとってユーモア（と軽い皮肉）が私の文化的スタイルの一部である。相手と冗談を言い合えるような関係でなければ、完璧に自分らしいとは思えず、堅苦しく感じるのだ。私は、自分のユーモアのセンスで自由に発言し、その発言が私の意図どおりに受け取られていると実感することがこの上もない喜びなのである。

　特権と抑圧を学び直すことで、人は真の人生を生き、心の平穏を感じることができる。こうありたい自分と行動する自分とその生き方がより一貫性を持つ。回答者は次のような心境を語る。「私は正しい道を進んでいるのだと実感している。なりたい自分に近づいていると感じる」。特に多くの人が、道徳感と精神性が調和することで、精神的統一感を得ることができたと語る。「不公正に立ち向かうためにできる限りのことをやり、他者の気づきも促した。そう思うことで夜はぐっすり眠れる」。「天国で主のもとに行っても、胸を張っていられる。これは何物にも代えがたい」。人は、自分の内面や世の中での自分のあり方に平静を感じるのだ。「このプロセスを通ることにより、自分を偽っている、という感覚が薄れ、ありのままの自分、自分がめざすもの、自分が貢献できていること、に関して純粋な平穏を感じるようになった」。ある人は、「自分が他者を傷つけたり、人種差別主義を再生産するような行動をとらないようにしていることで、心は平和である」と語る。こうした心の平穏が持てることで、さらに波及効果が見られる。別の人も「ありのまま

の自分として、心の平穏を感じれば感じるほど、周りの人に対して、その平穏さを分け与えることができるようになる」と同調する。

　回答者はよく、精神的に成長した、精神的に強くなった、と主張する。「私の精神は前に比べて、より健全で養分がいきわたっている」。自分の道徳的・宗教的信念が最初から原動力になっている人たちもいる一方で、社会的公正の活動に関われば関わるほど、次第にこうした精神性・道徳性が中心を占めるようになった、と言う人もいる。いずれにせよ、自分の思い描いた世界に住み、一貫した生き方をしたいと願う気持ちは、多くの人が学び直しの過程を通して感じることなのである。

エンパワーメント、自信、コンピテンス（適性）

　人は、抑圧に対する深い知識を得、自己に関する明瞭さを備え、多様な人間関係をつくることで、社会的公正を進めるために必要なエンパワーメント、自信、コンピテンス（適性）を得ることができる。特権と抑圧を学び直すことは「実行力の増進剤」と表現する人や、「学び直しをしたことで、自分の行いに対して恐怖を感じなくなり、強くあることができる」と述べる人もいる。つまり、社会変革をめざすうえで、圧倒されたり、無力感を覚えるのではなく、その逆の感覚を持つという人が多い。

> 「特権を理解することは、罪悪感によって固まってしまう自分を解き放つ解毒剤となる。具体的な行動をとれるようにしてくれる。」

> 「自分のやりたいことをするために、無力感ではなく、効力感を覚える。」

> 「行動を起こすうえで、エネルギーにみちあふれている。今まで自身の葛藤に費やしていたエネルギーをそちらにまわせたからだ。」

　自信が増し、自分に対しての信頼が高まるにつれ、自分の限界や失敗を認めやすくなるという効果もある。自分が完璧でないことに対して以前ほど恐

れを感じない。間違ったことは素直に認め、そこから学び、前に進むことが、以前よりも簡単にできるようになる。ある男性は言う。

> 「私は間違いや失敗をもはや恐れない。そりゃ、しょっちゅう間違ったことをするさ。ただ、前と違うのは、今はその間違いに対して責任をとり、間違った原因にきちんと向き合うため、次から同じことをしないようにできる点だ。」

回答者のほとんどは、身構えたり、むきになったりしなくなったという点を強調している。ある人は、「私はある程度自分やこの活動に対して自信を持っているので、周りから批判されても、それに耳を傾け、前進できる」。つまり、他者からの批判的なフィードバックに聞く耳を持ち、心を閉ざしたり、反論したりはしない。「私は進んで責任をとり、間違いから学び、批判を建設的なフィードバックと捉え、打ちのめされない」。これは重要なポイントである。社会公正活動に関わっている人の中で、批判されるべき無知な言動をしてしまった後に、防衛的な反応をとったことで悩んだことがない、という人を私は一人も知らない。

私は教師・トレーナーであることから、間違った言動をしてしまい、従属集団に属する参加者から異議を申し立てられる機会はたくさんある。私自身が、抑圧を学び直し続けることで、自分の持つ知識とスキルに自信がついてくればくるほど、その場に留まり相手の指摘している内容を理解しようとし、自己防衛的になる、または圧倒されるような気持ちになりにくい。また、仮に自己防衛的になることや、大失敗をして打ちのめされた気分になっても、回復しやすくなるのだ。そういうときは、今まで自分が良いことをしてきたことや学びを促してくれたネットワークがあることを思い出し、その全体像の中で捉えるようにしている。

回答者の多くは、公式的にか非公式的にかは別にして、社会的公正について周りを教育している立場にある。つまり、特権と抑圧を学び直すことは、本人の教育的能力・教育効果との間に密接な関係がある。「自分のために一歩踏み出すことは、活動のための一歩となる」と言う人もいる。抑圧に関す

る知識と経験が増えるにつれ、相手をひきこむための豊富な方法を用いることになるのだ。「今までであれば、入っていなかったような集団の中に身を置くことで、貴重な情報や視点、経験にアクセスし、またそれを周りと共有できる」。不公正の仕組みをより詳しく知ることで、他者にもうまく説明できるようになるし、内容を理解すればするほど質問や反論をされてもうまく対応できるようになる。知識が増えると、自分の中でものごとが明確になるだけでなく、余裕が出てくる。「問題に関する知識が深まると、その問題に対処するための自信がつき、他者に対してもより効果的に教えることができる」。

多くの人は、従属集団の人々ともっとうまく一緒に活動でき、また、より彼らの役に立つことができるようになったと感じている。いくつかの効果的な側面を挙げているが、その一つは、従属集団の人たちとよりうまく関係性が築けることである。「従属集団に属する人を本当の意味で対等だと思えると、柔軟になれ、より良い関係を築くことができる」。また、自分が無意識に抑圧的な言動をしてしまった場合でも、従属集団の人がそれをどう捉えているのかについて意識できるようになる。自分の立場や支配的アイデンティティに対して、彼らが最初に不信感や怒りをもって接してきたとしても、その背景がわかるようになる。

二つ目の側面は、今までと違った行動やあり方を肯定し、受け入れることである。人は、自分の考えや行動をいくらでも変えることができる。ある人は、「男として社会化された規範を乗り越える中で、敵対的であることよりも、協力的になることを覚えた。そう変わることで、ともに活動している女性たちと良い関係を築き、問題解決をともにできるようになった」と話す。自分と異なる社会集団の人々と活動するうえで、意識の向上と柔軟性が効果を発揮する。

三つ目の側面は、被差別集団に属するクライアントや学生、従業員が抱えている悩みや問題が、彼らが経験している抑圧とどう関連しているのかということが、わかるようになる点である。例えば、カウンセラーは、クライアントの個人的な問題には、しばしば大きな社会的・政治的権力や構造が背景にあることを知る。これは、大きな文脈を無視し被害者側を責めるといった、

個人レベルで起きたことだけに注目する傾向を抑える効果がある。

　特権集団の人は、こうした意識を高める活動を行うことで、他の特権集団に属する人たち——自分の所属集団と同じかどうかは別として——ともうまく連携できるようになる。つまり、より共感性と忍耐をもって接することができるのである。こうした共感性が生まれるのは、自分と同様に特権集団の人も、社会という大きな力の影響を受けて社会化されたことがわかるからである。この視点を持つことで、相手が抵抗したとしても、その背景が理解できる。相手の中にいる自分が見えるのである。

　多くの人は、今や自分は特権集団の一員としてポジティブな手本になろうと考えるようになる。「私は、反同性愛差別を掲げるロールモデルとして、他の異性愛者の人々への情報発信源であることをたいへん喜ばしく思う」とある異性愛者の人は語る。また、特権集団の人が被抑圧集団の人と組んでトレーナーをする場合、それぞれのスタイルや視点は違っても尊重し合える良い関係が築けることを周りに示すことができる。誰だって心の中には偏見があり、間違いだって犯すが、そこから学び、成長できるのだ。「自分の犯した間違いを深く悩まないことで、周りの人の警戒心を解き、もっとリスクをとるよう指導できる」。学び直しの過程を分かち合うことで、相手も安心して自分探しができるのだ。

　もう一つ重要な点は、どうすればアライ（味方）になれるかを他の特権集団の人たちに示すことである。自分はどのように抑圧の学び直しに取り組んできたのか、という様々な体験を共有できる。「なるべく自分がアライになろうとしたときの成功談や失敗談を共有するようにしている。皆に知ってほしいのは、うまくいくこともあるし、避けるべきことも当然あるということだ」。抑圧を学び直し、アライとして活動できるようになると、その英知を他者に伝授し、社会変革への取り組みをサポートできるようになるのである。

解放感と回復

　特権と抑圧を学び直すことは、特権集団に属する人にとって広い意味で解放感と回復を意味する。本人そのものすべてを満たす変化のプロセスであり、

その影響は生活全般に及ぶ。「だいたいにおいて、私はより良い人でいられる。より幸せで、楽しく生活し、精神的にも健全で、頭も冴えている」。

過去の破壊的な信条や感情、行動パターンを辞めると解放感がともなう。肩の荷がおりたような、締めつけが緩められたような感覚だ。「ずいぶんと軽快な感じがする」とある女性が語り、別の人は「解放への道のりだ」と言う。解放の中心となるのは、恐怖を乗り越える体験である。もはや、自分の中に嫌な部分を見つけてしまう恐怖や、自分と異なる人たちと関わること、間違った言動をしてしまうこと、相手に嫌な思いをさせてしまう、自分の生き方が悪い方向へ向かうのではと思うこと、などといった不安からも解放されるのである。

この解放感は、抑圧制度のもとで生きることの負の影響とは、対照的である。ある回答者は「白人至上主義は我々にとって多くの悪いものを要求する。情緒的な麻痺、暴力、および沈黙などがそれである」と言う。これに類似したコメントに「特権があることは一見人生が容易なものとなるように見えるが、実際には、恐怖、ストレス、魂の死を増大させるだけだ」というものがある。

特権と抑圧を学び直している人は、この無感覚で無知な状態から自分を解き放とうとする。

> 「長い間、白人特権と白人至上主義により我々はトランス状態に置かれてきた。この活動に参加し、歴史を学習し、活動の本質や必要性をよく理解することで、私はそのトランス状態から抜け出そうとしている。私は今も歴史を学び続けているが、そうすることで私は自分の表面の層がはがされていくのを感じる。まるでゆっくりと覚醒しているかのようだ。」

特権と抑圧を学び直すことは、今まで心理的、感情的、知的、社会的、精神的にダメージを与えてきた無数のものから、特権集団に属する人を回復させる手段である、と語る回答者は多い。人は、罪の意識と恐怖が取り除かれたとき、世界について明瞭な理解を得たとき、自身や他者に対して真正でい

られたとき、道徳的に一貫した生き方を追求したとき、異なる人たちと深い人間関係を築いたとき、社会的公正を発展させる行動をとったとき、回復することができるのである。

　私や回答者にとって、特権と抑圧を学び直すことで得られる利点は、明らかにリスクやコストを上回る。人間性を取り戻し、豊かな生き方を手に入れ、より良い世界を築いていく喜びは、心満たされるものであり、大きな原動力となる。以降の段落では、特権と抑圧を学び直す道のりの助けとなる事柄について述べる。

鍵となる学び直しの体験

　特権と抑圧を学び直す過程で最も役に立った、または意味のあることが何であったか尋ねたところ、様々な項目が挙げられた。例えば、異なる集団の人たちとの接触、自省する機会、分析できるようになるための情報や枠組み、メンター（助言者）の存在、などである。そのうちどれに最も大きな影響を受けるかは、本人の人生においても変わっていくであろう。学び直しの初期の段階で刺激を受けたとしても、その後の過程で同じように影響するとは限らない。

　当然のことながら、理論や情報へのアクセスは特に有益であることがわかっている。回答者は全員が抑圧についての文献を読む、抑圧に関する講座やワークショップに参加するといった経験を持つ。人によっては、個人的な体験が先に起こり、理論が後でくるパターンがある。「私がすでに目撃し、体験したことに対して、トレーニングは、枠組みや分析を与える役割を果たしてくれた」。また、特権と抑圧の理論について最初に学び、経験を得たいという動機づけになる場合もある。講座やワークショップに参加することで、このような事柄への興味をそそり、もっと知識や関係性を追求したいと思うようになる。どちらが先にくるかは別として、回答者は直接的な経験と関係性および理論、分析、情報の両側面の学びが大切であることを理解する。

　学び直しの過程において、被抑圧集団に属する人との関わりが非常に重要であると多くの人は述べる。特に目立つのは、特権や抑圧について有意義な

対話を、仕事をする間柄や、友達同士、家族同士の付き合いの中で時間をかけて行うことである。そのような対話によって、関係性が深まり、信頼が育まれ、よりオープンな姿勢で気持ちや経験、視点などを共有できるようになる。特権集団に属する人は、被差別集団の人たちの経験をより親密に理解できるようになるのだ。

　別の学びの形として、特権集団に属する人が、被抑圧集団の人々の所属する場所や空間に身を置くことが挙げられる。特権集団に属する人が被抑圧集団に属する人と会う場合、支配文化が優勢である場所においてであることが多い。被抑圧集団の人たちが心地良く感じる空間や、被差別集団に属する人が優勢である場所でその人たちと会う状況とはかなり違っている可能性がある。特権集団の人が、歓迎されていないのにそうした空間に押しかけることや、のぞき見感覚で身を置くのではなく、お互いにとって意義のある関係を築けるからこそ、その空間に招かれるのである。

　こうした交流や関わりは、様々な面において成長を促す結果となる。特権集団の人は、被抑圧集団に属する人から指摘されたり、自分で自発的に気づいたりすることで、自分の偏見と向き合わざるをえなくなる。被抑圧集団の人々がどのように苦闘しているかを直接目撃することができるうえ、そのような抑圧とともに生きることがどういうことかが理解できるようになる。また、相手を被差別集団の一員としてではなく、まずは友人として、一人の人間として付き合う仲になる可能性も生まれる。また、特権集団の人は、自身のアイデンティティの別の面で遭遇する抑圧と、被差別集団の人々が経験することの類似点を見つけ、自身の抑圧にも向き合う機会が得られる。ある人は「私は黒人女性として認められたかった。そこで、同性愛者も同性愛者として認められたいのだということが理解できた」と語った。

　ある被抑圧集団と関わりを持つと、他の「〜イズム（〜主義）」または差別形態を理解しやすくなる。差別の経験は「〜イズム」の種類によって異なるが、多くの共通点も存在する。ある抑圧について深く理解し、その被抑圧集団の人たちに対して思いやる気持ちを持つようになると、そうした知識や共感を他の被差別集団にも向けることができる。抑圧を学び直すために要求されるオープンさは、他の状況にも応用できるようになる。ある人はこう言

う。「異性愛主義を学び直すことで、その他の事柄や他の人たちに対してより寛容になった」。

何人かは、自分の態度や行動が抑圧的であると注意された体験を持っており、それが学び直しの過程で非常に意義深い体験だったと受け止めている。彼らにとってそのように指摘された体験がひどく屈辱的で怒りを感じるものであっても、そのことで一段と成長するのである。おおむね人は大切に思う人たちから指摘されるとたやすく受け入れることができる。「私の重要な学びは、私を教育するために指摘することを惜しまず、私を思いやり、愛情を持ってくれた人たちによってもたらされた」。

回答者が自分の所属する特権集団の人から言動を注意される、という例もある。ある男性の男性集団での体験例を見てみよう。「彼らから特にひどく責められたわけではなかったが、私の防御の壁は結果的に崩れた。彼らが言うことを否定するほうが難しかったからだ」。ときには、被抑圧集団に属する人から注意されることもある。ある白人女性が思い起こす。「私は、トレーニングをともに受けていたある有色人種の人たちから異議を唱えられたことがあった。私の言動に支配性が内在されており、それが表面化したのだ。私は自分の過去および現在の行為を認めなくてはならなかった」。そのときは、注意されることに対して様々な感情が渦巻くが、最終的には人はそれを価値のある経験だと実感する。

こうした体験や情報は、本人たちが積極的に自己を分析しようとしなければ、意義深いものにはならないだろう。自分自身や行動を変えるためには、自分のすべての面を認め、受け入れなくてはならない。自分の中のネガティブな側面を認めない、切り離そうとするとすれば、そうした側面に向き合う機会を逃し、有害な感情にとらわれたままになってしまう。「自分の過去を受け入れることで、恥や罪悪感を感じてばかりいる段階から抜け出すことができた」というのである。また、この点について次のように詳しく述べる人もいる。

「人種差別主義や性差別主義的考えを認めることで、恥の気持ちから解放された。「私は人を非人間的に対象化する偏見の凝り固まった悪い人

間だ」といった恥の感情から解き放たれた。こうした偏見を持つことは社会化における条件づけされた部分だと知り、「ふつう」であることがわかったのだ。そういう部分は隠そうとしないほうがいい。隠そうとすることは、その部分にパワーを与え、存続させ、自分を傷つけ、不健全でしかない。」

学び直しをする間は、自分への思いやりも重要だと強調する人が少なからずいる。「瞑想をするようなものだと思う。恐怖や負の感情を生む自己批判から自分を解き放つとラクになった」と言うのだ。その考えに賛成する人もいる。

「私はこの歩みを、仏教の歩みだと思っている。自分が何者であるかということに、注意深く目を向け、観想することが大切である。慈悲をこめて、自分の欠点を含むすべての側面を受け入れる必要がある。自身の中にある偏見に対してオープンになればなるほど、行動に偏見が表出することがなくなる。そうならないでおこうと力みすぎると、かえってそうなってしまうのだ。」

自分を正直に見つめることの重要性は理解すべきである。特権と抑圧を学び直す過程で、自分と向き合うことに抵抗を示す人が少なからずいるからだ。彼らは、自分を見つめることで、隠れていた何かが表面化することを恐れており、そうした辛さや罪悪感や、負の感情から抜け出せなくなることを恐れているのだ。しかし、こうした感情を深く掘り下げることで、人はその中から抜け出せるのである。

旅を続けるには——過去と現在

特権集団に属する人にとっては、抑圧について考えない、学び直しを行わない、という選択肢をとるほうが容易である。では人はなぜ、過去も現在も、学び直しの旅を選択し、この旅を続けることができているのだろうか。回答

者は、もっとやるべきこと、知るべきことは常にあるのだと指摘し、自分たちの生活の中に矛盾が多くあることにも気づいている。それにもかかわらず、この学び直しのプロセスを続け、社会的公正とより調和した生き方を続けることを選んでいる。

この旅を続けている理由として、目を引いた回答が一つある。それは、「気分がいいから」である。単に辛いだけなのではないかという多くの人が持つ決めつけとは対照的な実態がある。ポジティブな気持ちになれる経験には様々なものがある。下記にその例を挙げよう。

　「なるほど！」と納得したとき
　人間関係や友達に恵まれたと感じたとき
　なりたい自分への目標を掲げ、それに近づけたと感じたとき
　いろいろなことが明確になり、自分が健全であると感じるとき
　向上し続けているとき
　人が変わるのを見て、気持ちが高揚するとき
　うまく自分の偏見と向き合い、乗り越えたと強く感じられたとき
　情熱を持っている状態を辞めるなんてできないと思えたとき

他の章に見られるように、人はパワーを感じ、自分の価値観と一致している実感を得たときや、思考が冴え、より情熱的で役に立っていると実感し、他者との間で真のつながりを持てたとき、自然とこの旅を続けたいと思うのである。

多くの人にとって、特権と抑圧を学び直すことは、個人のニーズを満たすことでもある。彼らはいろいろな人たちとの真の関係を築きたいと思っているが、特に被抑圧集団に属する人との関係を切望している。多くの人は、「成長を続けることに生きがい」があると感じており、進化し続ける必要性を語る。学び直しをする理由も、自身の苦痛や不安感を取り除くためや、過去の過ちを償いたいなど、人それぞれだ。「人種差別主義に取り組んでいなかったときは、常に罪悪感を感じていた。以前のほうがもっと恐怖を感じていた。いろいろなことを否定したり、批判されるのではといった恐怖のほうに無駄

なエネルギーを費やしていた」。

　なかには、より現実的なニーズから学び直しをした人もいる。幾人かは、トレーナーや教育者といった仕事を続けるためだったと語る。また、他の人は、今の友達との交友関係を保ちたかった、社会とのネットワークを拡げたかった、と言う。また別の人たちは、自分に特権があるおかげで、抑圧を学び直すことに費やす時間や資金があり、成長したいという気持ちに従いやすい環境があったと言う。「生活の心配をする必要がなかった。特権がいくつもあるおかげでこの活動に集中しやすかったと思う」。

　この学び直しの旅を続けるためには、他者からの支援が不可欠である。支援される方法は多様である。支援と言っても、必ずしもぬくぬくとした温かいものとは限らない。究極的には、支援を受けた人が、自分はケアをされている、励まされていると感じるようなものだ。社会的公正活動をしている者同士のつながりがサポートの源であったことはよく言及される。アライや思いやりのあるコミュニティの一員であったことで精神的に支えられるのだ。ある人は、「私にとっては、社会的アイデンティティを共有する人たちと異なるアイデンティティの人たちと、支え合い信頼し合えるようなコミュニティを積極的につくり上げること」で支援を得られたと説明する。多くの人は、家族やパートナーと一緒に自分の歩みの過程を分かち合い、お互いの成長を励まし合うことで旅を続けることができていた。また、ある人は、社会的公正の問題に取り組むグループや組織のメンバーであり、他のメンバーから支援を受けていた。ときには、孤立したり、孤独に陥ったりしないためにも、自分と似た感覚を持つ人を積極的に探すことで支援を得る人もいる。

　大切なのは、特権集団と被差別集団の双方の人たちとの関わりがあることである。回答者の多くが、ともに語り合い、意味づけができるアライの存在は特に重要であると感じている。その場合、被抑圧集団からいったん離れた空間の中で考えを整理し、自分の感情をコントロールすることができるのだ。彼らは特権集団の人同士で、似たような経験や葛藤を分かち合うのである。一方で、多くの人は、被差別集団に属する人たちから支援があるおかげで、自らともに挑戦し、がんばろうという気持ちになると言う。被差別集団の人たちから寄せられる信頼は、彼らの自信になり、学び続けたいという気持ち

第 7 章　特権や抑圧について学び直す喜び

にさせるのだ。

　そのうえ、過去や現在におけるロールモデルが助けとなることが多い。そこから人は大きな運動や歴史とつながっていることを実感できる。過去に他の人々がどのようなリスクを負ってくれたのか、どうすればアライになれるのか、どんな自分になりたいのか、などをロールモデルから学ぶことができる。ロールモデルの存在がインスピレーションを与え、勇気を育ててくれるのである。

　回答者が学び直しの歩みを続けられるのも、信仰心や宗教的な教えを土台にしている人もいれば、政治的な信念や個人的な信念、内なる欲求によることもあるかもしれない。こうした過程において、被抑圧集団に属する人たちとの関わりが重要であると述べる人は多い。被抑圧集団の人たちの信頼を得られるように努め、また相手を傷つけず、彼らが直面している苦しみや不公正を和らげるために、責任感が増していくのを感じるのだ。「私は愛する人たちを置き去りにすることはできないし、彼らも私にそうさせない」。また、こうつけ加える人がいる。「とにかく姿を見せ、役に立つことをするように心がけている」。

　また、特権集団に属しながらも、同時に他のアイデンティティにおいては被差別集団に属している人は、自身の抑圧体験と他者の抑圧体験を結びつけて考えることができる。彼らは抑圧されるとはどういうことかわかっているだけに、他者に同じ痛みを味わってほしくないと思うのだ。「私は抑圧されることがどういうことかを鮮明に理解している。他者の抑圧に加担することは絶対にしたくない」。また、以下のようなコメントもある。「私は黒人女性としての苦闘と、周縁化されることを関連づけて考えられる」。

　自身が親であったり、子どもと良い関係を築いている人たちは、自分の子どもにより良い世界を残したい、と述べる。自分たちの子どもの持つ偏見を減らし、社会的公正を理解できるように教育する責任を感じている。自分の子どもに抑圧について教育をし、子ども自身が抑圧に気づき、それを分析し介入できるようになることを願っている。

　また、子どもたちが特に被抑圧集団に属する場合、自信を持ち自己を受け入れるよう、自分らしくあることを支援することは大切である。

「自分の子どもがどんな人間になるかはわからない。私は自分の子どもや、友人の子どもや近所の子どものために、支援できる立場にいたいと思う。この活動に関わらなければ、子どもたちに辛い思いをさせたり、障壁をつくり抑圧システムの側につくことになる。子どもたちが自分らしくいられない状況に手を貸してしまうことになるのだ。」

特権と抑圧を学び直す旅を続けるには、居心地の悪い状態に身を置くことに価値を見出し、結果として成長につながることを信じなくてはならない。居心地の悪さは、退治すべき敵ではなく、学びを与えくれる教師として歓迎すべきものである。居心地の悪さを感じたときは、成長していることを意味する。当然居心地の悪い状態は不快ではあるが、「不快な思いはさほど悪いものではない。変化は不快感を必要とするのだ」と言う人もいる。また、「居心地がいいということは、自己満足にすぎず、本当の意味で生きることとは別だ」や「居心地が悪いとモチベーションが上がる。人種差別主義は快適なものでないうえ、快適であるべきではない。不快感がない状態は、ひょっとして自分は怠慢になっているのでは、という危険信号だ」と説明する人もいる。

こうした不快感は、回答者にとって避けがたいうえ、歓迎されるべきものであるが、同時に耐えるに値するし、十分見返りが期待できるものだと考えている。そのことを知らない多くの人は、居心地の悪さを感じないように必死だが、それは明らかに逆である。「そう、確かに最初は苦痛だったし、自分にとって不利でしかないように感じる。でも、そうしたことで得られる結果を思うと、混乱を経験する甲斐は十分すぎるほどある」。その人は語る。

「とにかく真っ向から正直に向き合い、いろんなこと（人種差別主義、自分の家族・先祖が関与していた事実）について語ることはすごい解放感だ。自分の先祖や私と同じ人種の人たちにとっては、好意的な内容にはならないこともある。でも、だからってそれがどうしたって思う。大切なのは、回復に向かうことなのだ。回復に向かう過程は、ときには痛みをと

もなうものだ。だから、私は思うのだ。反人種差別主義、白人特権／白人至上主義に気づく活動は『楽しい苦痛』と呼ぶべきではないか、と。」

　居心地の悪さを受け入れることに加え、プロセスに身を委ね、それだけの見返りがあることを信じる必要性を訴える人は多い。「自分自身の身を委ね、自分を解き放ち、別の場所に到達すると信じる」ことが重要なのである。こうしたプロセスを歩むことを促す際、「彼らにとって居心地の悪い状況に身を置くことになるかもしれないが、その先には約束された何かがあると理解させる」必要がある、とある女性は言う。特権と抑圧を学び直すと、不快な状態が続くかもしれないが、結果的に人はそれを乗り越え、成長する。
　回答者は誰一人として、後戻りする、あるいは、この旅をなかったことにする、中断するという選択肢があるとは思っていない。この学び直しの旅はすでに彼らそのものであり、彼らの生き方の一部なのである。人は次のように語る。「もはや後戻りできない。開いてしまった『第三の目』を再び閉じるわけにはいかない」。「社会的公正に関わらないという選択肢はない」。
　回答者は、彼らが絶えず未完成な状態であるということを認識している。彼らはまだ学ぶべきことがあり、失敗もする。つまり、現在進行中だ、と即座に付け加える。「これはいつか完成するもの、ではなく、常に成長していくプロセスである。活動する中で、感情の浮き沈みは絶えず続くものだ。私は常に自分自身に失望し、周りをがっかりさせている」。彼らは多くを学んできたにもかかわらず、自分たちが「完成している」という印象を与えようとする者はいない。

　「アライであるということは、毎日繰り返す営みであると理解している。私は毎日改めて、自分がアライという名にふさわしいかどうかを証明する必要がある。アライであることは、『おもしろい人』であることと似ている。それは本人が周りに『自分はおもしろい』と伝えるものではなく、おもしろいかどうかは一目瞭然なはずだからである。」

　次のように語る人もいる。「涅槃のような最終到達地はない」。「それには

絶え間ない注意、自省、分析が求められるプロセスであることを痛感している」。私も同感である。どんなに長くこの活動をやっていようと、学ぶべき問題や自分を理解する方法、不公正に取り組む道を常に新たに発見しているのだ。

本章のまとめ

　回答者のこうした語りを通して印象的なのは、この活動がいかに価値ある特別なものであり続けてきたかという点である。彼らにとって、この学び直しのプロセスは、解放感をもたらし、自分自身をより受け入れ、生活がより充実したものになり、気分の良いものであった。当初は皮肉をこめて学び直す「ジョイ（喜び）」という言葉を選んだが、期待していた以上にぴったりとくる。特権と抑圧を学び直す取り組みに抵抗する人が掲げる二大理由は以下のとおりである。1）私は今のままで問題がない。なにもそのような学び直しに自分をさらす必要はない。2）ただ自分が傷つくだけで、もとがとれない。ある女性がこのように説明した。「やはり経験するまでは、自分の人生に何が欠けているのか、どう変わりうるのかを理解することは難しいのだ」。

　ある意味、このプロセスは心理カウンセリングやセラピーと似ている点がある（念のため、我々が学習者に対してセラピーをすべきだとか、講座やワークショップがカウンセリングの場であるべきだと言っているのでは決してない）。私たちは、日々の生活の中で生きづらさを感じる、何らかの心の病がある、などの理由からセラピーに行くのである。セラピーは時として苦痛であり、不快な経験である。なぜならば、自分自身や親しい人、または自分の置かれた状況について、認めたくないことを直視しなくてはならないからだ。しかし、その先にあるものは「破壊」ではなく、「回復」であり、傷つけられるのでなく、癒されることを意味する。そして、より健全で完全な精神状態に回復することが目的なのである。セラピーによって最終的には、自分や他者についてより明瞭な理解が生まれ、生きていくうえでいろいろなことにより上手に対処できるようになる。セラピーを受けたからといって、模範的な心の健

康状態になるとか、完璧な明瞭さとバランスをもって生きていくようになる、ということではない。しかし、何かが大きく変わったはずである。特権と抑圧を学び直すプロセスと同様、居心地の悪さと大いなる努力は、癒しに達するまでの過程の一部であり、私たちをさらなる進化を続けることのできる場所へと導いてくれる。変化の前に比べて、失敗や新しい状況から学ぶ能力がより多く備わるようになる。そのため、より多くのチャレンジをし、理想の自分に近づき、自分が生きていきたいと思う世の中を築くことができるようになるのである。

　特権と抑圧を学び直す過程において、多くの人にとっては、「難関を脱した」と感じる地点があるようである。それは、天秤が不快感や罪悪感のほうではなく、成長や癒しの感覚のほうに傾き始める分岐点のようである。多くの場合、人は自分の信念を再評価したり、新しい視点を統合したりすることはかなり難しく感じるだろう。ある人は、その感覚を自分が足場の定まらない流砂の上に立っているような感じだ、と表現する。しかし、いずれは足場を見つけ、前進できるようになる。また、初期の段階ではこの努力がどう報われるのか十分理解するのは難しいとも考えられる。犠牲や苦闘といったマイナス面がより目立つからだ。社会・人種的アイデンティティ発達理論によると、プロセスの初期あるいは中盤においては、喜びや解放感よりも罪悪感、恥、怒り、苦痛を感じることのほうが多いことがある。私が「特権と抑圧を学び直すことの喜び」といったワークショップを行ったとき、受講生たちに特権と抑圧を学び直すことで得た恩恵について尋ねたところ、ある女性がこう答えた。「喜びなんてちっとも感じてない！」と。別の回答者は、以前は自分もそのように感じていたが、今は違った気持ちでいると答えた。「解放感を感じるようになるまでには、ずいぶんと罪悪感を抱いていた。社会的公正のために活動をし、正しいことをしているという確信から、解放感は生まれるのだ」。このように、学び直しのプロセスに留まれば、十分な見返りが期待できることを学習者は知るべきだ。

　特権と抑圧を学び直すプロセスは、山登りを連想させる。山登りのガイドは登山がいかにすばらしいかを訴えるが、たいていの人はソファの上の安心と快適さを好む。旅の先に何があるのかがわからないうえ、危険が多いので

はないか、かなりハードなため、楽しめないのではないかと心配する。しかし、一方で、自分はチャンスを逃しているかもしれない、向こう側には楽しいことがあり、ソファに座ったままでいるのが、果たして人生の最良の道だと言えるのかどうかも疑問だと思う。そんなとき、登山ガイドが有能で、頼りがいがあるとどうだろう。ガイドの熱意や頼もしさに抗うのは難しい。最初の一歩を踏み出すに値する信頼をあなたはガイドに置いたようだ。

　あなたは登山をする旅の中で、独りではないことに気づく。ガイドとともに山登りをする人たちが他にも存在することを知る。あなたのようにゆっくりめのスタートを切る人もいれば、もう少し体力に自信があり、前に突き進んでいく人もいる。山登りを始めた当初は、ためらいがちで、身体もなまっている。そりゃ、厳しいわけだ。景色なんて見えない。皆それぞれ靴ずれや筋肉痛で苦しんでいる。あなたは、後戻りすることを考える。だが、立ち込める山の空気と周りの自然がどことなく刺激を感じさせ、癒してくれることを感じている。ガイドの助けを得て、あなたは一歩進み、またもう一歩進む。登山への熱意の温度差はあるものの、お互いを助け合う他の登山仲間との連帯感もあり、がんばることができる。はるか前方に、旅を存分に楽しむ他の登山家たちの姿が見えている。

　あなたは、少しずつ周りの美しさに気づき始める。眺めの良い景色がところどころに見えるようになってきた。徐々に体力もつき、地形にも慣れ、歩きやすくなってきた。もっと高い所まで登り、美しい眺めと自然を愉しむようになる。前よりも健康になったと感じ、今までの努力が報われたのだと振り返って思う。山頂に辿り着いたとき、自然の壮大さに心が震える。しかし、これで終わりではない。次の山脈をめざして登山は続くのである。登山仲間もそれぞれ尾根を越え、異なる道のりを歩き続けている。途中で同じ方向に向かう登山家たちと合流したりもする。常に新しい景色や美しいものを目の当たりにしながらも、道のりは決して平坦でなく、谷を下ったり、転んだり、靴ずれしたり、虫にかまれたりもする。でも、それらも終わらない旅の一部であり、自分により健康で高い能力をもたらし、息をのむパノラマを見せてくれるのである。もはや後戻りはできない。

　教育者である私たちは、ガイドとして十分に信頼されなくてはならない。

そして旅人たちの学び直しにおいて、試練を与えながらも支えていくのである。旅人たちは努力した先に必ず意味のあるものを得ることができるということを知る必要がある。ある回答者は「私は自分を周りから切り離して生きてきたが、他のあり方を知らなかったので、自分がそうしていることを知りえなかった」と説明した。こうした特権と抑圧を学び直すことへの多くの喜びの声からわかるとおり、私たちは、人が違った見方をする手助けができ、より素晴らしい人間性と解放に満ちたビジョンを見せることができるのである。

第 8 章
どんな理由があれば、特権集団は社会的公正を支持するのか

> 公正の必要性に従うことは、個人的な富や快適さを追い求めるよりもはるかに深い幸福感、安心感、倫理観を私たちにもたらす可能性がある。
>
> (David Hilfiker, 1994)

　なぜ、自分が利益を享受しているシステムをわざわざ変えようなどと思うのか、あなたは白人なのになぜ人種差別撲滅に取り組むのか、とよく質問される。特権集団の人々が現状を脅かすものに抵抗するのは明らかな理由がある。また、彼らが冷淡で無関心なのにも多くの理由がある。それでも過去の歴史や私自身の体験を振り返れば、特権集団の人々が社会的公正を求める闘争を支持したり、ときにはリーダーになったりするのも珍しいことではない。特権集団の人々が社会的公正を支持しない理由にばかり注目するのでなく、むしろ社会的公正を支持する気にさせるものは何かを、私は研究の対象にしてきた。一口に社会的公正を支持するといっても、特定のプロジェクトを支援することから、特定の種類の抑圧をなくす運動への参加、さらには支配・被支配のあらゆるシステムの根底にある構造や価値観の変革まで、いくつかの段階がある。以下に論じていくように、狭い範囲の中で限られた方法で活動するのを好む人もいれば、より深く関わり、多くの時間とエネルギーをつぎ込む人もいる。様々な形の支援に参加する動機について、その共通点と相違点の両方を見ていこうと思う。

　なぜ男女同権主義を支持する男性がいるのか、なぜ同性愛者でなくてもゲイやレスビアンの権利擁護に取り組む人がいるのか、なぜ白人でも人種差別

第8章　どんな理由があれば、特権集団は社会的公正を支持するのか

に異議を唱える人がいるのか。あなたはなぜ、特権集団に属しているのに、従属集団の人々に対する不公平の問題に取り組もうと思ったのか。私は、授業やワークショップで繰り返しこのように問いかけてきた。

人々の反応は、3つの異なった、しかし相互に関連のあるカテゴリーに分類できる[1]。第一のカテゴリーに属する人々は、被抑圧集団の人との個人的関係を答える。あるいは自身の体験から他人の経験を実感できるとか、連帯感や「我々意識（We-ness）」について語る人もいる。私はこのカテゴリーの反応を「共感型」と名づけた。

第二のカテゴリーに属する人々は、道徳的に行動することの必要性や、自分の信念と身近な状況が矛盾していることへの不快感を語る。公平性がないと言う人もいれば、ある集団が不当な扱いを受けている、アメリカの理想である平等を実現したいと語る人もいる。あるいは、人は誰も生まれながらに価値と尊厳を持っているという宗教的信念に動機づけられている人もいる。私はこのカテゴリーの反応を「道徳的原則型」および「宗教的価値型」と名づけている。

第三のカテゴリーの人々は、従属集団への抑圧が特権集団の一員である自分たちにいかに悪影響を与えるかを心得ていて、社会的公正が進むことによる潜在的利益を認識している。彼らは集団間の関係がもっと友好的な社会で暮らしたいとか、子どもたちにとって安全な世界にしたいとか、地球の存続は社会的公正を推進できるかにかかっている、などと考えている。また、より多様な交友関係、幅広い知識、さらに変化に富んだ文化的経験を期待する人もいる。社会的公正の推進が人材の採用、雇用の維持、あるいは収益拡大をもたらし、自分たちの組織が恩恵を受けると認識している人たちもいる。私はこのカテゴリーの反応を「自己利益型」と名づけた。

まず、この3つのカテゴリーについて、個々に説明と考察を加えていこう。その後、それらの相互関係について考えていきたい。また次章では、社会的公正への関心を高めるため、共感・道徳的原則と宗教的価値・自己利益をいかに引き出し、訴えかけていくかを論じる。これだけが社会的公正への取り組みを促す要因とは言わないが、重要な動機になると思う[2]。

共　感

　共感とは、他者の立場や感情と一体感を持てるということである。共感には感情的要素と認知的要素があり、他者の生活の感情的側面を共有する能力と、他者の目から見た世界を想像できる認知的能力の両方を必要としている。チヌア・アチェベはこれを「想像的同一化（imaginative identification）」と呼んでいる（Achebe, 1989, p. 153; Lazarre, 1993, p. 4における引用）。それは「他者の苦痛を、たとえそれが自分自身は経験したことがない苦痛であっても、理解し感じることができる能力」である（Lazarre, 1993, p. 4）。共感を持つこと、他者の視点に立ち、置かれた状況からその人がどのような影響を受けているかを想像することは、学習者の積極性を促し、行動へと移させるうえで効果がある。研究によると、共感や手助けをしたいという欲求は、人間の自然な気持ちであるという（Kohn, 1990）。

　共感は憐憫とは違う。憐憫の場合は、他者の状況を自分自身のそれより根本的なところで劣っている、ないし異なっていると見なし、自分自身は他者やその苦痛とは切り離されている。憐憫というのは、路上でホームレスを見てかわいそうに思いながらも、「私はああいうふうにはならない」と考えることである。その一方で、共感はむしろ思いやりに近い。思いやりとは、自分自身と他者との違いを認識しながらも、人間に共通する弱さを認めることであり、ホームレスを見て「私もああなるかもしれない」と考えることである。自分も同じ人間として、彼らと同じように不幸や従属といった状況に陥りかねないことを認識しているのだ。

共感と社会的公正

　多くの理論家が、社会的関係における共感の重要性について論じてきた（Kohn, 1990の文献レビュー参照）。共感のあるところでは前向きな社会行動が助長される一方、共感のないところでは不公正が放置される。抑圧された集団への共感を抑え込むことは、その抑圧を継続させる強力な手段となる。自

第8章 どんな理由があれば、特権集団は社会的公正を支持するのか

分たちと異なるように見える人に対して、同じ人間としての共通点を見出せないとしたら、その人たちの苦しみをいともたやすく無視できるようになる。自分たちより劣るもの、または心配したり大切にしたりする価値がないものとして、彼らを非人間的に扱うようになる。こうして、暴力を許し、存続させるお膳立てが整う（これは戦争中によく使われる手段だ）(Grossman, 1995)。人間性を認めなくなればなるほど、暴力を振るう傾向が強まる。裏を返せば、暴力は、その対象となる人の人間性をはく奪することを必要とするのだ。「私たちは、暴力の対象を自分たちより劣ると見なすことによって、同じ人間を殺したり傷つけたりすることに罪悪感を覚えなくなる」(Sampson, 1991, p. 322)。

現代社会では、抑圧された集団は様々な形で個性や人間性を奪われている。個性や人間性は、固定概念（ゲイの男性は子どもへの性的指向がある）、イメージ（アフリカ系アメリカ人を動物にたとえて表現する）、言葉（軽蔑的な言葉を用いる――田舎者、あばずれ、メキシコ野郎）などを通してはく奪される。つまり「他者」が自分たちと完全に異なり、人間性において自分たちより劣るという認識を持ち続けることは、共感する能力だけでなく、その人たちを気にかけ、行動をとろうとする気持ちもむしばんでいく。

これに対し、共感は社会的な責任感を高める強力な手段となる。私たちは共感によって、自分たちと異なると思われる他者と心を通わせ、やがては気にかけるようになる。「集団の構成員を単なる集団の一部としてではなく、真の人間と見なすようになることは、劇的な概念の転換と感情の変化をもたらす。集団間の憎悪を維持しようとする者にとって、これ以上の脅威はないだろう」(Kohn, 1990, p. 145)。世の中が公正であると信じさせるために他人を中傷すること――つまり自分たちの社会が公平であると信じ続けるために、抑圧の被害者を非難したり、責任を転嫁したりすること――は、共感のあるところでは起きにくい。逆に言えば、共感のあるところでは、不公正をなくすための向社会的行動（prosocial action）が促進される (Batson, et al., 1997)。共感はまた、自分のお金を出したくないとか、相対的に優位な立場を保ちたいといった、利己的な欲望を乗り越えるのも助けてくれる。

共感を使って利他的行動や支援行動への動機づけを促すのと、共感によっ

て社会運動や社会的公正への支援を促すことには大きな違いがある。共感と利他的または向社会的行動に関する研究のほとんどは、身近な苦難に遭っている人を見たときの反応に関する（たいていは実験室のような条件下での）調査に限られている。この種の苦難に対しては、一回の行動だけで十分に緩和されることが多い。そうした行動は、特別な状況に置かれた個人を助けることをめざすもので、その人が属する社会集団や抑圧との関係などは考慮されていない。一方で向社会的な社会運動は、「他者や他集団の生活環境を改善するために、彼らと協力する、あるいは社会変革を行う継続的な行動」（Hoffman, 1989, p. 65）である。身近な苦難に共感するときより、長期間苦しい状況に置かれた人々に共感するときのほうが、人々は社会的活動に参加する傾向がある。その過程で、相手が特定の社会集団の一員であることを理解し、彼らの苦悩が慢性的なものだと認識するからである。

　本章では、共感や向社会的行動に関する研究を引用して、なぜ人が思いやりを持って社会的責任のある行動をとるのかを論じていくが、社会的公正への取り組みと最も関連が深いのは向社会的な社会活動に関する研究である。以下で述べるとおり、社会的公正教育では、単に特定の状況にある個人を援助するだけでなく、それを越えたところに目を向けるよう促すことが重要である。構造的な差別に苦しむ人々の生活を改善するような社会変革を、人々が支援するよう導いていかなければならない。

共感による反応のタイプ

　苦しんでいる人に共感を持って心を寄せるとき、人は二種類の感情的な反応を示すことが多い（Hoffman, 1989）。第一の反応は「個人的ないし共感的な苦悩」だ。この場合、共感することによってその人自身が落ち着かない気持ちになる。こうした「否定的な感情喚起（negative arousal）」は不安、怒り、困惑、罪悪感、恥ずかしさを引き起こす。この共感的な苦悩では、他人の置かれた状況に対して、個人として苦悩を覚える。例えば、インナーシティ（都市の貧困地域）の子どもたちが通う近所の学校が危険にさらされ、クラスの人数も多く、適切な環境が整えられていないのを見ると、私はいつも罪悪感を覚え、落ち着かない気持ちになる。

第8章　どんな理由があれば、特権集団は社会的公正を支持するのか

　第二の感情的反応は同情による苦悩だ。これは私たちが一般に共感や、思いやりと言うときに想像する反応で、苦しい状況にある人のことを気にかけ、同情することである。先に挙げた学校の例で言えば、私はそのような状態の地域に生活しなければならない子どもとその家族のことを気の毒に思うかもしれない（同情による苦悩）。Hoffman（1989）によれば、同情による苦悩は関連する別の感情を引き起こすこともあるという。その中には、共感的苦悩――その苦しみの原因となっている集団に対して感じる怒りや、共感的不公正感――すなわち被害者の境遇が不公平で不当だと感じること、などが含まれる。再び先の学校の例に戻ると、私はその学校の改善に乗り出さない政治家たちに怒りを覚えるかもしれない（共感的怒り）。さらに、子どもたちがこんな酷い状況に置かれるべき理由などないと考えると、激しい怒りを覚えるかもしれない（共感的不公正感）。

他者を気遣い、行動をとるようになる動機

　ひとたび誰かに共感し、共感的苦悩や同情による苦悩を覚えた人々は、その感情にどう対処するかを決めなければならない。どのような共感的反応を起こすかによって、困っている人々（集団）を助ける動機も異なってくる。様々な動機があり、それぞれが独立した内面的な反応であるとはいえ、互いに重なり合わないわけではなく、相互に関連しながら起こる場合も多い。

　共感に基づいて行動をとるとき、その動機は主に二種類ある。そもそもが自身の欲求に応えるための行動であるため、この2つの動機はいずれも利己的である（Batson, 1989）。第一の動機は、「内面化された基準に従って」行動することが基本である。人は社会化を通じて、適切な行動や態度をめぐる道徳規範や期待を内面化していく。これらは社会的期待（社会の規範、あるいは集団の規範）に基づいている場合もあれば、個人的期待（個人の規範）に基づいている場合もあるだろう。行動を起こそうとする動機は、こうした基準に応えたいという欲求によって起こるのである。このような期待に応えることによって、人は報酬を受けることや罰を逃れることができる。こうした報酬や罰は、賞を受ける、同僚から称賛される、金銭の形で対価を与えられる、支援した人たちから感謝される、あるいは公の場で非難されるといった、明

確で一目瞭然のものかもしれないし、もっと微妙な形をとり、罪悪感から逃れる、自分を善人であると見なす、人助けをすることによって尊敬される、一種の冒険心を満足させるといった、内面的な欲求を満たすものである場合もしばしばだ。ふたたび前述の例に戻ると、私が学校の財政再建のためのキャンペーン活動に参加しようと決心することも考えられる。それは自分自身を思いやりのある人間だと信じているから、友人たちも社会的公正のために活動しているから、あるいは自分自身への期待や仲間からの期待に応えたいから、かもしれないのである。

利己的動機の第二のタイプは「回避的な感情喚起の抑制（aversive arousal reduction）」である。共感することによって生まれた自分自身の苦悩を減らそうとするもので、罪悪感や怒りの感情、不快感をなくすために何かをしようという欲求が生まれる。この観点から考えると、私が学校の財政再建に取り組むのは、自分の子どもたちが質の高い学校に在籍しているのに、そうでない子どももいることへの罪悪感を減らしたいからかもしれない。あるいは不公平な仕打ちを受けている子どもが存在することへの怒りを解消する、または、そうした子どもたちとすれ違うたびに感じる不快感を取り除きたいからかもしれない。

第三の動機は「利他主義」で、他者の欲求に応えることが目標である。行動の動機は自分自身の苦痛や感情、欲求に焦点を当てることでなく、他者（他集団）の欲求に応えることである。自分が恩恵を得られるかどうかに関係なく、もっぱら他者の幸福を高めることに関心がある。もちろん自分も何らかの肯定的効果を得られるかもしれないが、それは動機づけの要因ではない。私の例で言えば、私の社会的行動は子どもへの思いやりに根差し、あらゆる子どもが受けるにふさわしい教育を、この子たちにも受けさせたいという願望に基づいているかもしれないのである。

人が他者への共感的な反応に基づいて行動をとる場合、ここに挙げた3種類の動機のいずれかに基づいて行動していることもあれば、すべてが関与していることもあり、その境界はしばしば曖昧である。動機を突き止めることは必ずしも重要ではないが、学習者の感情的なエネルギーを伸ばす、または導くうえで、彼らの動機を理解しておくことは教育者にとって有益だろう。

道徳的原則と宗教的価値

　道徳とは善悪の問題を取り扱うものである。研究によると、人間は本来、公平な態度をとりたい、道徳的かつ善であると見られたいという動機づけを持っているという (Kelman & Hamilton, 1989; Tyler, Boecmann, Smith, & Huo, 1997)。また、状況判断や、それが自分たちの道徳規範や宗教的規範に反するかどうかは、価値観によって判断を左右される。ある人が何かを道徳的または宗教的に悪と判断したとすると、そのことは状況を改善するための行動に弾みをつける。特権集団の人々は自分たちの優位性を正当なものと考えがちだが、それでも社会的公正への疑念が、特権的な地位にいる人々の感情と実際の行動の両方に影響を及ぼすことが研究で明らかにされている (Tyler, et al., 1997)。政治家は最も自己利益に影響されて判断を下していると思われがちだが、研究からは逆の結果が指摘されている (Orren, 1988; Sears & Funk, 1990)。

　政治問題に対するその人の立場をはるかに大きく左右しているのは、その人が信じている確固たる原則なのである。人種差別撤廃から失業に至るまで、様々な問題に対するその人の姿勢には、特定の政策をめぐる個人的利害より、その人の価値観が反映されることが多い (Orren, 1998, p. 24)。実際、社会的公正をめざす多くの行動は、道徳的価値あるいは宗教的価値を守るためにとられているのである (Colby & Damon, 1992; Daloz, et al., 1996; Hoehn, 1983; Oliner & Oliner, 1988)。

道徳的な判断をする根拠の種類

　道徳的判断には二種類の方法が一般に認識されている。一つは、人を重視するケアの倫理で、もう一つは、原則を重視する正義の倫理である (Gilligan, 1980/1993; Lyons, 1998; Reimer, Paolitto, & Hersh, 1993)。公平さ、平等、機会均等の価値を信奉する米国の支配的イデオロギーは、この正義の倫理に方向づけられている。いずれの種類の道徳的志向性を持つか、またその中のどの発達段階にあるかが、社会的公正を支持する動機づけに影響を及ぼす。

古くから道徳的判断の唯一の体系と信じられてきた正義の倫理は、権利と公正を重視する。このタイプの倫理では、原則と基準を守ることが重要である。その基本にあるのは、文字どおりの意味での平等と、相互性（自分が扱ってほしいように他者を扱う）である。この種の倫理を道徳的根拠とする場合、人々は論理的かつ概念的、中立的な規則や原則を適用することで、道徳的な判断を下す。この場合、一般に受け入れられている基準、例えば権利の平等や機会均等、役割義務に反していると、不当とされる。

　一方、ケアの倫理は人間関係や応答性を重視する。このタイプの倫理は、他者の幸福を増進したり、損害を防いだり、身体的または精神的な苦痛を緩和したりすることを重視する。この種の倫理を道徳的根拠とする場合、つながりを保ちたい、損害を避けたいという欲求に動機づけられて、道徳的判断が帰納的になされることになる。このような観点のもとでは、人々が被害を被るとき、ケアされていないとき、道徳的行動規範に反すると主張されることになる。

　このように、何かが道徳的に間違っているという点で一致していても、その判断に至る理由は異なっていることもある。例えば住宅に関する人種差別を正義の倫理の観点から見ると、機会均等を定めた法律に違反するから不公平だということになるだろう。一方でケアの観点から見ると、それによって家を探す家族が被る損害や苦痛が問題視されるだろう。

　ほとんどの人はどちらかの志向に偏っているが、両方を使い分けていることも多い。アメリカでは正義の倫理が社会的規範になっているため、ケアの倫理を好む人でも正義の倫理を上手く使いこなす。研究によると、女性は男性よりもケアの倫理を使う割合が多いとされる（Gilligan, 1980/1993; Lyons, 1988）。

発達段階

　正義の倫理かケアの倫理かという志向が同じでも、その倫理のもとでどのように判断を下すかは、道徳的判断の発達段階によって異なっている。この場合も、とる行動は同じでも、その行動の「理由」は異なっている可能性があるということだ。ここでは白人以外の教員や学生の募集・採用を担当する

第8章　どんな理由があれば、特権集団は社会的公正を支持するのか

大学職員の例をとって、発達段階による観点の違いを示そうと思う。

　正義の倫理には、道徳的判断の発達段階を示す３つのレベルがあり、それぞれのレベルに２つの段階がある。「レベル１——前慣習的レベル」では、ある状況下でとるべき行動として社会が定めているものよりも、当事者の具体的な利益に関心が向けられる。特定の行動をとることで、どのような具体的な結果がもたらされるのかを考えるのである。採用担当の職員がこのような自己中心的レベルで判断を下す場合は、そこに道徳的な問題（人種による差別や排斥）があることさえ気づかないかもしれない。しかしそうしなければ職を失うという危惧や、それを実行することで自分の評価が高まるだろうという思惑から、ダイバーシティに貢献するのである。またそうすることで、アルコールに関する規定など、まったく別の問題を処理しなければならないときに、ダイバーシティを支持する学生組織や教員グループからの支持を取りつけやすくなると思うかもしれない。

　自己中心の視点を脱し、「レベル２——慣習的レベル」になると、他者の期待や社会的規則・規範との一体化が見られるようになる。これは成人に最も多く見られるレベルである。上述の大学職員の例では、ダイバーシティ推進に取り組むのは、他の大学でもやっているから、尊敬する人たちから期待されているから、大学にマイノリティをより多く受け入れることは教育界では常識であるから、などが理由となる。あるいは、積極的差別是正措置を定めた法律や大学の方針など、機会均等や支援活動を定めた規則を順守することが動機になっている場合もある。

　「レベル３——脱慣習的、または原理的レベル」においては、抽象的な正義の理念へと焦点が移る。正義の理念には、万人の幸福を考え、その権利を守るための社会契約（法律や規則、価値）を順守することなどが含まれる。また人権の平等や、個人の尊厳の重視といった「普遍的な倫理的原則」に従うという場合もあるだろう。法律や社会的合意事項に従うのも、この場合は自分たちの奉じる普遍的な原則と一致するからこそである。上記の大学職員の場合であれば、大学のダイバーシティやインクルーシブな環境に貢献するのは、それによってダイバーシティを支持し、多様な人材を活用できる学生を世に送り出し、すべての人に恩恵をもたらすことができると考えるからか

もしれない。すべての人が知識を深め、潜在能力を存分に発揮する自由を持つべきだというのが、彼の考えかもしれない。

　ケアの倫理にも、道徳的判断においていくつかの発達過程がある。3段階の過程であり、確実に生き残るために自分自身をケアすることに関心を置く「生存」から始まり、他者へのケアや、慣習的な意味で「良い」とされることを行う「善さ」のレベルへ、そして最後の観点は「真実」であり、この段階では自己と他者が相互につながり合っていることを認識し、自分へのケアも他者へのケアも考慮するようになる。この段階において、ケアは自らが選んだ道徳的原則となり、悪意や暴力を防ぎ、糾弾することが一つの義務となる。

　したがって例の大学職員がケアの倫理を用いるとしても、行動の動機は様々に異なる可能性がある。「生存」の段階にあるなら、ダイバーシティの方針に従うのは、クビになることなく生活費をまかない、家族を養うためかもしれない。また「善さ」の段階にあるならば、「良い」職員であるためには、今後出会うであろうすべての学生や教員をケアし、同僚や学内のコミュニティから好感と尊敬を得るべきと感じるかもしれない。第三の段階である「真実」の観点では、白人以外の人を排除することは、その人たちの機会を奪い、傷つけるだけでなく、白人に対してもより多様な教育の機会を奪うことで損害を与えると考えるかもしれない。多様性に富んだキャンパスにすることによって、最終的には全体の幸福が実現すると考えるであろう。

宗教的価値

　宗教的信条は、上述のような道徳的枠組みに含められる場合もあるだろうし、独自の倫理規範を持っている場合もある。宗教や精神的なものは、人生をいかに生きるべきかという道徳的問いへの答えを探求することから、常に倫理的な志向がある（Daloz, et al., 1996）。黄金律（「人にしてもらいたいと思うことは何でも、あなたがたも人にしなさい」というイエスの言葉）を信奉する人もいれば、すべての人を神の子と考える人、人々を苦しみから救うことを重要視する人、また「すべての人の中に神がいる」と考える人もいる。社会全体を良くする活動に取り組む人々を対象にしたダロスらの調査では、こう

した人々が活動への関わりを深めるうえで、またより広い意味での人生観において、宗教やスピリチュアリティが意識的・無意識的に役割を果たしていたことがわかっている。調査対象者は、相互依存の原則に頻繁に言及していた。生きることは本来的に相互依存だというこの感覚が、彼らの社会貢献の根拠になっている。こうした人々は、宗教的な理解や実践を絶えず捉え直し、拡大し、他者の存在やこの世界の複雑な多様性を受け入れたり、尊重したりできるようになる。宗教的な使命感や召命を感じる、世界の困窮に応える必要を感じると証言する人もいた。多くの相違点があるにもかかわらず、大部分の宗教的・精神的体系に共通するのは、恵まれない人々を助け、人には慈悲深く接しなさいという教えだ。

　人が何を道義にかなっている、公正であると判断するのかを理解すれば、私たちはより効果的にその人の道徳的・宗教的価値観に訴えかけることができる。上記のような様々な倫理的枠組みや発達段階が示すように、人が社会的公正を支持しようとするのには、様々な道徳的判断や理由づけがありえるのだ。ケアの倫理でも正義の倫理でも、初期の段階は自己本位であり、他者の欲求より自分の欲求に関心が向いている。しかし次節で見ていくように、自己利益は必ずしも自分さえよければよいという身勝手とは限らない。それは、社会変革をめざす活動の健全な側面とも言えるのである。

自己利益

　前章では、弱者への抑圧が支配集団の人々に与える多くの代償のうちのいくつかを紹介した。これら様々の心理的、道徳的・宗教的、知的、社会的、物質的・肉体的な代償は、特権集団に属する人々が平等の推進を支持するきっかけとなりうるものだ。自分の中での一貫性や真正性、より良い人間関係、より安全な地域社会、より効率的な組織を求める気持ちが、動機となるのだ。さらに、支配集団の人々が特権や抑圧を学び直し、社会的公正のアライ（味方）となる過程で、「喜び」を得られた例も挙げた。こうした実例からも、社会的公正が特権集団に属する人々の自己利益にかなうものであることがわかる。

とはいえ、自己利益（self-interest）という言葉には否定的なニュアンスがある。実際、辞書に載っている最初の定義は、「自己中心的関心と私的利益」となっている。このように一般的な定義では、他人を犠牲にすることで利益を得る、ゼロサム・ゲームの意味を含んでいる。その根底には、経済的交換論や、人間を優越的地位のために競争する孤立した個人と想定する、現代の支配的な世界観がある。確かにこれは自己利益の一面を表しているかもしれないが、「自分の利益になることが、同時に他者の利益にもなるかもしれない」可能性を無視している。

　自分の利益や欲求を考えることは本質的に間違っている、あるいは「純粋」でないと見なされる傾向もある。特に社会的公正をめざす活動においてはその傾向が強い。だが、Carol Gilligan（1980/1993）が示唆したように、相互依存の関係の中では、私たちは自らを「ケアのネットワーク」の中に置き、他者の欲求と同様に自分の欲求も大切にしなければならない。健全な自分への関心は、自己中心的関心と同じではない。社会的公正を求めるからといって、自分たちの欲求を無視すること、抑えつけることは必要はないのだ。ただし、社会的公正と自らの欲求を同時に満たすには、自己利益についてのより幅広い理解が必要である（自己利益の新たな概念についてはLappe & DuBois, 1991とKohn, 1990を参照）。個人の利益と公共の善は両立できるという考え方は、「啓発された自己利益」という語で表現されてきた。以下では、より複雑な自己利益の概念を提案し、それが支配集団の人々に社会的公正を支持させるうえで有用な、ひょっとすると必須ともいえる要素であることを示そうと思う。

連続体としての「自己利益」概念

　自己利益を単に利己的な関心と定義するのではなく、他者への利益を必ずしも排除しない形の自己利益も含むものとして、より広く定義することができる。自己利益には自分自身の利益だけでなく、他者の利益も含めることができる。そこには、非常に狭く利己的な概念から、より包括的で相互依存的な概念までが含まれる。こうした様々なタイプの自己利益を区別する重要な要素が2つある。すなわち、自己についての概念の違い（分離された自立的

な自己と見るか、あるいは結び合う関係性の中の自己と見るか)、そして長期的・短期的という観点の違い（目前の利益に注目するか、長期的利益に注目するか）である。それに加えて、別の箇所で述べた、抑圧の代償や、特権と抑圧の構造を学び直す喜びからもわかるように、特権集団の人々にとっての利益は心理的なものから物質的なものまで、様々な形をとりうるのである。以下、連続体としての自己利益概念（図8.1参照）について述べ、それぞれの考え方を説明していこうと思う。

図8.1　自己利益の連続的概念

個人主義的	相互的	相互依存的
「私」	「あなたと私」	「私たち」

　連続体の一方の極にあるのは、"個人主義的"つまり「自分中心の」自己利益である。自己利益を利己主義と同じと見る、一般的な見方がこれにあたる。このタイプの自己利益に基づいて行動している人は、自分自身の個人的な利益になるという考えのみから、社会的公正活動を支持するだろう。関心はもっぱら自分自身にあり、それが他人のためになるかもしれないということは付随的、二次的である。社会的公正を支持する第一の動機は、それが自分にどう役立つのかという点にある。このタイプの自己利益にはたらきかけるには、一見正しくない理由で「正しいこと」をさせるしかないかもしれない。このタイプの自己利益は目前の、そしてたいていは物質的な利益に関心を持つ、近視眼的・短期的な見方に立っている。

　例えば政治家が障害者の権利を擁護するのは、恵まれない人々の票を集めるためかもしれない。同様に、個人や組織がDV被害女性のシェルターや救貧プログラムに寄付をするのは、よい宣伝になり、評判が高まるからかもしれない。男子学生が女性への暴力に反対するイベントの開催に協力するのは、女性と知り合うためかもしれないし、単位がほしいからかもしれない。

　自己利益概念の連続体のもう一方の極へ近づくと、自己利益は自分だけでなく、他者にとっての利益も含むものとなってくる。「相互的」な観点では、

「あなたと私」両方にとっての利益を考える。そこでは狭い自己中心的な観点を離れ、自己利益はより"関係性"を持ったものと見なされる。そして他者に対する心からの関心に基づいた行動がとられる。個人的な利益も、様々な形をとるだろう。炊き出しのボランティアをするのは、自分自身を良い人間だと感じられるし、何か人のためになることをしていると思えるからかもしれない（心理的自己利益）、ホームレスについて多くのことを学べるからかもしれない（知的自己利益）。それと同時に、虐げられた他者のために何かをしたいと、心からの願望も持っているかもしれない。平和部隊のような奉仕組織に参加するのは、貧しい地域の発展に寄与するためだけでなく、冒険や、新たな人々との出会い（社会的自己利益）を求めてのことかもしれない。福祉制度改革や最低賃金に関する活動に取り組むのは、困っている人々を助けるということのほかに、自分が特権的な経済的背景を持っていることへの罪悪感を和らげるためかもしれない（道徳的自己利益）。ゲイの息子を持つ異性愛の父親が、同性愛者差別禁止法の推進運動に参加するのは、同性愛者として嫌悪されている息子への心配を減らすためでもあり、息子や他のゲイやレズビアンの人々を助けたいからでもあろう。「ダイバーシティ促進週間」を後援することに、物質的利益がある場合もあるだろう。被抑圧集団の悩みに応えたいからだけでなく、ダイバーシティへの組織の取り組みが足りないという要求や非難に対処するため、戦略的に取り組んでいるような場合である。

　私の考えでは、社会的公正活動を支持している人の大多数に、ある程度の相互利益の感覚があると思う。本人たちは、すべては抑圧されている集団のためだ（自己利益はまったく含まない純粋な利他主義だ）と信じたい、人からそう見られたいと思っているかもしれないが、ほとんどの人はそうした活動から何かしらの個人的満足を得ているのではないかと思う。そしてそのことが、さらに社会的公正活動に関わっていくことの動機づけとなる。

　一方、「相互依存的」観点では、自己利益の中によりいっそうの関係性を見出し、「あなたと私」の境界が不鮮明になって「私たち us」となる。Sampson（1998）が説明しているように、「自己が関係性のもとに定義され、定義そのものの中に他者が含まれるならば、その利益の中に他者がまったく含まれない、完全に独立した自己はありえなくなる」（p. 20）。様々なフェミ

ニズム理論家が、関係的な自己理論を展開してきた（Robb, 2007参照）。他者のために働くということは、同時に自分たち自身のために働くということである。この相互依存的観点から見ると、私たちの人生や運命は絡み合っているのであり、社会的公正をめざす活動は、私たちの集団的利益のためになされているのである。同性愛嫌悪に立ち向かう異性愛者は、すべての人が硬直した性別役割や性表現への制約、ライフスタイルへの束縛から自由になるべきと感じているのかもしれない。同様に、障害のない人が障害者を人道的に扱うことを訴えるのは、あらゆる人間に対する社会の見方や評価が、そこに表れていると考えるからかもしれない。

　相互依存的な自己利益のためには、一見、自己利益に反すると思われる行動を求められることもあるだろう。しかし自己を関係性の中で捉え、より長期的な視点に立てば、自分や他者にとっての利益を長い目で見られるようになる。豊かな人々がより公平な富の分配を求めて、（自分たちの収入に影響を与える）高い税率や重役の報酬制限を支持することだってあるだろう。平和な社会をつくるには、人々が質の高い教育を受け、働く機会を得て、まともな生活環境で暮らす必要があるから、資源のより公平な配分が必要だと彼らは思っているのかもしれない。白人男性（あるいは白人女性）が、短期的には自分たちの雇用機会を減らすにもかかわらず、マイノリティ優遇措置を支持することもあるだろう。彼らがそうした措置を支持するのは、自分たちが住みたいと思っている世界——きわめて公正で、沈黙を強いられてきた人々の声が反映されている世界——が実現できると思うからである。自己利益を相互依存的なものと考えている人々は、自分たちの特権を認め、それを放棄する方法を探り、特権に甘えるのでなく、むしろ社会的公正を促すために特権を利用することをめざすのである。

共感と道徳観と自己利益の関係

　共感、道徳的・宗教的価値、そして自己利益には、それぞれが単独で社会的公正の支持を促す力がある。しかし多くの場合、それらは互いに関連性を持ち、複合的にはたらきかけることでより強く行動を促すことができる。こ

の3つの要素を組み合わせることで効果を強めた事例を、以下にいくつか示そう。

共感に道徳的原則と自己利益を組み合わせる

　共感に道徳観を組み合わせることで、感情を行動へと転換させることができる。道徳的または宗教的な原理原則が加われば、単に共感によって他者の苦しみや不公正に同情するのではなく、改善のために行動しようとする責任感が生まれる。共感の経験から、道徳的な原理原則へと導かれていく場合もあるだろう。一般的に共感を持つと、その状況や苦しみを不公正と見なすようになるが、道徳的な原理原則があれば、そうした不公正を理解すること、解釈することができる。

　共感が動機となって起こされる行動の多くは、無意識のうちに自己利益が内在している。人々が社会的責任を持った行動をとる場合、それは共感によってもたらされた苦悩に対処するためであることが多い。不快な気持ちから逃れたい、自己の内面にある基準と一致した行動をとりたいなどの欲求が、それらの行動を起こさせるのである。共感を覚えるような経験をした人には、自己利益の考え方を持ち出すことによって、自分の感情を処理できるよう導くことができる。共感さえあれば、自己利益を持ち出して行動を起こさせること、長続きさせることができるのである。

道徳的原則に共感や自己利益を組み合わせる

　共感があると、道徳的信念が抽象的、非人間的にならずにすむ。人々の中には、自己や他者よりも原理原則を重んじる人がいる。Kohn（1990）は、人が過度に規則やイデオロギーや抽象的な原理を重要視するならば、現実の人々の苦しみに対する感受性が損なわれるおそれがあると指摘している。そのような場合に共感があると、道徳的な不公正の問題に生身の人間や個人を結びつける助けとなり、その状況に深く関わろうという気持ちが強まる。人間的なつながりを感じれば、自分の道徳的な世界により幅広い人々を迎え入れるようになる。他者を自分の同類として、あるいは近い関係にあると見なせば見なすほど、現状維持を正当化する歪んだ考え方を許すことはできなく

なる。さらに、道徳的な原理原則に基づいて最初の行動を起こし、何らかの人間関係が生まれたあとに、共感を持ち出すのもよいかもしれない。

　道徳的な価値観が行動に結びつくのは、自己の内面的一貫性を保つためである場合もある。これは自尊心や自己イメージを守ることが、自己利益にかなっているからだ。自己利益はまた、道徳的な価値判断の発達レベルや、道徳的に行動する理由（動機）とも関係している。先に示した事例のように、人によっては自己利益が道徳的判断の核となっている人もいる。あるいは、より原理原則に基づいて判断する人の場合では、相互的で集団的な自己利益を持ち込むことによって、道徳的信念をより徹底して実践できるようになる。一般に人は、道徳的価値に基づいて行動を起こす前に、自己の代償を考えるものである。したがって自己利益が保障されれば、行動へと向かう力が強まるのである。

自己利益に共感や道徳的原理を組み合わせる

　共感を覚えれば他者を思う気持ちが生まれ、狭く個人的な自己利益を脱却することができる。共感は連帯感や相互依存の意識を高め、自己利益もより相互依存的で協調的なものとなる。

　道徳の原理原則があると、人は単に自己利益や目先の利益ではなく、倫理的な思考に基づいて行動することができる。自分がどう行動するのかを決断するにあたって、別の基準が提供されるのである。私たちは、人々に持続性を持って社会的公正の活動に取り組んでほしいと思っているわけだから、そのためには人々の感情と知性の両方を引き出さなければならない。

　活動家たち（必ずしも当該の問題における優位集団ではない）に関する調査を見ると、共感、道徳意識、集団的な自己利益の感覚が高度に発達しているようである（Berman, 1997）。実際には、これらの要因は互いに絡み合っている。活動家たちは道徳的価値に基づいた自己意識をもち、他者、特に不公正に苦しむ人々やこの世界全体との結びつきをも感じている。このように他者との関係性において自己を意識しているからこそ、他者の感情に対して敏感になることができ、他者の幸福と自分の幸福がつながっていることを理解し、苦しみや抑圧に救いの手を差し伸べる活動にもつながっていくのである。他

者と自己が互いに結びついているというこの感覚が基礎となって、共感、ケアの倫理、相互依存的な自己利益観が促されるのである。

ほとんどの活動家にとって、自らを道徳的な存在と見なすことも、自己意識の中核となっている。このように自己と道徳が統合されているからこそ、活動家（アクティビスト）としての活動に取り組んでいても、自分を犠牲にしているとは感じないのである。「自分の道徳的な選択を自己犠牲の行為と見る者はいなかった。むしろ反対に、道徳的な目標は個人的な目標を達成する手段であり、その逆もまた真なのである」（Colby & Damon, 1992, pp. 300-301）。新しい情報や変化に対して誠実で寛容であることも、活動家たちの共通した特徴の一つだったという。

さらに、様々な調査の中で以下のようなことが述べられている。

> 「社会的活動に打ち込む根源には、生きる意味を見出して自分の限界を超えたいという願望もある。自分自身を超えた大きな存在となって、他者や社会の利益のために貢献していると感じることは、行動の動機づけとなるだけでなく、長期間にわたってこれを継続させる。」（Berman, 1997, p. 68）

こうした調査結果と同様に、前章で述べたように、特権集団でありながら社会的公正のアライとなっている人々は、自らの真正性、人間性、解放、存在意義を取り戻すためにそうした活動に取り組んでいるし、結果としてそれを得ているのである。

本章のまとめ

本章では、特権集団の人々が社会的公正を支持する理由が多岐にわたり、またそれらが段階によっても異なることを述べた。共感であれ、道徳的・宗教的価値であれ、自己利益であれ、いずれか一つが彼らの全行動の動機となっているわけではなく、したがって、特定の指導アプローチがあらゆる人に同じように通用するわけでもない。私の印象では、教育者たちは特定の側面（た

第8章 どんな理由があれば、特権集団は社会的公正を支持するのか

いていは共感や道徳）ばかり強調し、それ以外の側面を排除する傾向があるように思う。たとえ様々な動機をより包括的に捉える教育者がいたとしても、それぞれの要因の中にある複雑性までは考慮しないだろう。どのような要因をどのように利用するか、どう組み合わせるかといった点をもっと深く考えれば、より幅広い人たちに、より幅広い問題について、よりよく教えることができるのである。こうして私たち教育者の教育活動や社会変革活動に、何かしらの方向性を見出せるようになる。共感、道徳的・宗教的価値、自己利益をそれぞれ組み合わせながら、また人生に意味を見出し、目的を持ち、他者とつながりたいという願望と結びつけて用いるならば、もっと長期的な活動へとつなげていくこともできる。次章では、こうした資質を学習者の中にいかに育てていくか、そして社会的な活動をいかに促していくかについて述べていこう。

第9章
社会的公正活動に人々を巻き込むために

　前章では、特権集団の人々が社会的公正をめざした活動に関わるモチベーションを高めるためには、共感力、道徳的・宗教的価値観、自己利益が必要だと述べた。本章では、私たちの教育や社会変革を起こす活動において、これらの動機づけの要因をどう育成できるかに焦点を当てる。本章の前半では、平等と社会的公正を促進する活動へ人々を導くために、彼らの共感力、道徳的・宗教的価値観、自己利益をどのように促しそれに訴えかけるかについて述べる。また、本章の終わりに、現社会の体制に替わる前向きな代替案を提供することの重要性について述べたい。

共感力

共感力の育成
　他者への共感力を高めるためには、知性と感情の両方を巻き込む必要がある。共感を育むためには、相手に対する知識を最大化し、自分の気持ちを相手にしっかりと重ね合わせる必要がある。相手の物の見方や気持ちへの想像力をはたらかせることにより、相手の置かれた状況をさらに理解することができるようになる。相手に対する感情的・物理的距離を縮め、顔のない人間としてではなく（これは共感力を妨げるため）、一個人として相手を知り、相手の生活環境を経験することが有益である。特権集団の人が被抑圧集団の人々に共感できるようになるためには、数多くの方略を用いることができる。そのいくつかを次に紹介する。

他者視点能力を育てる

　他者視点を獲得することが共感を育むため、他者の立場に立ち、他者の物の見方ができるような能力を発達させる機会を頻繁に提供するとよいだろう。これには、物の見方の違いを反映した現代あるいは歴史的な実話、シミュレーション、ロールプレイやケース・スタディ等を用いることができる。学習者に、他者が何を感じ、何を考えているかを言葉で説明させたり、自分の観点と違った見方を語らせたりするとよい。学習者に被差別集団の立場や視点を受けとめさせたり、認めさせたりすることは特に重要である。

他人の現実に触れさせる

　他人がどのような現実を生きているのかについて教えるには、本や映画に触れたり、当事者によるパネルディスカッションや証言を聞くなどいろいろな方法があるが、当事者自身から直接話を聞くことが最も効果的である（ただし、これは当事者の発言や行動を管理しにくい意味でリスクがやや高いとも言える）。例えば、当事者をスピーカーやパネリストとして招き、彼らの人生をテーマに話してもらうなどである。次に紹介するのは、教室の中での多様性理解や平等の実現に取り組む教員を相手に開発した効果的なプログラムの一つである。そこでは社会の下位集団に属する学生（有色人種、ゲイやレズビアン、貧困層の学生等）に教室の中で彼らがどのような経験をしているのかについて語ってもらうのである。そうした学生によるパネルの話を聞いた後には、たいてい教員たちは、どうすればより多様性を認め、マイノリティ側にいる学生を排除しないような教育ができるかについて真剣に考えるようになる。

　また、人は同じ社会集団の中でも、多様な経験（もちろん共通の経験もだが）をしていることを示す必要がある。もし当事者であるスピーカーが一人しかいない場合は、その人の持つアイデンティティが同じ所属集団の人すべてに当てはまるものではないことをきちんと説明する必要があると同時に、同じ所属集団の他の人たちとどのような共通点があるかについても触れるとよいだろう。教育者が特に注意しなければならないのは、スピーカー自身がいわゆるステレオタイプにあてはまらない場合、単に例外であるとか非典型であ

ると見なされないように配慮することである。

自分の経験を語ってもらう

　学習者に自分の差別あるいは抑圧された経験について振り返り、語ってもらうこともできる。たいていの場合、誰でも少なくとも一つは抑圧された集団に属している。また、誰もがステレオタイプ的な見方を押しつけられたり、不公平な扱いを受けた経験を持っている。そのようなとき、自分がどう感じたかについて考えることにより、同じ状況に立たされた他者の気持ちをより理解できるようになる。自分の数多くのアイデンティティの中の一部で、抑圧されたことのある人は、その経験を自分とは異なった被抑圧集団の人が経験したことと照らし合わせることができる。ある授業で、異性愛者でアフリカ系アメリカ人女性の受講者は、自分が同性愛者に対して嫌悪感を抱いていることを認め、授業の後半でゲイ、レズビアン、バイセクシュアルのパネリストたちの体験談を聞くのは気が進まないと述べた。しかし、セッション後の彼女の感想は「彼らは、ずいぶん私と同じ経験をしている！」というものだった。彼女はセクシャル・マイノリティたちの、抑圧された経験、周縁的な立場に追いやられた経験、常に暴力を恐れなくてはならないといった心の内を、自分の体験と照らし合わせることができたのだ。つまり、彼女の有色人種としての抑圧の経験を、このように同性愛者への理解につなげることができ、異性愛者の立場から、同性愛者に対して新しい見方をし、許容できるようになったのである。

　こうしたやり方は、自分自身の体験と結びつけて考えることで、思いやりの心を育むには良い出発点だと言えるだろう。しかし、ここで終わってしまっては、同一視することによる心の内のカタルシスの域を超えないため、さらに掘り下げる機会を提供する必要がある。違いを見過ごしたり、逆に孤立した別々の事象を体系的な社会的差別である、と安易に同一視しないようにするためにも。例えば、先述の女性が人種的マイノリティとしての経験に基づいて、ゲイやレズビアンの経験を自分と結びつけることができたからといって、彼女が同性愛者の気持ちや状況を理解したということにはならない（また同様に向こうが彼女の状況を理解したことにもならない）。また、女性限定の

サポートグループから男性が排除されることと、社会的権力や出世の機会がある男性組織や地位から女性が排除されることを同列に見なすことはできない。

さらに、社会的公正をめざして行動する人材を育成するには、抑圧の経験が単なる個人のレベルにとどまる問題ではないことを教えなくてはならない。機会の欠如や不利な立場に置かれるということは、個人を超えた社会的構造に拠るもので、是正しなくてはならない対象である。ある個人の社会的不平等の状態は抑圧の結果であり、社会的病理の症状であり、多くの人が同じような状況に置かれていることを理解する必要がある。

学習者に実際に経験する機会を与えることも効果的である。実際にある人をよく知るような機会を提供し、他者の状況を直接経験する機会を与えるのだ。すでに多様な受講生がいるクラスでは、協同学習グループ・プロジェクトを行うことが望ましい。インターンシップをしたり、様々な地域に長期間、訪問・滞在したり、地元団体での活動やボランティア活動、サービス・ラーニングなどをすることにより、情緒的・物理的な距離感を縮めることができる。支援活動を始めた時点で共感の感情を持っていなかったとしても、共感が育まれることもある（Kohn, 1990）。支援に携わると、支援の対象の人たちに対する見方が肯定的に変わり、彼らの生活状況により関心を持ち、支援を続けることに責任を感じるようになると言われている（Staub, 1989）。こうした活動をする一方で、学習者には、自己の特権と向き合い、社会的不平等について考察するプロセスに導くことが大切である。そうした作業をすることで、自分の経験に意味づけができ、温情主義的（パターナリスティック）な態度に陥らずにすむ。サービス・ラーニングは、学習者とコミュニティ双方にとって有益な体験になりうるが、一方で、ステレオタイプ的な考え方や植民地主義的精神や優越感を学習者に植えつけ、学習者の学びのためにコミュニティを搾取する結果になることもあり、そうなると本末転倒だ（Reardon, 1994; Cruz, 1990; Kendall, 1990参照）。

活動家たちを対象に調査を行ったHoffman（1989）は、活動家が劣位集団の人々に繰り返し接触することで、初段階に感じる共感や同情による苦悩が増すことを明らかにした。と同時に、活動家たちが感じていた知的疎外感が

減じ、ステレオタイプ的な見方を改める方向に向かったとしている。活動家たちが感じた共感や同情心による苦悩は、不公正や社会に対する怒りや、自身の比較的特権のある立場に対する罪悪感へと変化していく。こうして彼らは今まで信じてきた「社会は基本的に親切で公正である」というイデオロギーを疑うようになるのである。

共感の力は、次のテネシー州の地域活動の例に見ることができる。あるアフリカ系アメリカ人の地域団体が、貧しい黒人の学校群に対する追加資金援助を同じ地域に住む白人に要請したが、聞き入れてもらえなかった。しかし、その後文化・宗教を超えた協力団体の協力を得て、その白人たちに学校をぜひ一度訪問してほしいと声をかけ、訪問した白人たちは、実際に状況を目の当たりにしたことで追加資金援助を認め、さらには学校主導型の管理体制を要請する運動にも力を貸した。こうした懸案事項に関して、政治家たちは、黒人のコミュニティと白人のコミュニティの強い連帯を引き裂くことはできなかったのである（Bate, 1997）。

共感力に潜む落とし穴

共感力は公正さを求めるうえで確かに強力な助っ人となりうるが、優位集団の人々に対して、劣位集団の人々の経験に共感させようとする場合は、注意が必要である。Elizabeth Spelman（1995）は、こうした行為の矛盾や危険性について言及している。

スペルマンの言う「私有化のパラドックス（paradox of appropriation）」では、相手の経験の中に自分を置いてみるといった行為には、相手の状況における特殊性を排除し、お互いの経験を等しいものだと捉える傾向が見られるという。教育者としては、他者の経験に共感し、同じ人間同士としてつながりを感じてほしいと願うのだが、不当に私有化してしまうようなことは避けたい。それは「あなたの気持ち、私にはものすごくわかる！」といった思い込みに陥る危険性である。

スペルマンは、もう一つの危険性に「同一視のパラドックス（paradox of identification）」を挙げている。これは優位集団と劣位集団の経験の相違点や、こうした経験が起きる大きな社会的・歴史的文脈を無視することで、異なる

経験の類似性を強調しすぎる点にある。つまり、社会的地位の違いや、権力や特権へのアクセスの違いをまったく考慮していないのである。抑圧とは、違いを強調し、その違いを基に障壁をつくる行為であるため、他者と同一視することでこうした障壁を打ち破ることができることは間違いない。しかし、一歩間違えると「私たちはみんな同じだ、何も違わない」と安易に同一視してしまう危険性につながるのである。

例えば、アフリカ系アメリカ人の女性が自分以外、全員白人である場にいる、という状況を、ある白人女性が共感しようとする状況を想定してみよう。その白人女性は、全員が黒人であるという集まりにたった一人の白人として参加した自分の経験に基づき、自分も居心地が悪く、疎外された気持ちになったと語るかもしれない。その白人女性にとっては、その黒人女性が感じたこととの接点を見出すために、類似性に焦点を当てることは、確かに有効な手段であるのかもしれない。しかし、人種差別主義という、より大きな枠組みを考慮すると、その黒人女性の経験の特殊性と、互いの経験の違っている点を無視していることも否めない。その違いとは、その白人女性は自分の身を人種的マイノリティである状況に置くかどうかは、たいてい選択できる立場にあり、人種的に少数派になる状況は、彼女の日常の中ではかなり例外的な経験である点である。

共感を促すときは、類似性を強調するあまり、相違点が不明瞭にならないように注意しなければならない。権力や社会的立場の違いを認め、その違いについてきちんと話し合わなくてはならない。さらに、相手に共感するだけで「何かをしている」気分になる人もいる。しかし、共感そのものは行動ではない。共感は出発点であるが、最終到達点ではないのである。

共感を感じることへの障壁となるもの

共感にはポジティブな方向に人を動かす力がある一方で、共感を抱くことへの障壁も多く存在する。共感する能力や、共感をもとに行動しようとする気持ちを阻害する要因はたくさんある。そうした要因をいくつか紹介し、どう対処するべきかを述べたい。

認知能力の欠如

　まず、他者視点を持ってものごとを捉えるには、一定の認知能力が必要である。子どもが示す共感にはいくつもの種類があるが、ここで述べる共感には、自己と相手を切り離し、相手が別の個人であることを自覚する力と、他者の立場からの見方を想像することのできる認知的柔軟性が求められる。ほとんどの十代の若者や大人にはその認知能力が備わっているが、それでも認知的柔軟性を求められる場で苦労する人は多い。二元的な思考の人（第3章を参照）は、二者択一、白か黒かの視点でものごとを捉える傾向があり、自分が「真実」だと思うことと異なる経験や考え方に理解を示すことが難しいとされる。このような人々に対しては、共感する、イコール、他者の行動を容認する、にはならない、という点を強調するとよいだろう。抽象的なレベルでの関連づけは難しいこともあるため、ロールプレイなどを通して、他者の身になって考えざるをえないような具体的な状況を与えることが望ましい。

情緒的柔軟性の欠如

　二つ目に、認知的柔軟性の他に情緒的柔軟性を備えていることも重要である。

> 「自分自身の感情に耐えられない人、または自分自身とまるで他人のような距離をとっている人は、他者との情緒的なつながりがなかなか築けないだろう。ある程度は自分の内面を知り、自身の情緒的世界に居心地の良さを感じていれば、他者を知ることも、他者に自分を知ってもらうことも容易になるのである。」（Kohn, 1990, p. 152）

　一般的に、自分自身の感情を自覚しにくい、認めにくい、といった人は、他者の感情を察し理解することが難しい。共感力に関して男女差があるという事実を決定づける研究結果は現時点で発表されてはいないが（また共感力の測定方法にもよるが）、傾向として、男性のほうが共感性を持って人と関わることが難しいようである。男性が社会化される過程において、自分の感情

を認識したり、感情を素直に表現したり、他者の気持ちに敏感でいる、といったような能力の発達はさほど促されない。その結果、男性はしばしば共感能力が十分発達しておらず、自分を無防備に感じたり、居心地が悪いと感じたりしたときに、そうした感情から身を守ろうと感情の「鎧」を過度に発達させてきた傾向がある。教育の場では、彼らや他の学習者に対し、共感的な行動の手本を絶えず示し、共感するスキルを習得し、実践する機会を提供するとよいだろう。

精神的・情緒的余裕の欠如

　三つ目に、他者に比べて自分の状況がより切羽詰まったものだと感じている場合、人は共感を抱きにくい。ストレスや痛みを感じているときに他者に共感することは難しい。自分のことで精いっぱいだったり、不安を感じていたり、他者の面倒を見るだけの精神的・情緒的余裕がない場合、彼らの共感能力は低下する。すでに述べたとおり、このような状況は、自分が劣位集団に属していることで被害者である、というふうに感じている人に見られやすい。こうした人に対して我々にできることは、安全な場を提供し、彼らの話に耳を傾け、彼らに「聞いてもらえた」「想いを認めてくれた」と感じてもらえるようにすることである。自分の立場が認められると、必死で自分の苦痛や不利益を訴えたり、自身を擁護しなくてもよいと感じるようになり、他者に共感できる精神的余裕が生まれる可能性が出てくるのである（抵抗を軽減する方法については第4章を参照）。

被害者を非難する

　被害者の境遇について考えるとき、本人が悪いのであり、自業自得だと見なす人は、被害者に対して共感をほとんど、あるいはまったく感じない。そのような被害者を非難する気持ちは、さらには被害者に対する無関心や敵意の感情へと発展することもある。このような場合、教育者としてできるのは、正しい情報の提供、ロールプレイの実践、個人の体験談を聞かせる、事実調査をさせる、批判的分析を行う、などといったアクティビティを通して、現状への理解を深めさせることである。その結果、被害者に対する見方が変わ

り、現状の解釈の仕方にも変化が見られるようになり、少しは共感できるようになるだろう。人の置かれた境遇がその人の実力の結果である、とする「公正な社会」を信じている人にとっては、被害者の境遇と同じ状況に置かれた自分を想像させることで、より同情的な反応を促すことができるだろう（Rubin & Peplau, 1975）。

共感的バイアス

　また、人はあまりにも自分とは違うと感じる相手に共感しにくいものである。自分とは違うと感じる人には共感しにくいが、自分と似ていると感じる人に共感しやすいことを「共感的バイアス」と言う。こうした「共感的バイアス」は、社会化の中で学んだステレオタイプや偏見によって強化される。「共感的バイアス」を減らす方法としては、自分と違うと感じている人や集団に馴染むことができるような機会を与え、その際に互いの共通点（共通する特徴、感情や経験）を強調するとよい。多くの違いこそあるが、究極的には皆、人間性といった共通項でつながっていることを強調するのである。

精神的脅威　最後に、類似する経験が共感を促す一方で、その経験がもたらす精神的脅威が大きすぎると感じる場合においては、共感力を阻害する可能性がある。それは、本人の未解決な課題や無意識下にある葛藤や過去の失望体験に触れることがあるからだ。例えば、異性愛者の女性が自身の受けている性差別に対して持っている怒りを自己認識できていないがために、レズビアン女性の持つ怒りに共感することに抵抗を示す、といったことである。別の例では、男性が暴力を受けている女性に共感を覚えにくい原因として、自分の母親が虐待されるのを幼少時に目撃したときの感情が未処理のままである可能性が高い。このような男性に対しては、虐待とは違った形の性差別を受けている女性の話をしながら、精神的脅威を感じなくてすむような形で性差別の被害者に共感できるよう導くことである。私たちはセラピストではないが、必要に応じて精神的脅威を感じている人たちが自分の気持ちを表現できる場を提供し、ある特定の状況になぜ共感できないのかを理解できるよう手助けができる。カウンセリングや他の心理的援助を提供するサービスを紹介するのもよいだろう。

第9章　社会的公正活動に人々を巻き込むために

共感に頼ることの限界

　共感力が備わったからといって、社会的に公正な行動や活動に直結するとは限らない。たとえ共感を覚えたとしても、その共感を行動につなげる動機を削いでしまう要因があるからだ。そうした要因の一つに「過度な共感」がある。共感することで、自分の心の痛みや苦しみに圧倒されてしまうのだ。過度に共感することで、強い罪悪感や不安感に苛まれると、逆に固まってしまうことがある。このような場合は、その人自身が感情を整理できるように、気持ちを書かせたり、話させたり、体を動かすことや芸術的な表現を促すのがよいだろう。そのような行為を通して、張りつめた気持ちを和らげ、行動することをより建設的に考えられるようになるだろう。

　共感が必ずしも行動につながらない二つ目の理由は、無力感である。他人や他集団の苦しみを軽減できないとき、人は被害者を非難することによって自らの行動力のなさを正当化することがある。例えば、あるホームレスの男性に対して共感を覚えたものの、彼を助けること、あるいはホームレス問題に取り組むことに無力感を感じた人がいたとしよう。その人は、ホームレスが現状から抜け出せないのは彼自身のせいである（「仕事を探そうとしないから」「社会復帰支援を受けようとしないから」など）と理由づけようとするだろう。こうした無力感に対しては、その人が積極的な介入の仕方や行動について学べるようにし、自ら方策をたてられるよう手助けすべきである。今挙げた事例では、例えば当該のホームレス男性と直接話す機会を与え、何が必要かを確認したり、地域社会においてどのような支援が受けられるのか調べたり、また、住宅問題やホームレス問題に取り組む団体の活動に参加したりする、などができるのではないだろうか。

　三つ目の要因に、「非援助的な社会的文脈」が挙げられる。私たちは非援助的な社会、つまり、被害者たちの窮状は自業自得であるという見方を推奨する文化の中で生きている。共感能力の育成や、行動を起こすための動機づけなどは、社会の中で推奨もされず、価値あるものと見なされていない。他者を助けたいと思う動機は、個々の人間性よりも、その人が属する社会制度に左右される。アメリカ社会で純粋な利他主義を目の当たりにしないのは、アメリカ人が本質的に自己中心的であるからではなく、アメリカの社会制度

が非常に個人主義的で競争を煽り、成功志向であるからだ（Sampson, 1991, p. 275）。私たちはこのような社会の主流となっている文化的背景を簡単に変えることはできない。しかし、人々が共感する能力を高めるようはたらきかけ、他者を思いやることで受ける恩恵を示すことはできる。また、共感や協同することによって他者の人生をより良くするために行動する人たちの実例を紹介することもできる。

　共感を用いて、社会的公正をめざした進歩的な行動がとれるよう動機づけるには、以下のことをすべきである：1）他者の経験に感情的にも理性的にも共感できるよう促す、2）人は利他主義のほかに、個人的なニーズによっても動機づけられることがあると理解する、3）共感したことにより行動しようとする人々が直面する個人的、小・社会的な障壁を取り除くことができるよう対処する。J. T. Troutは、著書の*Empathy Gap*で「共感は確かに他人を助けたいという衝動を引き起こすことは言うまでもない。しかし、人間の苦悩を軽減する究極の指針にはなりえない。共感は一つのスタート地点ではあるが、終着点ではないのだ」と述べている（Trout, 2008, p. 26）。共感を効果的に活用するためには、多くの場合、被害者の状況について「何かがおかしい」と感じることが前提となる。次はこの点に触れよう。

道徳的・宗教的価値観

　人の持つ道徳的・宗教的価値観を喚起すると、本人が自分の持つ価値観に対して正直に生き、不当と感じるものを正すべく生きるよう促すことができる。人が自らの道徳的・宗教的価値観に沿った行動をとるには、ある状況や状態が自分の価値観に反していることに気づかなくてはならない。不正に気づいて初めてその状況を問題視し、何らかの行動を起こそうという気になるのである。正義や公正の理解の仕方は人それぞれだが、少なくともアメリカでは、機会均等、能力主義、同一の権利等は国家の理想として声高に掲げられている。

　はじめは、学習者自身に本人の持つ道徳的・宗教的価値観を特定させ、言語化させるとよいだろう。それを基に、状況判断ができるようになる。また、

彼らがどのような点を問題視しているのかを教育者が把握することで、より適した指導ができるだろう。

　次に、学習者には特定の状況下における不平等性に気づいてもらわなくてはならない。人は往々にして社会的不平等の実態を正確に把握していないものである。正確な資料や統計、個々の体験談や理論を与えるほか、本人自ら調べものをしたり、直接体験したりすることで気づきを促すことも有用である。学習者は、自ら得た情報のほうが他人から与えられた情報より納得する傾向がある。もし、学習者の中に、生活保護を受けている人は贅沢で楽をし、甘い汁を吸っていると考えている人がいるとすれば、実際の支給額を調べさせたり、数週間その金額で暮らしていけるかどうか試してもらったり、生活保護を実際申請してみて、その際にどのような扱いを受けるかを体験してもらうとよいだろう。

　このように一度、学習者自身が不平等に気づくようになれば、次はそれがいかに不公平で本人の道徳的・宗教的価値観に反しているかを自覚してもらおう。状況の不平等性に気づいたとしても、それは自業自得であると信じている以上は、問題視することに結びつかない。不平等の状態が不当だと思わない限り、道徳に反しているとは感じない。例えば、人種間における学力格差があることを知っていたとしても、その原因を遺伝的に知能が劣っているからだとか、劣位な文化的背景の結果だとか、彼ら自身の怠慢によるものだと捉えていたとすれば、道徳に反する問題としては認識されないのである。

　人は現状を正当化するために現実を歪めた形で認識しようとする傾向が強い。教育者はそのような歪んだ見方を正す役割がある。不公平な状況が公平であるかのように見せかける有力なイデオロギーに対しては異議を唱える手助けをし、実際には公平ではない、という立場からの説明を提供する必要がある。また、被害者を非難したり、差別の存在を否定したりする言動や、機会の平等が保障されているといった思い違いを改めるように努めなくてはならない。制度的な構造や慣習がいかに公正と平等の原則に反しているかを教育者は明示できる。例えば、すべての人々に対して雇用機会均等が保障されているといった「神話」を覆し、制度的な不平等の存在を理解させれば、自身の価値観が侵されたと感じ、同時に「何かがおかしい」と感じるものであ

る。先例の生活保護に関してだが、大半の公的支援は生活保護を必要とする家庭を支えるには不十分であり、また医療保険付きで人並みの給与が支払われる職を得るために必要な職業訓練、交通手当、保育手当、雇用機会も実際与えられていない実情に学習者が気づけば、生活保護だけでは人間らしい生活は望めず、受給者自身、ひいては社会全体にとって不利益をもたらすと感じる可能性が高まる。Smith and Tyler（1996）の経済的に優位な立場にいる人々を対象とした調査によると、対象者のうち「市場の仕組みやその仕組みによる結果は、劣位集団にとって不公平である」という認識が高ければ高い人ほど、再分配政策（redistributive policies）をより強く支持していることが明らかになった。

「公正に関する倫理観」はどちらかと言えば我々の知的・認知的な側面に訴えかけるため、正確な情報や資料を提示することは有効な方略である。しかし「ケアの倫理観」はより感覚や感情に強く訴えるため、この場合、効果的なのは社会的不公正がもたらす被害を明示し、共感の感情を促すことである。そうすることにより、「人をいたわる」、あるいは「人の苦しみを和らげる」という価値観に訴えかける。前述の共感を育むための方法として、例えば、他人の人生経験に触れたり、つながりを築いたり、他者視点をとる、などといった手法は、「ケアの倫理観」を持つ人には有効である。

学習者が道徳的な不正に気づくようになってくると、次のステップはその状況を正すべく行動をとるように促すことである。人によっては道徳的な不正を指摘するだけで行動にうつせる人もいるが、より具体的なはたらきかけを必要とする人もいる。学習者の道徳的価値観に、さらに効果的にはたらきかけるには、まず人が公平だと判断する過程および道徳的に行動する理由を理解する必要がある。他者を動機づける際、よく障害となってしまうのは、つい相手のではなく、自分の持つ道徳的価値観で話を進めてしまうことである。前述のとおり、自分を道徳的に動機づける内容が必ずしも相手に対して動機づけの対象になるとは限らない。あるとき、私のワークショップに参加した一人の教授が、カトリック系大学に通う白人学生になかなか人種差別の問題に関心を持ってもらえない、と嘆いていた。そこでイエス・キリストならこの問題に対してどう思うだろうか、という問いかけをして初めて学生の

関心を引くことができたそうだ。

　集団を相手にする場合や、相手の持つ価値観がわからないときなどは、なるべく多様な道徳観や動機に訴えかけることができるように、多岐にわたる行動を起こす理由を用意すればよい。相手が持つ道徳的思考の種類によってどうはたらきかけるとよいかについては、以下に紹介する倫理的枠組みの発達過程が良い指針となるだろう。また、人は多くの場合、発達過程の一つの段階に位置しているが、状況によっては他の段階の理由づけを使ったりもする。

　私は、学校の教職員や他のスタッフに対して多様性やセクシャル・ハラスメントに関する研修を依頼されることが多い。通常こうした研修の発起人となる人は、ある問題に気づき、学校の管理職や同僚の教職員の賛同を得ようとしている。このように、人の道徳観に訴えたいときには、いくつかの方法がある。このような研修では、なるべく多くの説得材料を用意し、学習者の懸念事項に応え、信念に基づいた思いやりのある様々なアプローチを紹介するよう心がけている。

　道徳性発達理論の前慣習的レベルあるいは「生存」の段階にいる人々を対象に教える場合、彼らが最も恐れているのは、非難の的になったり、法的責任を負わされたりすることであることを知っておくとよいだろう。彼らにとって、例えばセクシャル・ハラスメントについて学ぶことは、個人や組織における法的責任を軽減できたり、自身のキャリアを脅かすような不祥事を回避できたりすることにつながるのである。校内で問題行動や対立を最小限に抑えたいと願う学校関係者にとって、こうした研修は校内の問題行動を減らし、学生間の対立を和らげることにつながるだろう。

　次の慣習期レベルまたは「善さ」の段階にいる人々を教育する場合、彼らは人が公平に扱われ、教育を受ける権利が侵害されないための政策や法律を制定することに関心がある。こうした人たちは、学校の秩序が維持され、個人が尊重される既存のルールを守り、施行することに前向きである。思いやりのある善き教師でありたいと願う彼らは、こうした研修に参加することにより、学生の安全を守り、学生のニーズに応えることができ、多様性と向き合えるよう、導くことができる。

最後の脱慣習的レベルまたは「真実」の段階にいる人たちに対しては、彼らの持つ価値観に訴えかける。例えば、すべての子どもたちに自らの潜在能力を存分に発揮させたい、あるいは、誰かが傷ついたり、屈辱的な扱いを受けたりすることのない思いやりのある社会を築きたい、といった価値観である。この段階にいる人たちは、皆が効果的に学び、協働できる環境づくりを模索していると言えよう。
　道徳的不公正が起きたとき、行動を起こすか否かの判断は、ある手順に沿って自動的に決めたり、損得勘定による合理的な手法で結果を出したりするものではない。人が行動を起こすかどうかの最大の決め手は、感情的な反応だと思われる。感情的な反応のあと、では、次にどのような行動をとるのかについては、認知的な判断を要する（Wright et al., 1990）。つまり、怒りの感情を誘発することで、行動を起こす可能性が高まるのである。人は、明確な不公平に対してそれを正そうとする傾向があると同時に、その不公正を正すための行動が明示されているとさらに自ら行動をとろうとするのである。つまり、現状を打破するための明確な行動プランを持たせることが重要で、その結果、自分の行動が変化につながると確信できるのである。こうした具体的な行動プランなくしては、失望や無力感を感じ、現状の歪曲化といった反応に落ち着く可能性がある。

道徳的・宗教的価値に訴えかけることの限界

　エクイティ（公平）理論によると、人は不公正さに気づくと、居心地の悪さや苦悩を感じる（Tyler et al., 1997）。人はその状態を改善するために、1）行動面では、その状況または自身の態度を変えようとし、2）心理面では、出来事に対する自身の解釈を変えようとする（例えば、この集団の人々は、怠惰、無能で自業自得である、というように）。心理面で解釈を変えた場合、自身の優位性を正当化することができる。成功するか失敗するかは個人の責任である、と考える人は、社会的不公平は当然の結果だと考えがちである（Martin, 1995）。彼らは、人間の行いに対して公正な結果が返ってくるという「公正世界仮説」（just world hypothesis）を受け入れる。ゆえに、彼らは不公平な状況を打破しようとする動機は備えていない。

たとえ、不公正に気づいたとしても、人が行動を起こすか否かを決断するには2つの大きな要因が挙げられる。一つ目は、実質的な利害関係（例えば、成功や報復の可能性や自己犠牲の程度）である。人は、正義が認められることを望んではいるが、その自己への影響を引き受ける覚悟がない場合もある。二つ目は、不公正な状況の曖昧さである。つまり、その不公正がどれだけ明白で、対処方法がどれだけ明確であるか、という点である。起きた不公平や不平等に確信が持てなかったり、策を講じれば状況を改善できるという確信が持てない場合は、なかなか行動を起こすまでに至らないのである。

　また、不公平や不平等の対象にすら入れてもらえない集団もある。例えば出稼ぎ労働者、第二次世界大戦中の日本人（国の敵）、同性愛者など、本人から見て、同情に値せず、犠牲にしてもよいと考える集団は正義の範疇から事実上除外される（Opotow, 1990）。その結果、こうした集団を傷つけることは、許容しうる、適切である、あるいは公平であると見なされる。さらに、自身のアイデンティティが道徳的な部分で根が浅ければ、道徳的な主張は説得力の弱いものとなるであろう。

自己利益

　社会公正教育を担う者の多くは「私にとっての利益は何か」という問いに答えられるようにしておかなくてはならないことを知っている。前章では、この質問に対して、いかに多様な解釈がされるかについて概要を述べた。しかし、どの場合でも、人はたいてい自分の要求をも満たして欲しいと考えている。

　紛争解決の基本原則は、双方の懸念や関心をまず確認し、双方（あるいは全員）の要求に見合った解決策を築くことである。このためには、「常識的」な解決策をいったん手放し、双方が納得のいく代替案を提示するための想像力豊かな考え方を必要とする。対立が続くのは、往々にして現状を変えられるような代替案を一切想像できないか、出された提案で自身のニーズが満たされると思えないからである。紛争解決の例を抑圧の問題にあてはめると、人が抑圧を取り除こうとしない理由がわかる。人は抑圧の問題は自分自身に

影響を及ばさないと考え、どうせ実質的には何も変わらないと考え、あるいは、自身の利益を脅かされない形での別のあり方が想像できないのである。究極的には、社会的公正がいかに特権集団の人々に対して長期的な利益をもたらし、ニーズを満たすことができるのかを理解し、別のあり方の可能性を広げなくてはならない。つまり、特権集団の人々の持つ現在および短期的な利益やニーズが何であるかを把握し、そのニーズに応えながら、社会的公正教育をしていくこともできるだろう。

　特定の問題や行動に焦点を当てて、人の自己利益に訴えかける手法も有効である。自己利益を特定の結末に導くための戦略として用いるのである（少なくとも短期的に）。ある特定のプログラムやプロジェクトに関する支援を得たいと考えたときなどがその例だ。また、自己利益に訴えかける手法は、社会的公正に対する人々の考え方を変え、抑圧が社会全体にいかに影響を与えるかについて理解してもらうための教育的・理論的な方法となりうる。この場合、2つの目的——問題意識を高めることと行動や態度の変化——がある。このように、自己利益を戦略とする場合と問題意識を高めるアプローチをとる場合を個別でも、組み合わせても活用することができる。

戦略的アプローチ

　まず、学習者が何に関心があるのかを明らかにする必要がある。それがわかれば、彼らの関心を社会的公正の行動計画に盛り込むことができる。社会的公正活動を支援することによって、彼らの懸念に対してどのようなメリットがあるかを示すとよいだろう。例えば、非常に利己的な利益を求める人もいれば、他者全般に関心を持つ人もいる。このように相手が幅広い関心のスペクトラムのどの位置にいるかによって、その人の心に響くアプローチが変わってくる。最も重要なのは、彼らの考え方を理解し、そのニーズに問いかけることである。そこから、公正の問題に関連づけて、彼らのニーズがいかに社会的公正と合致しているかを示すことができる。

　個人主義的な自己利益に訴えかけている間も、教育者はより相互依存的な考え方を提示するとよいだろう。これは意識を覚醒させ、別の見方を提供し、

第9章 社会的公正活動に人々を巻き込むために

勝ち負けのメンタリティに対抗する好機である。ここでは個人主義的な考え方を助長しないため、学習者が立つ位置に寄り添い、共通の利益を考慮できるように彼らの視野を広げていく。以下の例を通して、自己利益という狭い考え方をどう広げるのか、個人の懸念や関心事項がより大きな文脈の中で何を意味するのか、彼らの短期的および長期的な利益をどう関連づけられるかについて紹介する。

　私はある大学のアファーマティブ・アクション（差別是正措置）の担当官として、差別是正措置のガイドラインを施行する、という任務を任された。大学関係者の多くは、このガイドラインを不公平だと感じており、自分たちが雇用したい人を自由に雇う権利を阻害されていると感じていた。私は彼らの協力を得るため、不当に数の少ないマイノリティ集団から人を雇用することで得られる恩恵の例を数多く指摘した。例えば、マイノリティ集団の人を雇用することは、大学側から雇用許可を得やすいというメリットのほか、その学部にマイノリティ集団出身の学生の関心を集め、学生を引き留めることにも役立つ、などの例が挙げられる（実際、学生の人気は学部の成長能力や資源を維持、増強するために重要である）。さらに、新たに雇用されたマイノリティ教員の経験や考え方が学生自身の学識や思考力をいかに高めるかを説き、多様性が生まれることで、大学が学生や教員にとっていかに活気があり、魅力的な空間になるかを示した。最後に、（特にダイバーシティが目標に掲げられている場合）ではいったい「最適な人物」とはどういう人物かについて彼らに考えてもらい、資質をより公平に評価するための情報を提示した。彼らがどの理由で従ったにしろ、マイノリティの候補者の雇用について彼らが考え、納得するための広範な方法を示す必要があった。

　もう一つのアプローチは、個人的な懸念を平等・公正というより大きな文脈の中で関連づけさせることである。このアプローチでは、被害者を非難する立場から、制度を非難する立場へシフトさせ、非難の矛先を変えるのである。大学生、特に公立大学の学生の多くは、学費の支払いやアルバイトをしながら出費に関する不安やストレスを抱えている。そのような環境下、白人学生が一部の有色人種の学生だけが受けられる（と思っている）「特別措置」やマイノリティ学生のための奨学金（とはいえ、これは最小限のものであるこ

とが多く、また急速に減少傾向をたどっている）について不満を漏らすのを私は聞いたことがある。このように、白人の学生たちは、自分たちが大学から財政支援を受けられないことを有色人学生のせいにすることがしばしばある。白人学生たちが抱える経済的不安は理解できるが、しかし、その不安にさせる原因が有色人学生だと誤解していることが問題なのである。この点を理解した一部の白人学生は、マイノリティの学生向けの奨学金に反対するのではなく、大学入学希望者が経済的な理由で入学できないというより大きな問題と捉え、大学の制度に対して組織的に立ち向かう選択をしてきている。こうした運動の中で彼らは、学費に不安を抱える他の白人学生の支援を得ることに成功するとともに、教育資金や教育の機会という人種を超えた共通の問題に焦点を当てている。有色人学生およびアライ（味方）との集団行動やロビー活動を行うことで大学教育全体への経済的アクセスを広げる効果につながったのである（例えば学費の引き下げや州政府等からの補助金追加など）。つまり、そもそも大学の学費に関する個人的な懸念として始まった問題でも、その解決法は経済的および社会的公正というより大きな変化に結びついたのである。社会制度や仕組みを変えることで、個人的な利益をもたらすのである。

　最後に、個人が持つ短期的・長期的な利害や懸念事項を社会的公正の問題と結びつけるアプローチがある。公平性が実現できるような取り組みを支持することが、短期的にも長期的にも誰にとってもより良い生活につながることを人々に気づかせる方法だ。たいていの人は少年犯罪や麻薬取引といったことに不安を抱いており、刑務所を増設することが解決策だと思っている人も存在する。その反面、多くのコミュニティでは、若者に対して教育・訓練の機会を与え、レクリエーションやコミュニティ活動に積極的に巻き込むような包括的なプログラムを展開している。このようなプログラムに対する支持を促すには、こうしたプログラムが暴力行為を減らし、費用効果も高く、若者の生活の質を向上させる効果があることを人々に理解してもらう必要がある。短期的には若者たちの違法行為や問題行動が減少するメリットが挙げられる。長期的には若者の生産性が高まり、社会に貢献できるような（つまり犯罪者、受刑者、生活保護受給者にならず）人材に育つ可能性が高まるのである。さらにコミュニティ自体の安全性を保ち、資産価値も維持することが

できる。「その場しのぎ」の解決策ではなく、人が短期的および長期的に不安に感じている事柄に対処できるのである。

理論的・意識覚醒的なアプローチ

　人々の自己利益を戦略的に利用すれば、意識覚醒（コンシャスネス・レイジング）へと発展させることができる。学びを促す環境が確保されると、教育者にとって様々な形で特権集団の人たちに社会変革にコミットするようはたらきかけることができる。特権集団の人たちには、抑圧にともなう代償や公正にともなう恩恵を理解してもらい、彼らが理想として思い描く社会を実現することに向けて導くことができる。

　特権集団の人たちに抑圧の代償について考えてもらう方法は、数多く存在する。私がよく使う方法は、特権集団の人たちが様々な抑圧によって、自らがどのように悪影響を受けたかを具体的に考えてもらうといったワークだ。この作業に入るには、学習者が抑圧や多文化の問題についてある程度学び、探求していることが前提である。学習者各自で一通り考えたあと、学習者同士がお互いに考えを共有し、さらに考察を深めていく。このプロセスは、特権集団に属する人たちの苦しみに正当性があることを認めるという数少ない機会の一つとなりうる点で重要である。今まで抑圧によって生じる代償について語ったり、考えたりする機会がなかった人々にとって、これは強烈な体験となり、自分だけが感じていると密かに思い込んでいた苦しみから解放され、大きな安堵をもたらす結果になるのである。私は多くの集団に対してこのプロセスを何度も行ってきたが、そのときに学習者同士で作成した代償のリストを単に眺めるだけでも、学習者に大きなインパクトを与えるものとなる。なぜなら、その代償のリストは、特権集団の人たちがいかに抑圧によって被害を広範囲に受けているかが一目瞭然に、鮮明に示されるからだ。

　学習者の集団によっては、一から代償のリストをつくるより、既存の代償リスト（第6章参照）を与えることが、より容易で効果的な場合もある。オリジナルなリストを一からつくるための思考を必要としないからだ。彼らに既成のリストを見せ、どの項目が自分にあてはまるかを聞いたり、自分自身にあてはまる具体例を付け足したりすることを促せる。代償を特定すること

が難しい人がいたとしても、このプロセスを通して、いつもと違った視点でものごとを考える機会が得られ、他の学習者の話を聞く中で、視野を広げるきっかけにもなりうるのだ。

　抑圧されている側の人々は自分自身が何らかの特権集団に属している、と考えることに抵抗を感じることがある。前章（3章および4章）で紹介したように、人は最も大きな痛みを経験した従属的アイデンティティのほうを最も強く認識する傾向があるため、例えば有色人種の人たちの多くは最初はこの課題を難しいと感じるようだ。彼らは、人種差別主義の対象としての自分たちの体験を最も強く意識するため、別の差別のカテゴリーにおいて自分が特権集団側にいるという自覚になかなかつながらないのである。それは、彼らのアイデンティティ発達段階における位置に起因することもあるが、一方で、あまりにも人種差別主義の存在自体やその影響が過小評価される現実があるため、有色人種の人たちは、他者（特に白人）に対して、人種差別主義のインパクトについて常に喚起しなくては、と感じている結果である可能性も大いにあるだろう。人種差別がいかに広く蔓延しているかを認め、それが他に持っている特権を軽減させている、というのを認めることは有益である。しかし、この課題のメインテーマは特権ではなく、抑圧がすべての人に対していかなる代償をもたらすかにある。そのため、自分が直接差別の対象となっていない場合においても、ある種の社会的不公平によってどのような害を被る可能性があるかを彼らに考えてもらうのである。また、特権集団の代償について話す前に、抑圧が不利な集団側の人々にどう作用し、また特権集団側の人々の持つ特権にどう影響するかを紹介する。その後に特権集団の人々に対する悪影響について考察する。そうすることで被抑圧集団に属する人々の体験と同一視するのではなく、抑圧という概念の全体を複合的に理解する方法があることを示唆するのである。最初にどんな抑圧があるかを列挙させ、特権の存在を認めることにより、被抑圧集団の人も特権集団に属することの代償について抵抗感なく考えられるようになる。

　代償について語る中で、自分は「逆差別」や別の形の抑圧の被害者である、と訴える人が出てくることがある。人種差別主義によって白人が不利益を被る例として、アファーマティブ・アクションがしばしば挙げられる。その場

合、まずしなくてはならないのが、機会の均等が保障されている社会がすでに実現されているとか、アファーマティブ・アクションにせいで白人男性が雇用の機会をマイノリティに奪われているといった根拠のない諸説を打ち消すことである。次に、人種差別主義の犠牲者という視点で現社会を捉えるのではなく、今ある社会は逆に人種差別主義の結果であるという視点を伝えることが重要である。人種差別主義に基づいた制度があるからこそ、それに対抗するためのプログラムや支援が設けられるに至ったのであり、人種差別主義が存在していなければアファーマティブ・アクションや人種に基づく特別の配慮など必要ないはずである。

　人種差別主義や性差別主義、または別の形の抑圧がない世界がどんな世界であるかを思い描いてもらい、どんな恩恵を受けることができるかを考えてもらおう。例えば、制度的な不公平に対抗する必要がなければ、生活はどれだけ向上するだろうか。代償のリストにあるものすべてが抹消されたら、どんな世界が待っているのか。また、今までの抑圧、葛藤、圧力、罪悪感、道徳上のためらい、無知などをなくすことができたら、どう感じるだろうか。こうした思いを想像させたり、実際に描かせたり、書かせたり、話し合わせたり、リストを作成させたりすることによって、より具体的なイメージを描かせることができる。

　似たようなアプローチに、人が理想とする世界のビジョンと今生きている現実とを比較させる方法がある。すなわち、学習者たちがどのような世界に住んでみたいかを想像させ、説明してもらう。理想とする社会はどのように構成されており、仕事、住宅、教育、環境、地域社会、娯楽はどのようになっているのかを語らせる。次にその理想の社会と現実の社会を彼らに比較させる。そして以下の質問を投げかける。理想とするビジョンと現実はどう違っているのか。ビジョンの実現を阻むものは何なのか。構造的な不平等により、理想はどのように歪められているのか。より大きな社会的正義によって、どのように理想に到達することができるのか。大半の人は、良い人間関係が構築でき、物質的に豊かで平和な世界で暮らしたいと願っているので、こうした問いを通じて様々な形の抑圧や権力構造についての議論に発展させることができる。また、このアクティビティでは、地域社会、学校、職場といった

社会のある領域に限定して行うこともできる。このような議論を通じて、人は社会的正義のために投資し、そのビジョンの実現に到達するためにどうすればよいかを考えるようになる。

　さらに、日常生活の中でより対等で満たされた人間関係を連想・体験させる方法もある。あまりにも完全なる変貌を遂げた世界を想像することは、非現実的なうえ、抽象的すぎてあまり意味がないだろう。しかし、私たちは、日々の生活において、公正で思いやりに溢れた社会であればよいのに、と思える体験をすでにしているはずである。周りの人々と偽りのない、相互に満たされた関係が築けたとき、自分の価値観に基づいた行動がとれたとき、自分の中にある深い人間性と愛情に根差した行動がとれたとき、自分と背景が異なる人と意味のある関係が築けたとき、さらに自分の健全で一貫した道徳心を感じたときなど、様々な状況で満たされた気持ちになったことを彼らに気づかせてほしい。こうした状況を彼らに言葉で表現させ、こうした人とのつながり方、自分のあり方を奨励してほしい。学習者がこのような人間関係を体験できるようなプロセスを組み込んだ授業やアクティビティをデザインすればよいのだ。このアクティビティを通して、どうすれば実生活においてこうした豊かな体験ができるようになるのかを考え、理想の世界の実現を阻む制度や構造を変革し、より公正で思いやりのある世界につくり変えることができるか議論ができるようになる。

　自己利益に訴えるもう一つの方法は、政治活動に関わることで得られる心理的効果を強調することである。幸福（ウェルビーイング）には、喜びの感情、人生における目的意識、および社会的な幸福（他人や社会とのつながり）の特徴があると心理学者らは主張する。政治的活動に関われば、それがたとえ短期的な関わりでも、この３つの特徴すべてが向上すると言われている（Kasser & Klar, 2009）。活動家たちは、政治的活動に参加したことで、満足感、感動、他人とのつながり、生きている実感を得ることができたと報告している（ただし、逮捕される、肉体的危害を加えられる、など「危険度の高い」政治活動に参加する場合を除く）。こうした研究結果などを用いて、学習者たちには社会的正義のために行動することや公平性の向上に資する活動に参加することを促し、その際にどのように感じたかを自覚させることをすすめたい。

自己利益に訴えかけることの賛否両論

　自己利益の訴求を意図的に行うアプローチは、賛否が分かれる。そこには利点もあれば危険も存在する。確かに有用かつ必要なアプローチではあるが、その利用にあたっては思慮深く、慎重でなければならない。まず、当アプローチの落とし穴をいくつか紹介し、次に利点をいくつか紹介する。

　このアプローチが危険である点は、狭い意味での自己利益に訴えて支持を得ようとする場合に起きる。つまり、社会的公正に向けて真剣に専心するアライ（味方）や被抑圧集団のメンバーからすると、そうした狭い自己利益で動く人に対し、不信感を抱くことになるからだ。利己主義的な動機で行動する人に対して懐疑的になるのも無理はない。なぜなら、もし動機が狭い自己利益のレベルに留まっているのだとすれば、状況が変わり、自己利益の見直しを行ったときに、支援を撤回する可能性があるからだ。利己主義的な自己利益を訴求する際に、もっと視野を広げる、関与を強めるはたらきかけをするなどせずに訴求すれば、私たちの究極の目的に反する考え方を逆に助長させてしまうことになりかねない。

　さらに、人によっては表面的な関与に留めたり、リスクをあまりとらない程度の関与に従事したりすることがあり、その場合、現状を検証することや、変革へ向けての活動が妨げられる場合がある。そういう人はたいていリップサービスだけに終始し、問題を矮小化し、さらにはその本質を骨抜きにしてしまう可能性もある。形骸化した委員会や読まれないまま放置された報告書、組織の方針や実務の不公正の是正を目的としているにもかかわらず実際には文化的な差異を理解するだけに留まる多様性教育、などを目の当たりにしてきた人も多いだろう。また、「過激すぎない」場合やある特定のテーマを避けた場合に限り支援をする、といった条件づけがなされる形の妨害もある。

　しかし、自己利益に訴求する利点もある。利己主義的な自己利益に訴えることは確かに問題をはらんでいると言えよう。とはいえ、偏狭で利己主義的な利益に対する訴求はある意味で、その人が今立っている位置まで歩み寄るという点では、理にかなっているとも言える。まずは「彼らの言語を話す」（彼らのわかる言葉で訴える）ほうが、関心がほとんどないような事柄に訴える

よりもはるかに効果的と言えよう。無論、高尚な精神を持って活動に加わってくれるに越したことはないが、そううまくいくとは限らないのが現実である。たとえ利己的な動機であろうとも、支援が得られれば、実現したいプロジェクトが頓挫したり、妨げられたりすることなく推し進められることもあるのだ。

利己主義的な動機で活動に加わった人にこちらからまず歩み寄ることで、彼らにとっての真の変革への足がかりができ、本格的な関わりを持つ第一歩となることもある。まずは活動に関わることで、さもなければ出会うことのなかった相手や知りえなかった状況や情報を知ることになる。その結果、考え方、態度や行動の変化につながることもあるのだ。例えば、ある企業の白人のマネージャーが、自分の部署に資金を得るために（自己利益に訴求）、有色人種の人たちの雇用や昇格に取り組むプログラムを導入したとする。しかし、そのために発足させたプロジェクトチームに関わる中で、実際に有色人の人々と関係を築き、人種差別主義に関する正確な情報を得、自分の持つステレオタイプの問題点に気づかされる。その結果、人種間の不公正を是正するための活動により真剣に取り組むような人に変わる可能性があるのだ。

実際に抱いている信念や態度が、社会的公正をめざす活動の理念と矛盾している場合に、心理学でいう認知的不協和が生じる。その不協和が生じると居心地が悪いため、自分の行動を正当化するために行動に沿うように態度を変えることがよくある。例えば、あるフラタニティ（アメリカの大学の男子寮の一種）に属する異性愛者の男性リーダーが、キャンパスにおける同性愛者やトランスジェンダーの学生への待遇を見直し、同性愛嫌悪・トランスジェンダー嫌悪と戦う啓蒙活動を行うための委員会の一員になったとする。当初は、フラタニティへの批判を回避するために参加しただけなのに（自己利益への訴求）、その経験の結果、新たな考え方に感化され、「これは本気で取り組むべき懸案だ」と友達に説明しながら、自分の関わりを正当化することもありうるのだ。

人は自己利益を超えた相互利益の視点を取り入れることで社会的公正に長期的に貢献する気持ちが芽生えるのである。つまり、単なる「他者のため」から、「自分のため」になるのだ、というふうに思考をシフトさせることで、

活動によりコミットするようになる。自分自身の当面の利益に反する場合、社会変革への支援は続けにくい。ただ他者のためだけではなく、自分自身のために行動している、という思いこそが社会的公正への支援を続けさせるのだ。集団的利益があることを認識することで、被抑圧集団の人たちからも、見下されずに信頼されるようになるだろう。

共感、道徳的・宗教的価値観、自己利益に訴えかける

　前章では、共感、道徳的・宗教的価値観と自己利益を組み合わせることで、社会的公正のための行動を起こさせる方法を紹介した。同様に、社会的公正への支援をとりつける方略を考えるうえでも、上記の3つの要因を複合的に用いることが可能である。3つの要因に訴えかけて、相乗効果を高める方法を考えるとよいだろう。

　あるワークショップで上記の枠組みを紹介したあと、参加者の一人であるティムがこうした相乗効果を念頭に入れた行動プランを作成したことがあった。彼は大学内での異人種間の対話、特に白人のフラタニティ（男子寮の一種）に属する学生と、それ以外の有色人種の学生との対話を促すことに関心があった。一部のフラタニティで人種的偏見による事件が起きていたからである。まずティムは、フラタニティの自己利益に訴えようと考えた。フラタニティの会員がキャンパス内での自分たちのイメージを気にしていたからである（別の参加者によれば、彼の大学のフラタニティでは、会員を増やすことが自己利益になるかもしれないとのことだった）。ティムは各フラタニティの代表を集めた一日勉強会を思いつき、フラタニティのメンバーが人種差別に無神経であるとの風評を改善する方法について話し合おうと考えた。勉強会では人種差別に関する意識を向上させるアクティビティも行い、有色人種の学生の被差別体験に敏感になり、共感を抱けるように援助するつもりだった。フラタニティの会員が偏見を持って見られるのが嫌なように、有色人種の学生も同じ思いをしているのである。勉強会が終わるころには、人種差別的であるというイメージを払しょくする手段として、また有色人種の学生が抱える問題への理解を深める方法として、フラタニティの会員の何人かが人種間の対話を申し出ることが期待された。ティムはこうした対話を通して、彼らの共

感力や道徳的責任感を高め、人種差別的な行動をなくすことをめざしたのである。

　共感、道徳的・宗教的価値観、自己利益を組み合わせて変化を生み出す別の方法として、米国ユタ州のソルトレークシティーの例を紹介しよう（Canham, Jensen & Winters, 2009）。同市の市議会ではレズビアン、ゲイ、バイセクシュアル、トランスジェンダー（LGBT）の住民を、住宅や雇用における差別から守る条例を検討していた。しかしモルモン教会（末日聖徒イエスキリスト教会）がこの条例案に反対していた。モルモン教会側が同性婚を禁止するカルフォルニアの発議（Prop 8）を支持したことから、同教会とLGBT社会の関係は悪化していた。しかし教会当局とLGBT代表との2ヵ月以上にわたる秘密会合を経て、両者の関係と相互理解は修復された。モルモン教会側のある指導者は、LGBT側の参加者たちが語った差別経験を聞いて、「同じ人間であることを感じた」と述べている（共感）。こうして条例はモルモン教会の支持を受けて可決された。教会幹部は条例を支持した理由について、条例は「公平で道理にかなって」おり、人々を敬意を持って扱うことを説くモルモンの教えにもかなっている」と述べた（道徳的・宗教的価値観）。そして教会員の息子や娘にも同性愛者がおり、同情を覚えるとも語った（共感と自己利益）。会合に参加した同性愛者の活動家も、モルモン教会が思いやりと配慮のある組織であることを示そうとし、Prop 8をめぐる対立を過去のものにしようと努めていたと述べている（自己利益）。

現行のシステムに対する代替案を示す

　これまで、社会的公正のための活動を支援するようはたらきかける方法に焦点を当ててきた。イデオロギーや社会構造にまで及ぶ変化を受け入れてもらうには、そうした変革は可能であるということ、また変革によって得られる自己利益をアピールする必要がある。大切なのは、ダイバーシティや抑圧について学ぶ人々に、現実に対する自分たちの観念がいかに社会的に構築されたものであるか、また変えられるものであるかを自覚してもらうことである。もし人々が現在の支配的な世界観やシステムを、今も昔も、今後も変わ

第9章　社会的公正活動に人々を巻き込むために

らないものとして受け入れるなら、大きな変化をイメージして、そのために行動を起こすこともありえない。支配のシステムは逃れられないものとして、他者を支配しようとするのは人間の本質的欲求と思い込んでいる限り、公正な社会を生み出そうという意欲は起きない。また社会的公正を推進すれば自分たちの生活が脅かされると思えば、現状を変えることに抵抗さえ示すだろう。したがって特権集団の人々にシステムの変革を支援する気になってもらうには、現行のシステムに代わる建設的な代替案があることをわかってもらう必要がある。

　現実の社会と、代替的な社会構造とを表現する方法はたくさんあるが、ここではRiane Eisler（1987, 1996; Eisler & Loye, 1990/98; www.partnershipway.org）による2つの枠組みに絞って紹介しよう。この2つのモデルを用いて、人々の視野を広げたり、現実を見直す新たな視点を提供したり、不公平の原因を人類の本質や生まれながらの差異のみに帰す思い込みを問い直すための、ツールとしていただければと思う。2つの枠組みは、現行のシステムを評価させたり、代替案を考えてもらう場合にも有効である。

　アイズラーが根底にある社会的パターンを明らかにすることで示したのは、2種類の社会組織である。これは支配者モデル（dominator model）と協調モデル（partnership model）で、両者は人間・社会関係・社会構造に関する前提を大きく異にしている。アイズラーはこの2つのモデルを、文化人類学、考古学、宗教、歴史、芸術、そして社会学から得られた広範な文化的・歴史的エビデンスに基づいて記述した。私はこの2つのモデルが、いくつかの点で教育の場面でも有用であると考えている。第一に、単なる空想ではなく、現実の人間社会に基づいたものであるという点。第二に、社会組織のモデルがきわめて中立的に、わかりやすく提示されている点。第三に、社会構造と、基底にある文化的・個人的パターンの関係に気づきやすいという点である。これらのモデルは、単に平等主義的な社会や人間関係の特徴を描き出すのではなく、互いに絡み合う要素を含んだ社会「システム」を大局的に提示しているのである。

　アイズラーによれば、支配者モデルの主要な特性は以下のとおりである。

- 序列と不公平。これにより（男女をはじめとする）差異は制度的な優位と劣位に転換される。
- 階層的で権威主義的な社会構造
- 制度化された社会的暴力
- 苦痛や、苦痛による脅しの蔓延

　支配者モデルでは恐怖と力で社会システムが維持されるため、信頼は構造的に損なわれる。人間や自然を支配し、破壊するために権力が行使されることが多い。希少性（資源が有限で希少であること）を意識させることで、搾取的な経済政策や恐怖政治が正当化される。政策プランは短期的で、将来世代に対する配慮はほとんどない。

　今日の社会組織には様々な形の抑圧が存在し、支配者モデルに類似する点が多い。このことを示しているのが、高い刑務所収監率（とりわけ貧困層の有色人種の男性）、甚だしく不公平な富の分配、レイプや家庭内暴力の蔓延、人や天然資源の搾取、組織における競争的個人主義、現状維持を脅かす人々につきつけられる失業や身体的危害の恐怖などである。

　対照的に協調モデルが強調するのは以下の点である。

- 連帯。（男女を始めとする）差違が価値あるものと見なされ、尊重される。
- 社会的暴力の少なさ。暴力が社会システムの構成要素になっていない。
- 全体として平等主義的な社会構造
- 尊敬とエンパワーメントに基づく人間関係

　協調的なシステムでは、人間関係は恐怖と苦痛ではなく、信頼と喜びによって維持される。平等が積極的に育まれる。権力は何よりも命を与え、育み、輝かせるために行使される。一人ひとりを大切にすることが重視され、豊かさの感覚が生み出される。政策プランには、現行世代・将来世代に対する長期的な配慮が盛り込まれる。

　アイズラーが注意を喚起するのは、支配者モデル・協調モデルは互いに相容れないものではないという点である。どの社会・組織・個人にも、両方の

第 9 章　社会的公正活動に人々を巻き込むために

モデルがはたらいている。ただし、社会はどちらかのモデルに傾きがちということは言える。また協調的パターンに基づく社会関係が、必ずしも理想的なモデルというわけでもない。暴力や苦痛、残虐性のない社会を想定するのは現実的ではないとアイズラーは言う。暴力や苦痛や残虐性は人間性の一部だからだ（Eisler & Koegel, 1966）。ただし協調的社会では暴力や残虐性に基づく人間関係が理想化されたり、制度化されたりすることはない。

　Wilkinson and Pickett（2009）の研究でも、社会的公正に関する私たちの信念や行動が、いかにより大きな文化的・社会的な仕組みによって形成されているかが示されている。ウィルキンソンとピケットは、どの程度まで平等な社会で成長するかが、その人の社会関係や人間性についての信念や誘発行動に影響を与えることを発見した。人間は対立したり支配したりする可能性もあれば、愛したり協調したり、支え合ったりする可能性もある。こうした人間の持つ可能性がどのように発現するかは、社会の仕組みによって左右されうる（社会神経学の発達により、人間の脳には思いやりと協調が生まれながらにプログラムされていることがわかっている）。平等な社会に生きる人ほど強い信頼感を持ち、その結果、よりいっそうの協調関係が築かれる。そうした人々は他者と文化を共有し、その一員であると感じ、誰もが敬意と寛容を持って扱われるべきだと考える傾向が強い。他者を信頼する人は、他者のために時間とお金を差し出す傾向が強い。物質的な平等は、より連帯した、協調的なコミュニティをつくり上げる。反対に不平等な社会に生きる人は、人間は利己的なものと見なし、他者を信頼する力や、自分たちがコミュニティの一員であると感じる力が欠けている。そのため一体感を持って何かに取り組んだり、共通の利益のために努力したりする気持ちが生まれない。

　多くの社会学者が、現代人の「自分中心で物質主義的な文化的エートス」に懸念を示してきた（Lerner, 2006, www.tikkun.org）。企業の独占や自由市場経済が、道徳観・社会的責任・共同体意識を崩壊させ、自我・金銭・蓄財への執着を促してきたと指摘する研究者もいる（Daly & Cobb, 1994; Derber, 2009; Korten, 2001, 2007; Kasser 2003; Pitma, 2000）。ゼロサム的発想のせいで、人々は全員にゆきわたるほど物が十分になく、誰かが自分たちを犠牲にして物を手に入れていると感じている。自分のものは自分で手に入れ、どれだけ

利用価値があるかで人を判断し、目先の利益ばかり追求するのが当然とされている。その結果、人々は自分が認められていない、他者から切り離されていると感じ、生きる意味を見つけられない。人生のむなしさや様々な社会問題（犯罪、失業、暴力、ホームレス化、家族の崩壊）に怒り、不満、迷いを感じている。にもかかわらず、人々は競争をあおる市場経済や不平等なシステムを非難せずに、「伝統的におとしめられてきた他者」、例えばフェミニスト、有色人種、同性愛者、移民などに責任を転嫁している。米国民の多くが移民に仕事を奪われていると信じ、白人女性や有色人種が白人男性の機会を奪い、ゲイやレズビアンが万人に与えられる平等の権利を超えた「特権」を要求していると考える人も多い。こうした思い込みのせいで、強欲で利益優先の企業から目が逸らされて、完全な社会参加を必死に得ようとしている集団に軽蔑の視線が向けられる (Pharr, 1996)。そして社会の周縁に追いやられた人々の社会的・経済的なアクセスを制限する、反民主的なアジェンダを支持することになるのである。

ラファエル・エゼキエルは著書 *The Racist Mind*（人種差別の心理）で、ネオナチとKKKの心理的基盤を考察している。エゼキエルは、ネオナチ運動に参加する若者に貧困層出身者と高校中退者が多いことに気づいた。若者たちがこうした右翼集団に加入する最大の要因は、イデオロギーではなく意味づけにある。大人たちの「目を引く」こと、目的意識や自意識を満たすことを願っているのだ。たとえ抑圧された集団（貧困層）の出身でも、白人（男性）という、自分の中の支配的アイデンティティに一体感を抱くのである。そして特定の劣位集団、すなわち有色人種、同性愛者、ユダヤ人等に対して敵対的行動を起こすのだ。こうした若者の多くは暴行事件に関わったり、被抑圧集団の権利や資源を制限する政策を支持したりするようになる。

他者を制度的に不利な立場に置く政策を支持する人々は、自尊心と自己防衛のためにそうすることが多いが、そこには個人的・精神的な代償をともなうことも、実は少なくないのだ。多くの人を動かすのに成功した社会運動（例えばニューディール政策やキング牧師と公民権運動など）は、狭い個人的な権利ではなく、道徳的にも意味的にもより広い文脈から問題を捉えている。共通の利益に配慮する社会こそが自分のニーズに最もよく応えてくれることがわ

かれば、よりよいサービスを、より多くの人々に提供する政策が歓迎されるようになる。支配的エートスを受け入れて抑圧された人々を非難するのでなく、むしろ支配的エートスに異議申し立てを行うほうが、生きがいや他者とのつながりを得られるとわかれば、変革のための連帯が生まれる可能性がある。人々は人生の意味や精神性を以前より求めるようになっているが（The Higher Education Research Institute, 2010; The Pew Forum on Religion, 2009）、個人単位での解決に目が向いていて、より広い文化的分析にはつながっていない。

　たとえ社会的公正や平等を支持するようになっても、自分の幸福を脅かすような行動や変化には賛成できないだろう。したがって社会的公正教育では批判的精神を育むとともに、社会的公正をめざす行動を選択しやすいよう、社会的・経済的な条件を整えてあげる必要がある。支配的文化における政策や社会構造を変革していくことで、人々は安心して生きがいのある、平等な世界を支持するようになる。理想に従って生きても馬鹿を見たり、自滅したりすることがないようにしなければならないのである。

　そのためにできることは、ゼロサム・ゲームの中で人間より企業利益を優先するシステムや政策に疑問を投げかける、民主的な社会参加を可能にする、協調的な社会の仕組みをつくり上げる、必要以上に希少性を生み出す人々に説明責任を求める、人々を「敵か味方か」の生存競争に追い込むやり方を問い直す、などが可能である。パイを大きくして、人々が対立することなく資源を利用できる方法を探すのもよい。共通の目標のもとにみんなの幸福をめざし、互いに責任をとり合うことも大切だ。一例を挙げると、ニューヨーク市では、裕福な家庭が教師の給与と学校教育のために資金提供することの是非が問われたことがあった。教育長は、それでは公教育における格差をいっそう広げてしまうのではないかと懸念した。私はニューヨークの地元紙に寄せられた投書を通して、人々の議論と提案を追った。一部の親たちは何よりも個人の権利を重視し、自分の子どもの教育を支援するのは親の権利だと主張した。より協調的で、相互依存的な考え方を示す保護者もいた。ニューヨーク市のすべての子どもが適切な教育を受けることが、すべての人々の利益になると述べた投書もあったし、経済的に恵まれた家庭が拠出した資金の半分

を貧しい学校にまわすべきだという提案もあった。議論に費やすエネルギーと能力があったら、すべての学校が恩恵を受けられるよう、教育のための適切な財政支援を求めるロビー活動を行うべきだという意見もいくつか見られた。これを一歩進め、教育への財政補助や支援を見直すということも可能だろう。多くの社会学者や活動家が理論と実践の両面において、人々が生きがいと目的意識を持てるような平等主義的・協同的・民主的な組織や政策を考案してきている（いくつかの例については付録を参照）。

　結論として、社会変革に人々を関与させる唯一の正しい道というものは存在しない。誰を、どんな状況のもとで教育するのかを知る必要がある。支配的なパラダイムを変えるために、小さなことから始めてもよいし、大きな行動を促してもよい。人々の問題意識を高め、変革は可能なのだと思わせ、人々の支援と関与を促すための様々なアプローチをここまで紹介してきた。それらのアプローチを複合的に用いるのが最も効果的という場合も少なくない。人々の視野を広げ、関与を促すためには、共感、道徳的・宗教的価値観、自己利益などを結び合わせて、そこから発展させていくのもよい。全体的に言えることとして、社会的公正とダイバーシティを支持することは、本人にとっても他者にとっても利益になり、社会全体の幸福につながるということを、繰り返し強調し続けることも大切だろう。

第10章
アライ（味方）と行動

　特権集団に属する人々の意識を高め、動機づけができたら、今度は変革を起こす方法を見つけてもらおう。学習者は偏見や不平等に対して疑問を投げかけられるようになり、罪悪感や無力感が消えるので、エネルギーをプラスの方向に使えるようになる。しかし抑圧についての学び直しが終わりのないプロセスであるように、優れたアライ（味方）になることもまた終わりのないプロセスである。本章では、アライであるとはどういう意味なのか、優れたアライになるにはどうすればよいのか、そして社会的公正を実現していくための様々な選択肢について掘り下げる。本章を書くにあたっては、私自身の経験のほか、他の研究者によるモデルも参考にした（cf. Albrecht & Brewer, 1990; Bishop, 2002; Kivel, 2002; Leondar-Wright, 2005; Raible, 2009; Reason, Broido, Davis & Evans, 2005）。これらの研究者が提起した問題の多くは、社会的公正の教育者である私たちだけでなく、教育を受ける側の学習者とも深い関わりがある。だから行動を起こし、持続させるための様々なノウハウを紹介する部分では、直接読者に語りかける形をとりたいと思う。

アライとは何か

　これまでの章で、共感、道徳的・宗教的価値観、自己利益などが、特権集団に属する人々が社会的公正を支持するようになる動機となることを述べた。しかし学習者のこうした側面に訴えかけることによって、彼らが行動を起こせるようになったとしても、必ずしも社会的公正というより大きな目標を共有してくれるとはかぎらない。公平・公正を求めて行動する人もいれば、

相変わらず狭量な利己心から行動する人もいるだろう。アライとは公正な社会を実現したいと心から望む人のことである。アライとは、特権集団の人々の中で、自らの意志で被抑圧集団の人々の権利を支持する、あるいは社会的公正を求めて立ち上がることを選択する人々である。抑圧という、自分たちに特権をもたらすシステムを打ち壊そうとする人々である。アライはただ他者のために行動しているのではない。同時に彼ら自身のためにも行動している。社会的公正は自分自身の解放や人間性にも深く結びつくものであり、単に被抑圧集団に属する人々を解放するだけではないことを認識している。つまり、アライは自分自身の価値観に基づいて行動するのであって、被抑圧集団の人々に認めてもらうために行動するのではないということである。

優れたアライになるための資質

　優れたアライになるためには、意識、知識、技量、行動などにおいて、幅広い資質が求められる。私が最も重要だと思う資質を以下にいくつか挙げてみよう。これらはあくまで理想である。非常に優れたアライでさえ、すべてを満たしているわけではない。それでもこれらの資質をより深く、一貫性をもって身につけるよう努力することは可能だろう。

　抑圧についての知識を持つ　抑圧には様々な形や背景があることを理解しているからこそ、アライは抑圧の存在を見抜き、対処することができる。アライは、抑圧が被抑圧集団の人々や特権集団の人々にどのような影響を与えているか、また他の抑圧とどのように絡み合っているかを認識することができる。

　自分を知っている　アライは自らの社会化のプロセスや経験が、自分の態度や信念、ふるまいにどう影響しているかを分析できる洞察力を持っている。自分たちの特権や権利意識、内面化された優越感がどのように作用しているかを、常に観察している。さらに真摯に内省し、自分の力量や成長を要する部分を把握する力も必要である。

　謙虚である　アライは内面化された優越感を捨て、他者の知恵ややり方を尊重することができる。相手を救済しようとか、支配しようとか思わず、公平かつ協力的に被抑圧集団の人々と連携することができる。自分には知らな

いことがあると素直に認め、学び続けることをやめない。

　防衛的にならない　アライは自分に対する批判的なフィードバックにも耳を傾け、自らの学びや成長につなげることができる。間違いを認め、フィードバックは自らを成長へと導く「贈り物」と捉えることができる。

　適切な行動を選択できる　アライは状況や自分の力量を分析し、状況にふさわしい方略を選択することができる。社会変革を起こすには、個人で頑張るのではなく、集団で行動を起こすほうが威力があるということを認識している。

　常に高い意識を持ち、関与をやめない　特権集団の人々は、いとも簡単に不平等について考えるのを「忘れ」たり、社会変革の緊急性を認識していなかったり、難しい問題にぶつかると背を向けたりしがちである。しかしアライは特権と抑圧のダイナミクスに絶えず目を向け、不平等の解消が喫緊の課題であることを認識している。人間関係や活動に困難が生じても何とか解決の道を探そうと努力し、長期的に社会的公正を求める活動をやり抜く意欲を持っている。

　説明責任を持つ　アライは被抑圧集団の人々とも、自分と同じ特権集団の人々とも人間関係を築いて、率直なフィードバックを得ることができる。自ら反省したり、外からの意見を聞いたりして、自らが信じる価値観に従って行動しているか、被抑圧集団の人々の活動と連携できているかを確かめる。

　これらの資質を伸ばし維持するには、意欲と慎重さが求められる。とはいっても、アライに知らないことはないとか、間違いは絶対に犯さないとかいう意味ではない。間違いはつきものだし、今後もなくならないだろう。しかし、そういう状況にどう対応するかに違いが表れる。高圧的に行動していると非難されたとき、言い訳したり、自分の行動を正当化したりしたい気持ちを抑え、相手に耳を傾け、謝罪し、指摘についてじっくり反省することができるだろうか。被抑圧集団の人が、アライは気づいてくれなかった、立ち上がるべきときに立ち上がってくれなかった、という失望を口にしたら、何もしなかったのは自分ではないと開き直るのか、それとも過失を認め、次の機会にはよりよい行動をとるよう心がけるだろうか。私自身、理想的なアライとし

てふるまえなかったときは、今でも自分を十分に叱れなかったり、ふさぎこんで自分の殻に閉じこもったりしてしまうことがある。しかし、そんなことをしても誰のためにも何の役にも立たない。自分に打ち克ち、自分はアライになれるのだという自信を持ち、どうすれば状況を改善できるかを考えるほうがずっと望ましい。

アライの成長

　社会的アイデンティティ発達の理論によれば、抑圧の本質、社会的アイデンティティの意味、変革に求められる様々なタイプの行動などは、段階的に理解されていくもののようだ。アイデンティティの発達と同じように、アライとしての能力も一つのプロセスと見ることができる。優れたアライとなるための自覚、動機づけ、適性は、その人のアイデンティティの発達にともなって成長し進化する。善意から不平等をなくす活動に取り組んでいても、活動を効果的に行うだけの意識の高さや能力は持ち合わせていないこともある。場合によっては、変えたいと思っている抑圧のダイナミクスを、そのまま再生産してしまうことさえある。

　Edwards（2006）は、アイデンティティ発達の諸理論、および私が提唱する自己利益の連続体モデルをもとに、アライの発達モデルを理論化している。その目的は、有能で一貫性があり、持続性のあるアライを育てることである。そして基本となる動機ごとに、社会的公正をめざすアライは三通りに分類できると説いている。

　第一のタイプは、自己利益のためにアライを志望する人で、自分がよく知る人や気にかけている人を特定の加害者から守るという、利己的な考えに動機づけられている。自らを救済者、庇護者と見なし、行動すればするほど自分に権力があるかのように感じることができる。しかし、抑圧のシステム全体の分析を欠いているので、構造的な抑圧に異議を唱えることはない。視野が狭いため、自分の知っている誰かを助けようとするとき以外は、抑圧的なふるまいに加担することもある。例えば、女性のためにキャンパス内の護衛を買って出る男性でも、女性に対する暴力というより大きな問題に関心がなかったり、別の場所では性差別的なジョークを言ったりすることもある。

第10章　アライ（味方）と行動

　第二のタイプは、利他主義からアライを志望する人で、多くの場合は罪悪感から標的集団の人を助けようとする。善意に基づいてはいるが、行動は父権主義的で、救済者やヒーローになろうとする。制度としての不平等を頭では理解しているものの、個々の加害者に目を奪われがちである。自分たち特権集団の中で「より秀でた存在」であろうとし、被抑圧集団から認めてもらえないと落ち着かず、批判されると保身的になりがちである。動機づけが他者を「助ける」ことにあるため、燃え尽き症候群に陥りやすい。例えばある小学校で、管理職、教師、保護者の間に成績格差、とりわけ有色人種の低所得家庭の子どもの成績不振に対する懸念があった。彼らが提案した対処法は、個別指導を増やす、コンピューターを利用できるようにするなど、おおむね個々の生徒やその家族を助ける方法だった。しかし何が学力向上を妨げ、どうすれば効果が上がるのか、当事者である生徒や家族の考えを積極的に聞くことも、協力してプランを考えることもなかった。また管理職も教師も保護者も、学校の構造、方針、慣習（などの制度的要因）が格差の一因になっていないか、検証する必要性を考えようとしなかった。

　これら2つのタイプのアライ志望者は、種類は異なるが善意を持っている。しかし変革を実現する人として十分な能力、一貫性、持続性を持っているとは言えない。次に挙げる第三のタイプは、先に述べた資質を持ち合わせた社会的公正のアライである。このタイプの人々は、自らの社会化と特権、標的集団が経験している抑圧、そして不平等のシステムに重層的な構造があることを理解している。彼らは制度全体を変えていくために、被抑圧集団の人々と「協働」しながら、すべての人々の解放のために社会的公正を求めていく。

　以上のような、抑圧の理解や行動の動機に違いがあることを説明する枠組みを用いることで、アライの成長を促すことができるだろう。自分の目標、ふるまい、特定の行動への意欲などについて、学習者に自己評価してもらうのもよい。そうすれば、アライへの成長過程で私たち指導者がどの部分を支援できるかの目安になる。例えば自己利益を求めるアライには、抑圧の制度的側面への学びを深めるよう促すことができるだろう。また利他主義を求めるアライには、自分の中にある内面化された優越感に気づかせ、不平等をなくすことには自己利益もあるのだと気づかせるとよいだろう。

アライでありたいと願う人々、とりわけ社会的公正への意識に目覚め、社会的行動をとることに胸が高鳴っている段階でよく見られる行動がいくつかある。一つ目は、使命感に燃えて人に接するというものである。講義やワークショップを受けて啓発されると、新しく学んだことをまだ経験をしていない人に熱心に話そうとするような場合だ。他の人を「改心させたい」という思いから、高圧的、独善的な態度をとることもある。相手の考えを変えさせようと説得を試みるが、相手を尊重することもなく、忍耐力も謙虚さもない。これでは、巻き込みたい対象である、目の前の相手を遠ざけてしまうことになりかねない。そうした学習者には、相手を改心させようとしたり批判したりしなくても、適切に自分の理解を伝える方法があることを教える必要がある。他人の知識や行動をとやかく言わずに、自らの学びに集中し、新しく得た考え方は徐々に広めていくよう促すとよいだろう。自分が伝えようとしていることを自ら実践して、行動で示すという方法もある。どんな状況であれば自分の思いや熱意を伝えられるのかを見極められれば、そうした思いはもっと歓迎されるということを学習者に教えていこう。

　二つ目の問題は、慌てて介入しようとすることである。不平等な状況を見ると、今すぐ何とかしたいという思いに駆られるものだが、分析も技量も計画性もまだ十分に持ち合わせていない。世の中を救おうと走り回っても、まだ本人がその段階に達しておらず、むだな努力に終わりかねない。むろん、実力も知識も万全と思えるようになるまで待つ必要はないが、自分自身を十分に振り返ったうえでなければ、一人前のアライとなるために何が必要かはわからない。考えるより先に飛び込むタイプの人ならば、まずは時間をかけて介入の仕方を慎重に選択し、自分たちの努力が確実に被抑圧集団に支持され、なおかつ彼らの活動と同調するものであるかを考えるほうが、彼らにとってはプラスである。

　三つ目の問題は、何でも自分で「解決」できると思い込むことである。不平等の問題を解決できるのは自分だけ、と思ってしまうこともある。これは内面化された優越感からきており、そのため特権集団の人々は、人の手を借りないでも自分で「解決」できる知性と権力があると信じてしまう。このようなケースでは、まずいろいろな人から意見を聞きながら共同で戦略を練ら

第10章　アライ（味方）と行動

せ、みんなで力を合わせればどれほど活動が強化されるかを考えさせるのが賢明であり、効果的である[1]。

　誰しも、間違いながら学ぶものだが、私たちが支援しようとしている人々や活動理念を傷つけることは、なるべく避けたいものである。例えば仲間に入れようとしている相手に恩着せがましくふるまえば、相手は参加しようとは思わないだろうし、この機会を逃せば、時間とともにますます参加意欲は薄れていくだろう。あるいは研修プランの立て方や進め方が悪いせいで、研修が互いを攻撃し合う場になったとすれば、他の研修にも参加する気はなくなるだろう。アライであるということは、単に自分自身の要求を満たすことではなく、社会的公正を前進させる最善の方法は何かを考えることである。学習者には、賢いやり方で介入するためのツールを身につけてもらい、プラスの貢献ができるように導きたいものである。

変革の実現と行動の選択肢

　学習者に一定の自覚ができ、自分の強みと限界を見極め、行動への動機づけが生まれたら、次はどのような方向に進むかを決めなければならない。しかし多くの場合、自分に何ができるのか、戸惑ったり迷ったりするものである。ある研究（Broido, 2000）によると、大学生の場合、具体的に勧められたり、大学生の役割の一部として期待されたりすると、社会的公正のための行動をとりやすくなるという。おそらく他の学習者にも同じことが言える。注目を引くようなリーダー的役割を引き受けるのはまだ無理でも、さほど目立たずリスクの小さな行動なら参加できる。本人の今いる発達段階を尊重しながら、視野を広げ、勇気を持つよう促していくとよいだろう。

　自分の影響力が及ぶ範囲を学習者に考えさせるのも、変化に貢献できる場所はどこかを本人に気づかせる一つの方法である（Adams, Bell & Griffin, 2007; Tatum, 2003）。まず円の中心に自分を置き、同心円を外側に広げていき、家族、友人、隣人、同僚、コミュニティや所属組織、政治家、そして全国的団体、国際的団体へと広げていくと、自分の影響力がどこまで及ぶかを考えやすいだろう。その中のどの領域でもよいから、自分の影響力をどのように

使えば、社会的公正を推進できるかを考えさせるとよい。

　さらに個人／対人レベルで、あるいは制度／文化レベルで起こっている抑圧に対して、どんな行動がとれるかを考えさせよう。個人／対人レベルでは、行動は何よりも人間（自分自身と他者）の意識やふるまいを変えることが中心になる。例えば、社会的公正の問題に関する会合やイベントに参加する、不適切なコメントやジョークをさえぎってやめさせる、講座やワークショップに参加する、意図的にダイバーシティや社会的公正の問題を話題にする、自らの人間関係の多様性を広げる、集団内や教室内にある不公正のダイナミクスを指摘する、などが挙げられる。

　一方、制度／文化レベルで変革を起こすとなると、制度の仕組みや政策、法律、慣習、文化的イメージ、言語、メディアなどを変えなければならない。これを実現するには、署名運動、ボイコット、ロビー活動、投稿、デモの企画や参加、会議などでダイバーシティについて発言する、電話・メール・手紙を使っての宣伝活動、コミュニティづくり、組織の役員になる、投票で意思を示す、組織内の人事や方針に影響力を持つ委員会（人事委員会、教務委員会）に入る、啓発イベントの企画、政治運動や立法運動に参加する、組織内の慣行を監視する（人種構成、停学処分率など）、訴訟を起こす、などの活動が必要になるだろう。

　大半の学習者は個人の行動や姿勢を変えさせることばかりに目が行きがちで、制度全体を見る視点が欠けている。学習者が抑圧をより大局的に理解し、より大きな変革目標をめざすよう、教育者が絶えず励ましていく必要がある。そのためには、個々の問題の根っこに構造的な問題があることを理解させよう。例えば、満足に食べられない人に給食施設で食事を出すことは大切だが、そのコミュニティや国全体に飢餓が存在する根本的な理由は何だろうか。一人ひとりの行動が集団として結集されれば、より抜本的な社会変革に貢献できるのだということも、学習者の心に留めさせたい。

　学習者に行動計画を立ててもらう段階では、まず自分たちが取り上げたい問題について分析を行ったうえで、その計画が成功したときのイメージ（ビジョン）を思い描いてもらうとよい。何が不平等の根本原因で、どんなところに不平等が表れているのか、そして目標を達成したらどんなふうになるの

か、といったことである。現在の状況にどのようなダイナミクスがはたらいているのかが理解できれば、その状況を変えるための、よりふさわしい方策を立てられる。どういう状況をつくりだしたいのかを意識できるようになれば、正しい方向に進んでいるかどうかを絶えずチェックできる。慎重な分析を行い、明確なビジョンを持つことによって、より良い方策や道筋を考え、効果的に介入できるようになるのである。私はよく、学習者に行動計画をつくらせるのだが、その中に記入させるのは、具体的な目標、必要な（人的・物質的）資源、直面する可能性のある障害、それらの障害の克服の仕方、目標達成のための具体的な道筋、達成度を確かめるための評価方法、そしてこれまでの過程で学んだことの振り返りなどである。その行動が被抑圧集団に属する人々の状況を変えるために行われるのであれば、被抑圧集団の人々と組んで活動していくことも必要である。アライの役割は、被抑圧集団の人々のニーズや欲求を、彼らの代わりに決めることではないからである。

さらに学習者には、被抑圧集団の人々をどのように助けるかではなく、どうすれば自分と同じ特権集団の人々から協力を得られるかについても考えさせよう。被抑圧集団の人々が特権集団の人々に向かって、「私たちのことより、自分たちの集団の人たちを何とかしてください」と訴えるのを何度も聞いたことがある。アライが担うべき重大な役割は、同じ社会集団に属する人々を教育して、彼らが不平等を理解し、不平等と闘うことができるようにすることである。被抑圧集団の人々は、特権集団の教育係をやらされることも、そうした役割を期待されることにも、うんざりしているのである。

何が行動を阻んでいるのか

善意もあり、より大きな公正を求める気持ちがあっても、いろいろな障害から特権集団の人々が不平等をなくす行動に一歩を踏み出せないことがある。よくある障害の一つは、やるべきことの大きさに「圧倒され」、「無力感」や「絶望感」を持つということである。抑圧のシステムが広範で複雑なため、どこから取りかかればよいのかわからない。抑圧のシステムが広く深く浸透しすぎており、変化を起こせる余地などほとんどないと思ってしまう。あまりにも長い間、抑圧構造が機能してきたことを思うと、手に負えそうにない

と絶望感を持つのかもしれない。そして、何かが変わる可能性などほとんどないと感じてしまうのである。

　それ以外にも、もっと個人的な理由で行動できなくなることもある。例えば、自分は「不適格」と感じる人がいる。知識も技量も足りないために、何の貢献もできないと思ってしまうのである。もっと情報を得なければ、もっと勇気がなければ、もっと「何か」がなければ、行動を起こせるようにはならないと思い込んでいる。人によっては、「自分の持つ特権に対する罪悪感や恥ずかしさ」が妨げになることもある。自分の持つ優位なアイデンティティやライフスタイル、資源へのアクセスに対して戸惑い、恥じ入ってしまう。そのため自分がどういう人間でどんな生活をしているのかを他人、とりわけ被抑圧集団に知られたくないと、社会的公正運動から距離を置いてしまう。また変革をめざす活動に参加することの「リスク」や、周囲の反応について心配する人も多い。例えば身の安全は大丈夫か、クビになったり、人間関係にひびが入ったりしないか、頭がおかしいと思われないか、間違ったことをしでかさないか、被抑圧集団の人々を傷つけないか、無知と思われないか、などである。確かに、社会を変えるための活動には現実のリスクが存在するが、こうした人は悪いほうにばかり考え、最悪の事態を想像しすぎるのではないだろうか。

　さらに、大半の人々は多忙な生活を送っており、したいと思うことは何でもやれるという人は非常に少ない。社会変革のための活動をする「時間がない」と思っている人もいる。つまり特権集団の人々には、不参加を選ぶ特権や、不平等に関する問題に取り組まないと決められる特権があるということだ。最後に、「燃え尽き症候群」に陥る人もいる。もっと大きな平等を実現しようと意気込むあまり、あれもこれもと手を出しすぎてしまうこともあるし、活動によっては労力ばかりかかり、成果がなかなか上がらないものもある。このような場合には、それ以上がんばるだけのエネルギーや意欲が失われてしまう。

行動への障害を乗り越える

　特権集団の人々が社会変革活動への参加をためらうのには、何らかの理由

がある。先に述べたように、実際に行動を起こすことへの障害はたくさんあるのだ。しかし、そうした行動を推進・維持する方法もいろいろある。以下で紹介する様々なヒントは、学習者にも共有して、積極的な活動を促すのに役立てていただきたい。さらに私たち教育者にとっても、社会的公正への取り組みに行き詰まったときの参考になるだろう。

　社会変革の歴史を振り返る　歴史に目をやると、社会を変革することは不可能ではないが、その実現には時間がかかることに改めて気づく。大きく社会を変えることは、前進と後退をともなう長い道のりである。努力しても結果が見えない、自分たちの影響力は知れていると感じることも多い。何年もかけて基礎づくりをし、数え切れないほどの小さな努力が、不当な政策や慣例を支えていた態度や信念を少しずつ崩して、ようやく大きな転換が訪れるのである。今行っている活動は、社会変革への道に、一個レンガを敷いたようなものと考えよう。歴史はこうした長期的視点を与えてくれるだけでなく、手本やひらめきの素も与えてくれる。ラビ・ターフォン（Rabbi Tarfon）の言葉にあるように、「仕事を仕上げるのはあなたでなくてもよい。けれど途中で投げ出すのは許されない」のである。

　成功事例を見つける　平等の実現は一朝一夕にはいかないが、それでも社会的公正を推進し、人々の生活を著しく向上させる重要な社会変革が数多く行われている。学校でも地域社会でも、あるいは職場、行政など様々なところで、社会的公正を前進させる慣例、構造、政策、法律がつくられている。そうした成功例を取り上げ、評価することが大切である。

　社会変革を担う人々の一員という自覚を持つ　社会的公正を推進するのが自分一人だったり、人から笑いものになったりすると、孤独や危険を感じることになりがちである。同じ志を持つ仲間を見つけることは、孤立感や不安が軽減されるだけでなく、活動へのモチベーションを維持でき、より賢い選択もできる。自分が社会的公正のために行っている活動は、もっと大きなネットワーク、コミュニティ、運動、歴史の一部であることを理解しよう。あなたは今、過去の先輩たちの実績の上に立って、その実績を拡大しようとしているのだ。同じ目標を持つ人々と協調し、ネットワークをつくろう。実際、大きな社会変革は集団の社会的行動から起こっているのである。

小さなことから始める　自分一人の力で抑圧をなくせる人などいないが、誰だってプラスの貢献はできる。自分がどこで力を発揮できるか考えてみよう。いろいろな場面で、自分がどれだけ影響力をもたらせるかを考えてみれば、自分の生活の中に変化を実現できる場所を見つけられるだろう。たとえ自分自身を教育することでもいいから、これならやれそうだと思う行動を見つけよう。そこから次の一歩へ進むきっかけをつかめるはずだ。

成功体験を持つ　努力の結果が常に目に見えるとは限らないが、ちょっとした成功体験があると確実にモチベーションが上がる。そして自分に力がついたという実感が持てる。達成できる可能性が高い小さな目標を持って、とにかく行動しよう。さらに、社会を変える活動をポジティブな経験にすることだ。例えば一緒にいて楽しい人と活動する、新しい人と知り合う、新しい情報やスキルを学ぶといった工夫をしよう。

情熱を持って、道徳的にも納得できる活動を選ぶ　やりがいがあり、気分が良く、心弾む活動であれば、負担や義務を感じているときより、時間も手間もかけたくなるものだ。社会的公正のための活動には、まだまだ取り組むべき領域がたくさんある。人生のその時々で、最も自分の心に響くテーマを見つけよう。

適度にリスクをとる　行動に移る前に、リスクをよく考え、自分の置かれた状況から考えて、どの程度までのリスクなら受け入れられるかを考えておくことが大切だ。社会的公正のための行動は、低リスクのものから高リスクのものまで幅広くある。しかし追い詰められて進退きわまるほどのリスクをとってはいけない。現実のリスクはどの程度か、起こりうる最悪の事態は何か、どうすればリスクを最小限に抑えられるかなど、検討事項のチェックが必要だ。そして恐れていた事態が起こった際に備え、支援体制を組み、いざというときの代替案を考えておこう。

アライとして進化する方法を見つける　自分の知識やスキルを伸ばし、影響力の強いアライになれるような活動、講義、ワークショップ、プロジェクトなどを見つけ、他の人々との連携を深めよう。グループや組織に参加して、自分も貢献する一方で、経験豊富で専門知識を持つ人々から学ばせてもらおう。自分の自信と能力を伸ばしていけば、それだけ行動の選択肢が広がって

第10章　アライ（味方）と行動

いく。

　罪悪感を建設的な行動に転換させる　罪悪感は自然な感情だ。しかし、罪悪感にとらわれていては誰の役にも立てない。権力や特権に罪悪感を持ったり、隠そうとしたりするのではなく、それを社会的公正のために使おう。持てる知識やスキルを他者に分け与え、被抑圧集団の人々がリーダーシップをとれるよう助けよう。そして、持てる権力や特権を活かして、他の集団の人々の可能性を開こう。

　私生活でも支援者を持つ　サポート体制を築くことは、社会変革のための活動を長く続けていくうえできわめて重要である。他者と連携して活動することに加えて、私生活においても力づけ、励ましてくれる人、活動が順調なときも、カベにぶつかったときも支えてくれるような人を持とう。

　自分への恩恵を考える　行動を起こすことによって、どんな恩恵が得られるかを考えてみよう。自尊心が高まり、自信がつき、道徳観が高まり、罪悪感から解放されるというだけでなく、人間関係が広がり、新しい知識やスキルを身につけ、職場（学校）の環境がより良いものになるなど、様々な利益が考えられる。自分の価値観に従って行動すること、自分自身と他の人々の解放に向けて取り組んでいると実感することによって、得られるものはとても多い。

　無理をせず、自分を大切にする　殉教者になる必要はない。社会的公正のための活動は盛り上がったり下火になったりの盛衰があり、活動のタイプにも流行り廃りがある。停滞しても投げ出してしまうのでなく、そのときの自分にぴったりの、より心が豊かになるような関わり方を探してみよう。自分にできる範囲を明確にすること、そして自分にとって健康的で、心を癒し、活力を与えてくれるような活動をしているか確認しよう。

偏見に基づく差別発言に対処する

　アライの重要な役割の一つは、偏見に基づく発言を阻止することである。とはいえ、先入観やステレオタイプに基づく問題発言を耳にした瞬間は、非常に対処が難しいものだ。一瞬「凍りつき」、それから「どうすればいいのか」

と迷ってしまう。かといって何もしなければ、自己嫌悪や罪悪感、自分への失望感が残ってしまう。けれどいろいろな対処の仕方が頭に入っていて、実際に使ったこともあれば、そういう瞬間にも何らかのコメントが言えるだろう[2]。

　ここではアライや学習者だけでなく、我々教育者にも使える幅広い方略を挙げてみよう。意図的かどうかにかかわらず、不快な発言があったとき、参考にしていただければと思う。下記のアプローチは組み合わせて使うことができるし、むしろ併用したほうが大きな効果が得られることが多い。逆に言えば、**これ一つあれば大丈夫という対処法はないのだ**。というのも、どのように対処するかの判断は、その場の状況や流れ、顔ぶれ、そして、とりわけ自分自身の気持ちによって異なるからだ。効果的に対処するうえでの難しさは、置かれている状況の中で、自分にとっても発言者にとっても、何が正しいかを決めなければならないという点にある。人にはみな自分のスタイルがあるし、快・不快の感じ方も異なる。他者との人間関係もまちまちだし、毎回状況も異なる。何を選択すべきかは、こうした様々な要素に合わせて変わるということである。

　どのように対応するかを決めるとき、まず留意するべきことをいくつか挙げておこう。一つ目は**目的**が何かということだ。単にその行為をやめさせたいのか、それとも相手を教育するところまで踏み込みたいのか。場合によっては、不快なふるまいをやめさせるだけで精いっぱいという場合もあれば、それ以上踏み込む必要がない場合もあるだろう。状況により、また相手への思い入れの強さにより、時間やエネルギーを割いてまで、なぜそのふるまいが問題なのかまで理解させなくてもよいときもあるだろう。逆に、相手の意識や感受性を高めるようはたらきかけることが重要な場合もある。不快なふるまいをした人に、それが他者をどんな気持ちにさせるかをわかってもらい、もっと配慮できるようになってもらうわけである。このように、どう対処するかを決めるときには、まず自分の目的が何であるかを考える必要がある。

　二つ目に留意すべきことは、こちらの**口調**が聞き手の受け止め方を左右するということだ。どのように伝えるかは、何を伝えるかと同じくらい重要である。攻撃されている、非難されている、裁かれていると感じると、相手は

かっとなって防衛的になるものだ。そうなると聞く耳を持たなくなる。話を聞いてもらいたいと思うなら、けんか腰になったり決めつけたりするような口調は控えよう。

三つ目に、**不快な発言をした相手との人間関係**を考えてほしい。例えば、相手はあなたと近しい間柄にあり、今後も付き合いが続くのか。上司のような権力差のある相手で、思っていることを正直に伝えると、自分の立場が悪くなる可能性があるのか。初対面でもう二度と会わない人なのか、それとも毎日職場で顔を合わせる同僚なのか。つまり、どういう種類の人間関係か、どの程度の思い入れがあるか、今現在どんな関係にあるか、起こりうるリスクは何かなどを考慮に入れる必要があるということである。

四つ目は、**その場の状況**によって対処の仕方が異なるということだ。改まった場で、職業上のふるまいが求められるのか、それともそれほど改まった場ではなく、お互いのやりとりにもう少し許容範囲が認められているのか。状況がどうあろうと不快な発言や偏見に満ちた発言は許せるものではないが、状況に応じて対処の仕方は変わってくる。**その不快なふるまいに対して、みんなの前で対処したほうがよいのか、一対一で対処したほうがよいのか、あるいはどちらも必要なのか**を決めることも必要である。その発言がみんなの前でなされたのであれば、当人に恥をかかせることと、その発言の不適切さをその場にいる全員に伝える必要性とを天秤にかけなければならない。当人への教育を重視する場合は、一対一のほうがやりやすいが、人前で指摘するとその場にいる人々も教育でき、より一般論として受け止めてもらえる。もう一つの選択肢として、当人には個人的に話し、全体には一般的な話としてステレオタイプや適切な表現について教えることもできる。みんなの前であれ、一対一であれ、有害なふるまいを阻止するのはアライの責任の一つである。

最後に、**相手の年齢にふさわしいかどうか**を考えてもらいたい。以下に挙げる方略は、子どもでも大人でも、様々な年齢に用いることができる。しかし誰を対象にしているか、どうするのが最適かを慎重に考える必要がある。対処の仕方は、相手の年齢にふさわしいものでなければならない。例えば子どもはまだ十分に教育を受けておらず、無知ゆえに不適切な発言をすること

が多い。
　以上のことをしっかり念頭に置いたうえで、参考になりそうなアプローチを紹介していこう。

相手の発言を別の言葉で言い換えたり、オウム返ししたりする

　相手の発言を別の言葉で言い換えると、自分にも相手にも内容が明確になる。相手は自分の発言が偏見に満ちていて、配慮に欠けていることを実感できるし、あなた自身も自分の理解が正しく、反論しても当然なのだという自信を持てる。「つまりあなたは、生活保護を受けている人は全員、怠け者で、制度を悪用しているだけと言うのですね」。

さらに詳しく質問する

　これは「言い換え」のフォローアップである。なぜ彼らがそういう考え方をするようになったのか、詳しく尋ねてみよう。自分の発言を説明しようとすると、その話に根拠がなく、筋が通っていないことに気づくことが多い。相手の答えから得られた情報を使って、思い違いを正すことも可能になる。さらに理由を尋ねる質問を繰り返して、相手の思い込みを明らかにしていこう。発言のどこが矛盾しているかを指摘しよう。ただし攻撃されているとか、ばかにされていると思わせてはいけない。心から知りたいという気持ちを見せて、決めつけずに質問することが大切である。
　例えば、「生活保護を受けている人について、そんなふうに考えるようになったきっかけは何だったのでしょう」などと聞いてみるのはどうだろうか。フォローアップとして、「生活保護を受けている人を何人くらいご存知ですか。生活保護を受けている人が、実際にいくらくらいの補助をもらっているかご存知ですか」などと質問するとよい。

まず最初に共感を示す

　耳をすませて、発言の奥にある感情を聞き取ろう。不満や失望、怒りを感じているからこそ、偏見に満ちた発言をするのかもしれない。最初に相手の心の奥にある感情を認めてあげれば、それがきっかけになって、偏見にはた

第10章　アライ（味方）と行動

らきかけるチャンスが生まれる。まずは聞き役にまわり、そのうえで相手の信念に疑問を投げかけよう。

　例えば「アファーマティブ・アクションのせいで、能力のない黒人に仕事を奪われるのはうんざりだ」と言う人がいたとしよう。黒人には適性がない、アファーマティブ・アクションだけが採用の理由だ、といった相手の思い込みに対して即座に説教を始めたり、アファーマティブ・アクションの意義を解説したりするのではなく、まずは相手の感情を認めてあげることだ。「その仕事につけなくて、さぞ腹立たしかったことでしょう。新しい仕事を探してずいぶんがんばってこられたのに。私にもよくわかります。就職活動は本当に大変だし、心が折れますよね」というように。

わからないふりをする

　相手の言っていることが理解できても、わからないふりをして説明を求めよう。こうすると、相手も自分の発言についてより深く考えざるをえなくなる。

　他人の人種のことを取り上げる人がいたら（白人は白人を人種で呼んだりしないので、この場合は有色人種のこと）、「その話と人種とどういう関係がありますか？　私が何か聞き漏らしたのでしょうか」などと答える。この方法は差別的なジョークにも使える。ジョークの落ちについて説明を求められると、ジョークがジョークでなくなってしまうからだ。

ステレオタイプに疑問を投げかける

　ステレオタイプの根底にある思い込みを正してもらうには、情報が必要である。あなた自身が経験した、ステレオタイプに反するような実例があれば、教えてあげよう。そして、ステレオタイプに替わる考え方を勧めてみよう。

　発言「ゲイ・カップルの養子縁組を認めるなんて、信じられない。ゲイのカップルには良い家庭はつくれない。子どもには母親と父親が必要だ」

　答え「実を言うと、愛情豊かな素晴らしい親になって、立派な子どもを育てているゲイのカップルをたくさん知っています。研究結果からも、ゲイ家庭の子どもは、男女の親がいる家庭の子どもと同じように精神的に安定して

いるそうです。性的指向は子育ての環境とは全然関係ないんですよ」

共感を引き出す

　誰かに自分の属する集団について、あるいは自分の友人やパートナー、子どもについて、同じような発言をされたらどう思うか問いかけてみよう。自分自身が同じような発言をされて、不愉快な思いをしたときのことを思い出してもらおう。

　発言「彼女、グラマーだなあ。彼女と一緒なら、残業することになってもかまわないよ」

　答え「もし誰かがあなたの奥さん（ガールフレンド、妹さん、娘さん）のことをそんなふうに言ったら、どう思いますか。本人もそんなふうに言われるのはいやだと思いますよ。仕事をするためにここにいるのですから」

　答え「誰かがイタリア人をコケにしたジョークを言ったら、あなたはとてもいやでしょう。他の民族についても、ジョークにしてはいけませんよね」

「あなたのように頭のいい人がそんなことを言うとは……」

　相手の言葉が本心とは思えない、少なくとも堅い信念に基づくものではないと思われるときは、こんなふうに言おう。「あなたのように頭のいい人が、そんなことを言うなんて」「あなたみたいに良い人（思いやりのある人）が、人を侮辱するようなことを言うなんて」。これに対して「自分は実は差別的な人間だ」とは答えにくいものだ。

共通点を強調する

　問題発言をした人と、標的となった人の間に共通の利害、価値観、経験、関心事があることを指摘しよう。

　発言「同じ並びに引っ越してきたのがイスラム教徒だって。テロリストばかり住むようになると困るね」

　答え「何を言ってるの。先週その人に会ったけど、感じのいい人でしたよ。あなたと同じIT関係の仕事で、このあたりのゴルフ場のことを聞かれたから、あなたを紹介しようと思っていたところよ」

第10章 アライ(味方)と行動

WIIFT (What's In It For Them＝相手の利益になること) を伝える

ダイバーシティがなぜ有益なのか、発言の対象になった人がどうして貴重なのかを説明しよう。その人のおかげで、新たな資源、新たなスキル、新たな視点が得られるかもしれない。チームの効率が上がったり、顧客／学生／会員が増えたり、サービスが向上したりする可能性も高い。個々のチームメンバーも新しいことを学び、プライベートや仕事の上で成長できるだろう。

「彼女の採用に賛成しなかったそうですが、学生たちは教職員がもっと多様であってほしい、自分と同じ経験を持っている人が増えてほしいと望んでいます。彼女は重要な人材になると思うし、彼女が入れば学部が充実して、入学者も増えますよ」

「彼女が入れば、一部のクライアントと仕事がしやすくなります。クライアントの文化を理解しているので、信頼を得やすくなります」

自分の気持ちを伝える

発言を聞いて、あなたが今どんな気持ちかを伝えよう。可能なら、なぜ気分を害したのか理由を説明しよう。状況が許すなら、代替案も示そう。「誰か(特定の集団)のことをそんなふうに言うのは耳ざわりです。やめてもらえますか」「その言葉は、聞く人にいやな感じを与えると思いますよ。他にもっと適切な言葉をご存知でしょう」「その呼び方は失礼じゃないですか。あの方はイスラム教徒じゃなく、シーク教徒ですよ」「悪気がないのはわかりますが、接客業の大人の女性を『女の子』と呼ぶのはどうでしょうか。立場が上の女性を呼ぶときのように、『女性』でいいんじゃないですか」

ユーモアを使う

相手の発言を誇張したり、冷やかしたりという方法も、ときに効果的である。ただし、確実にユーモアや皮肉に聞こえるように、くれぐれも偏見をあおっているように聞こえてはいけない。口調がとりわけ重要な理由である。

人が偏見に基づいて発言している場合、ユーモアによって間違った思い込みを浮き彫りにするという手がある。例えばある女性を管理職として採用するかどうか検討しているとき、その仕事は男性のほうがよいのではと懸念す

る人がいたら、軽く皮肉を交えてみよう。「アンがチームリーダーなんて、ありえませんよね。だって、交渉がうまくいかないと、泣くかもしれないから。この仕事には強くたくましい男が必要だ。女性の皆さんには、ずっとお茶くみをお願いしましょう。彼女たちは本当にお上手ですからね」

倫理観や理念に訴える

　個人や組織には決まった倫理観や理念があるものだ。相手の発言に反論するときは、そうした理念を持ち出してみよう。「お互いを尊敬し合い、どんな人も受け入れる職場にしたいとおっしゃっていましたよね。今のお話は、そうした考えに合わないと思います」。あるいは、質問の形にしてもよい。「以前、子どもたちを心の広い人間に育てたいとおっしゃっていましたね。そういう発言を聞かせたら、お子さんたちはどう思うでしょうか」

自分自身の成長過程を紹介する

　自分もかつては同じようなことを言ったり、考えたり、感じたりしたことがあったが、その後変わったのだということを話してみよう。自慢話に聞こえたり、聖人ぶっていると思われないように。どういうきっかけで自分が変わったのかを伝え、別の言い方や考え方があることを提案しよう。「私も以前は、そういうジョークで笑ったり、自分も言ったりしていました。でもその後、どれだけ人を傷つけているかに気づいたのです。だから、もうそういうことはしませんし、あなたにもやめてもらいたいのです」「私もかつて同じような思い込みを持っていました。でも、そんなふうに一般化したり型にはめるのは間違いだと学んだのです。そういう考えが頭をよぎったら、打ち消すよう努めています」「私もかつてそういう言葉を使っていたけれど、人を不快な気持ちにさせると知りました。（というのは……）。私が教わった正しい言い方は……」

不適切な行為を禁ずる方針や法律を指摘する

　職場には特定の義務や法的責任が課されている。不適切な行為を禁ずる職場の方針や法律、それにともなう処罰などを指摘してあげるとよい。「これ

はセクシャル・ハラスメントにあたるかもしれません。会社の方針で禁じられているのをご存知ですね。大きなトラブルになりかねませんよ」。職場や公共の場（商店、病院、企業など）で不適切な行為や発言を見聞きした場合は、責任者に伝えることを検討しよう。雇用者にはハラスメントのない職場を保障する責任があり、特にそのような言動が常態化しているとしたら、会社の方針や法律に違反している可能性がある。しかも、あなたが顧客やクライアントの立場なら、不快なふるまいのためにサービスの質に疑問が生じ、その組織との取引を考え直したくなるだろう。また不適切な行為が特定の個人に向けられている場合は、その人に自分も目撃したということを伝え、援助を申し出るとよいだろう。

ジョークに気をつける

　ジョークやユーモアは一筋縄ではいかない。それをおかしく感じるかどうかは、いつ、誰が誰に対して、どんな意図で語るかによって変わってくるからだ。ちょっとしたジョークで、親しみを込めてその人の偏見を揶揄できる場合もあれば、偏見に基づくジョークで人を傷つけたり、偏見を拡大したりしてしまう場合もある。基本的には、特権集団が被抑圧集団をジョークの種にするのは不適切だと私は思う。あるジョークが許容範囲にあるかどうか判断がつきかねたら、被抑圧集団の人の目の前で、そのジョークが言えるかどうか考えてみるとよい。

　標的になった集団の人が気にしないと言ったからといって、そのジョークが無害ということにはならない。多くの場合、不快に感じていてもなかなか言い出せず、そのまま受け流しているだけなのだ。こうしたジョークは人を傷つけるだけでなく、信頼関係も損ねかねない。「この人は私や私のような人たちのことを、本当はどう考えているのだろう」という疑問を抱かせてしまう。たとえジョークの標的となる人がその場にいなくても、差別的なジョークは言うべきでない。偏見に基づく有害なメッセージは打ち消すことができないからだ。どんな人がその場に居合わせ、あるいは通りがかりにそれを耳にするかわからないし、それがどんな形で人に伝わるかもわからない。ジョークの標的にされた人々は、自分の前で言うことと、いないところで言うこと

が違うあなたは信用できないと思うだろう。

不快なジョークを耳にした場合は、以下のような対応が考えられる。

「単なるジョークのつもりと思いますが、それでもいやな感じがします。その集団のことを、当事者でない人間がジョークにしたら、笑い話にならないですよ」
「（被抑圧集団に属する）本人たちから聞いたのかもしれませんが、抑圧集団に属する私たちがそれを言うと、意味が違ってきますよね」
「他人をけなさずにすむジョークはいくらでもあるでしょう」
（そして他人をからかいの対象にしないジョークの例を紹介する）

以上に挙げたように、偏見に基づく問題発言への対応の仕方はいく通りもある。答え方の幅を広げ、実際にどんどん使っていけば、適切な対処の仕方を見つけられるようになる。たとえその場で対応できなくても、あとから取り返せることがけっこう多い。同じような場面に遭遇する機会は、必ず訪れるからである。

アライの試練

アライは綱渡り

アライであろうとすると、対応に迷う場面があるだろう。2つの異なる衝動や考え方の間で悩むのである。実際に二者択一の状況に置かれたら、各自が最大限に考え、分析し、内省して、最も適切な方向性を見つけなければならない。だがそこには単純な答えでは割り切れない、微妙なニュアンスや複雑性がある。以下に挙げるのは、私を含むいろいろな人が直面したジレンマの実例と、それについてどう考えればよいかというアドバイスである。

1. 被抑圧集団から自分を含む特権集団について何かを指摘されたとき、それを個人的なものと受け止めるべきか、それとも一般論として考えるべきかというジレンマ

ある会合で、ジョイスという女性が男性の傲慢さに不満を述べ始めた。そしてスティーブという出席者に向かって言った。「あなたたち男性は、公平にものを判断できるのは自分たちだけだと思っているのよね」。スティーブは自分のことが言われたのか、それとも男性一般のことなのかわからなかった。このような場合、自分のこととして受け止めるべきなのだろうか、それとも自分とは関係のない、怒りにまかせた発言として受け流すべきなのだろうか。

　アライがよく迷うのは、「これは自分のことなのか、それとも特に自分のことを言っているわけではないのか」ということである。一般的に言うと、必要以上に自分に置き換えることも、被抑圧集団の感情を軽んじるのもよいことではない。その発言を自分への個人攻撃と捉えると、罪悪感にとらわれたり、逆に反発を感じたりなど、自分のことしか考えられなくなる。逆に、軽く考えて他人ごとと割り切ってしまうと、そこから何かを学んだり、責任と向き合ったりするチャンスを逃すことになる。その発言が自分に向けられたものでないのなら、特権集団一般について言われたことを、何もかも自分が引き受ける必要はない。言葉や感情が個人にぶつけられた場合でも、それはその人が所属する社会集団に対するもので、その人個人の人柄が理由ではない場合もあるだろう。しかしそれでも、特権集団に属する人は自分の行動とその発言と接点がないかを振り返るべきだろう。実は自分のことを言っているのではないかと気になって、しかも聞ける間柄にあるなら、本人に真意を確認するのが正解だろう。発言者に、思うところを話してもらえないかと尋ねてみよう。このように状況判断に迷うときは、真摯に自分を振り返ったり、信頼できる人に相談したりすることで問題を解決できるだろう。

２．抑圧の重大性や深刻さを認識しつつも、相手を同じ人間としても見たいというジレンマ

　アリシアという異性愛者の女性が、男性の転校生ジョーに出会い、打ち解けるようになった。アリシアはジョーがゲイであると気づき、異性愛が当たり前という前提で話さないよう神経を使うようになる。週末にボーイフレンドと何をしたかを話すべきか、それともそんなことを言うと異性愛の特権を

ひけらかしているように見えるか、判断がつかなかった。アリシアはジョーをゲイの友人の一人と考えているが、絶えず自己規制してしまうため、なかなか友情を深められない。もっと気楽に、他の男友達と同じように付き合えたらいいのにと思っている。

　同性愛者に対する偏見（やそれ以外のあらゆる種類の抑圧）が存在すること、それが人々の経験や対人関係におけるダイナミクスを左右していることに気づくことは重要である。人種的偏見や性的指向を意識することは、社会的アイデンティティとその重要性を認識することであり、それ自体は妥当である。しかしそれが相手の唯一の社会的アイデンティティではないし、その抑圧がその人の人生のすべてでもないはずだ。社会的アイデンティティや抑圧の重大性を認めつつも、相手の特定の一面ばかり見ないようにする、そこが難しいところである。

　私の好きな黒人の詩人パット・パーカー（Pat Parker）に、「私と友だちになる方法を知りたい白人へ」という作品があるが、この詩にはこうしたジレンマがうまく表現されている。最初の二行は「まずは、私が黒人であることを忘れること。その次に、私が黒人であることを決して忘れないこと」。この両方を同時にできるのが理想的である。抑圧を学び直す初期の段階では、多くの学習者が社会的アイデンティティや抑圧のダイナミクスを意識しすぎ、人目を気にしすぎる。新しいコンテンツやスキルを学ぶときはいつもそうであるように、考えすぎたり過剰反応したりしがちである。自己や他者への新たな理解が身についてくると、人を特定のアイデンティティにはめ込むこともなくなり、自分や他者をより自然に、より多面的な人間として見られるようになる。社会的な立場が個々の人間や人間同士の関係にどんな影響を与えているか、いつも意識していることは大切である。しかし人間同士の間には共通の人間性があり、社会的アイデンティティ以外のところでも様々な類似点や相違がある。そのうえ、抑圧そのものにも複合的なダイナミクスがはたらいている。例えば異性愛者の学習者なら、自分の異性愛、他者の同性愛、そして異性愛優先主義ばかりが気になるかもしれないが、相手の性別が異なっていたら、ジェンダーのダイナミクスや性差別も（あるいはそれ以外のあらゆる社会的アイデンティティも）介在してくるはずだ。

第10章　アライ（味方）と行動

3．周縁化された人間としての考え方を説明したいが、周縁化された集団に属する者として、その集団の意見を代弁していると見られたくないジレンマ

　キャシーは、コミュニティセンターのための資金集めの方法を話し合う会合に出ていた。出席者は白人ばかりで、様々な方法を検討しているが、キャシーはそれらのアイデアが地域のアフリカ系アメリカ人に受け入れられないのではないかと案じている。コンセプトや場所が、白人の中産階級の経験に基づいているように見えるのだ。キャシーは懸念を声に出したいが、黒人の気持ちを代弁しているとは思われたくない。

　問題に取り組むとき、様々な考え方を考慮することは重要であり、それが周縁化された集団の意見であればなおさらである。だからといって、特権集団が被抑圧集団の「代わりに」発言する必要はない。いちばん大事なことは、周縁化された集団が自分たちの考えを発言できるようにすることなのだ。例えば彼らの出席を確保したり、彼ら自身の言葉で語られた意見を紹介したりすることによってである。彼らが出席できないなら、特権集団が被抑圧集団の考え方を説明してもよい。ただし、そうした人々の経験を熟知しているかのように、「〜の人々はこう考えて（感じて、信じて）います」といった言い方をする必要はない。自分自身の経験談として、被抑圧集団の人々から聞いたことを語ればよいのである。「以前に見たこと（聞いたこと）によれば……」「私の知る限りでは……」あるいは「私（が被抑圧集団の一員）だったら、おそらく……と思う（感じる）のではないかと思います」といった言葉を使ってはどうだろうか。

　グループの中で周縁化された集団の人の意見が無視されたときは、特権集団の人がその意見が無視されたことを指摘して、改めて検討するよう促すとよい。あるいはその人の言ったことを別の言葉で言い換え、本人に話を戻して詳しく説明してもらうのもよいだろう。「誰々さんが……とおっしゃいましたね。そこに話を戻したいのですが」というように。ただし特権集団の意見のほうが注目されたり重視されたりしやすいので、口添えをした人物がその意見の発案者だと誤解されないよう気をつけよう。

4．自分の意見や資源、専門知識を提供したいが、威圧的になりたくないというジレンマ

トムはアメリカ生まれの白人で、移民法改革や、地域のラテン・アメリカ系移民が抱える問題に取り組むグループの一員である。このグループは様々な人種の混成で、地域のラティーノ・センターで会合を持っている。リーダーはラテン系アメリカ人の女性である。トムは自分の会社を経営しており、地域社会での活動も長い。いろいろとグループに貢献できると思っているが、言いすぎたりやりすぎたりすると威圧的と見られはしないか心配である。かといって黙ったままでいると、役に立つ情報を出し惜しんでいるような気がする。

そもそも特権集団の人々は上に立ちやすい。指導的立場にいる人が多いうえに、役立つ知識やスキル、経験、資源、人脈などを持っているからだ。その一方で、高圧的、または抑圧的になることを恐れ、提供できるのものを出し控えることもある。威圧感を与えずに十分に貢献するには、さじ加減が難しいところだ。最終目標は被抑圧集団の人々が決めた方針を尊重することであり、その実現のために持てる資源を提供することである。どうすれば自分たちの貢献が最大限に活かせるか、被抑圧集団の人々と話し合うとよい。自分たちの意見を押しつけるのでなく、あくまで取り組みを前進させるために、意見を言ったり、質問を投げかけたりすることだ。自分たちがどう受け止められているのか、被抑圧集団の人々に感想を尋ねることによっても、不安を減らせるだろう。

5．従属集団の人の見方を尊重したいが、賛成できない場合のジレンマ

学校の保護者会で、アフリカ系アメリカ人のビルが発言し、ある黒人の生徒が教師に不公平な扱いを受けていると訴えた。白人女性のアンドレアは人種差別が要因と考えているが、ビルはその件と人種差別は無関係と言う。アンドレアはビルの考えに反対したいが、話が人種のことだけに、どうしてよいかわからない。

まず押さえておきたいのは、どんな人が言うことにも一分の真理があるということ、そして従属集団の人々の経験に関しては、彼ら自身が特権集団よ

りよく知っているということだ。優位集団に属している場合は、まずは劣位集団の人の考えに耳を傾け、理解しようとすることが最善だと私は思う。しかしだからといって、ものごとを批判的に検討することを放棄すべきではない。同じ従属集団であっても考え方や見方が同じというわけではない。特権集団の人々の間でもアイデンティティの発達段階や抑圧への理解度が様々であるように、従属集団の人々の間にも個人差がある。どんな人であれ、ものの見方は生い立ちや経験、性格などの影響を受けている。従属集団の人々が何を言おうとしているのか、敬意を持って注意深く耳を傾けた結果であるなら、特権集団の人が違う意見を持つことに何の問題もない。自分の意見を振り返り、別の見方を知るために誰かと話すこと、特に劣位集団の人と話すことはたいへん役に立つ。相手と本当に意見が違うのか、どこが、なぜ食い違うのか、考えてみよう。人間関係や状況によっては、大勢で議論をするほうがよい場合もあるし、個人的に話すほうが無難な場合もあるかもしれない。

6．抑圧に異議を唱えてアライになりたいが、声を上げたり介入したりする自信が持てないジレンマ

　ジャミーラは最近、障害者の抑圧を扱うコースの受講を終了したばかりだ。友人宅での集まりに行ったとき、入口にたどり着くまでに何段も階段があることに気づいた。中に入るなり、視覚障害の人がセルフサービスのテーブルで困っているのが目に入る。ジャミーラは助けてあげたいが何をすればよいかわからず、恩着せがましくもしたくなかった。結局、介助を申し出ないまま、学生時代の友人たちの会話に加わることにした。一人の男性が、自分が教える大学院の臨床心理課程に入ってきたばかりの学生の中に、聴覚障害で全盲の人たちがいると話し出した。クライアントの顔や表情を見ることができず、コミュニケーションをとることも十分にできない以上、それらの学生がセラピストになる資格はない、これはPC（ポリティカル・コレクトネス）が行きすぎた例だと感じているという。ジャミーラは内心賛成できず、それは障害者差別だと思ったが、障害者問題についてそこまで知っているわけでもなく、どう反論すればよいかわからなかった。パーティーから帰る途中、彼女は何もできなかった自分に罪悪感を覚え、腹立たしい思いにかられたが、

どうすればよかったのかはわからないままだった。

　抑圧について学び始めると、人は自分が何を知らないか、どれほど抑圧的な態度や信念を内面化してきたかをどんどん自覚するようになる。そのとき学習者は、自分の無知を痛感する気持ちと、抑圧の問題に対処したい気持ちの板挟みになる。なかには間違ったことをするのではないか、被抑圧集団の人を傷つけるのではないかと恐れて、何もできなくなる人もいる。何を言えばよいか、何をすればよいか、きちんとした知識がない以上、何もしないほうがいいのではないかと思い悩むのだ。万全の心構えができたと思えるまで待たずに（そう思えるときは絶対来ない）、これなら自分にもできると感じることから始めよう。そうすれば自信やスキルは自ずとついてくる。誰かの発言に反論したい場合は、単に相手の思い込みに不賛成や戸惑いを表すだけでもよいから、先に述べたアドバイスを参考にしてほしい。気になる発言が繰り返されるようなら、事前に準備して、次の機会に備えるとよいだろう。良い意味で介入しようとして失敗したなら、謙虚な気持ちで謝罪して、そこから学ぼう。さらに、仲間と一緒に取り組むということも考えよう。そうすれば責任を一人で抱え込むことなく、他の人のスキルや知識を借りて、効果的な解決法を考え出すことができるようになる。

　どのような状況であれ、ちょうどよいバランスを見つけるには、細心の注意が求められる。しかしアライとしての役割が身につくにつれて、だんだん楽に見つけられるようになるだろう。抑圧の学び直しについての章で学習者が語っていたように、意識が高まり経験を積むにつれて、被抑圧集団の人々をめぐる様々な場面でも自信を持って、肩の力を抜いて、自分らしくふるまえるようになる。また報告をする相手がいることも、正しい方向性を保てているかどうか、確認する助けになるだろう。

被抑圧集団の人々と協働する

　社会的公正をめざす活動を進めていくと、特権集団の人々は被抑圧集団の人々と協働することになるだろう。先に挙げたような様々な例を見てもわかるように、アライは自分の言動に思慮深さが求められる。どの集団の人々と活動をともにするにしても、それぞれに難しさがある。社会問題に取り組む

第10章　アライ（味方）と行動

グループに特権集団と被抑圧集団が混じっている場合は、さらなるダイナミクスが加わってくる。私はこれまで、被抑圧集団の一員としてアライとともに活動したこともあるし、特権集団に属するアライとして活動したこともある。さらに両者の協働について書かれたものを読んだ経験からも、以下のような点に留意すれば、特権集団の人々はより効果的に協働できるようになると思う。

　乗っ取らないこと　前述のように、特権集団に属する人々は権力を持っていることが多く、自分たちの知識やスキル、実行力に自信を持っている。こうした内在化された（たいていは無意識の）優越感に加えて、特権集団に属する人々の多くは、周縁化された集団の人々から指示された経験がなく、違和感を覚えがちである。しかし被抑圧集団の人々が自らリーダーシップをとって抑圧の問題の解決を図ることが大切なのであり、そのことを支援する必要がある。特権集団に属する人々はグループを支配したり方向転換させるのでなく、むしろ強化するように自らの資源を提供すべきだろう。

　特権集団の文化規範に沿ってものごとを進めようとしないこと　アライは自分が指揮をとることを期待しないだけでなく、グループが自分たちになじみのあるやり方で動くことも期待してはいけない。被抑圧集団の人々によってそのグループの規範が決まるような場合は、コミュニケーションのとり方にしろ、けんかのさばき方、食べ物、時間、段取りの仕方などにしろ、特権集団がいつも行っているやり方とは違うかもしれない。したがって、特権集団には自分たちと異なる考え方や行動様式を尊重することが求められる。柔軟に対応し、内向きに閉じこもりがちな殻を破ることが必要である。

　被抑圧集団の一人になろうとしないこと　羞恥心、自文化への愛着のなさ、あるいは認められたい気持ちなど、理由はどうあろうと、特権集団に属する人が自分を隠して別の人間になりすますことはできない。服装を変えたり、言葉使いや話し方を変えたりしても、被抑圧集団の一員にはなれないのである。逆に「一員になったつもりでいる人」と見られ、かえって信頼関係を築くのが難しくなる。特権を行使しないよう細心の注意を払いつつも、自分のアイデンティティや価値観を明確に持つことは可能なはずである。

感情面の支えを求めないこと　協働して活動する人は、互いを思いやり、敬い合う関係を持つことが理想的である。しかし特権集団に属する人々は、被抑圧集団の人々から感情面でのいたわりを期待するべきではない。劣位集団の人々は、いつも特権集団の人々の感情に気遣い、彼らの顔色をうかがいながら生きている。この人たちに、罪悪感や心の痛みや不安を解消してもらえると思ってはいけない。感情面の支えは同じ特権集団に属する人々か、あるいは被抑圧集団であっても、そのような人間関係が築かれている人々から得るべきである。

教わろうと思わないこと　特権集団の人々は劣位集団の人々と協働することで多くを学ぶことができる。ただし彼らから何かを教わろうとは思わないことだ。質問することはもちろん適切な行為だが、劣位集団の人々の時間と労力を特権集団の教育に割くことを求めてはならない。話に耳を傾けたり、観察したりなど、情報を得たり理解を深める方法は他にもたくさんある。

感謝や称賛を期待しないこと　努力が認められ、評価されるのは誰でもうれしいものだ。しかし社会的公正活動のアライにとっては、それが活動の目的ではない。社会的公正のための活動は、自分自身と他者を解放するためのものであり、慈善活動でも、立派な人と見られるためのものでもない。

Raible（2009）は、人種差別撤廃運動のアライに求める資質を次のように述べている。「主たる目標は、意図的な反人種差別主義的思考・行動・内省の実践に基づいて、連帯・相互依存・信頼の関係を築くことである」。特権集団に属する人々が意識と分析力を高めれば高めるほど、特定の社会的アイデンティティや社会的立場によって人間関係が制限されることはなくなる。また連帯・相互依存・信頼の関係を築く力が大きくなればなるほど、社会的公正という共通の目標に向かって、よりよく進むことができるだろう。

同じ特権集団に属する人々との関係

　言うまでもなく、被抑圧集団の人々と人間関係を持つことは、アライにとって様々な意味で重要である。しかし同じ特権集団の人々との人間関係を築くこともまた、同じように重要である。劣位集団にばかり目を向けるのではなく、特権集団同士で支え合い、説明や報告をし合い、情報を交換することを

考えよう。特権集団を教育し、抑圧的な態度やふるまいをやめさせるのは、同じ特権集団の人々が行えばよいことだ。何も被抑圧集団の人々にばかり任せる必要はない。人は往々にして、自分と同じ立場の人から指摘されたときのほうが素直に応じるものだ。

とはいえ、アライをめざす人々が犯しやすい間違いの一つは、自分と同じ社会集団の人々から距離を置きがちなことである。そして自分を特別な、非凡な、あるいは善良な人間と見ようとする。他の人々のように「抑圧者」ではないと、差をつけようとする場合もあれば、同じ集団のアライ同士で、どちらの考えが進んでいるか、どちらが被抑圧集団と強いきずなを持っているかと、競い合う場合もある。同じ特権集団のアライがお互いに対して特別に手厳しく、過度に批判的になることもある。これは自信のなさの表れなのかもしれない。しかしそうした態度やふるまいに嫌気がさすことがあったとしても、最終的には同じ社会集団の者同士は互いに距離を置くのでなく、手を取り合うべきである。私たちには変革を促す責任があり、その過程でともに歩む仲間を見つける機会も与えられているのだから。

本章のまとめ

この章を通して、私は様々なアイデアを紹介してきた。それによって学習者が行動へと一歩を踏み出し、より優れた、粘り強い変革の担い手となる道を見出すことができればと願う。アライになるチャンスは、数えきれないほど与えられている。以下ではまとめとして、大切なポイントをいくつか挙げておこう。

- 意識、知識、スキルを継続的に高めていこう。
- 不平等を後押しするような行動を目にしたり、発言を耳にしたりしたときは、声を上げよう。
- 特権や抑圧について、人々を（適切なやり方で）教育しよう。
- 謙虚になろう。批判に耳を傾け、失敗に学ぼう。
- 勇気を持とう。リスクを恐れず、正しいと思うことを行って、社会的公

正を前進させよう。
- 仲間と互いに支え合い、ともに行動して、社会変革を実現させよう。

グループや組織では
- 誰が受け入れられ、誰が排除されているかを把握し、必要に応じてさらに多様な人々を招き入れよう。
- すべての人の意見が反映されているか、確認しよう。
- 決定や方針によって、特権集団と被抑圧集団のそれぞれにどんな影響があるかを考え、双方に平等になるようにしよう。
- 誰が権力を持っているか、誰が責任者か、誰がそうではないかを把握して、権力がより公平に配分されるようにしよう。
- 周縁化された集団の人々がリーダーシップを発揮できるよう支援しよう。
- 様々な種類の抑圧を結びつけよう。被抑圧集団同士を反目させてはいけない。

とはいえ、アライになるには、自らの意思で特定の活動に飛び込めばよいだけではない。アライであるということは、すべての状況を、社会的公正のレンズを通して見ることである。それは自分がどこにいても、何をしていても、どんな役割を担っていても、抑圧を意識し、分析する力を活用するということである。「これらの行為は被抑圧集団の人々をますます社会の周縁に追いやり、不平等を強めているだろうか、それともインクルージョンを推進し、社会的公正を促しているだろうか」と問うことである。日々の生活の中で、批判的に考え、声を上げ、行動を起こすということである。絶えず自分の行動を反省して、絶えず意識を進化させていくということである。

Barbara Love（2010）は「解放的意識（liberatory consciousness）」を持って生きることで、「人間は抑圧的な制度や組織の中での人生を、その中に取り込まれてきた社会化に基づいてではなく、意識と意志を持って生きることができるようになる」と述べている（p. 470）。そして「解放的意識」を育てるための4つの要素を挙げている。すなわち意識（何が起きているかに気づくこと）、分析（起きていることを分析し、とりうる行動を考えること）、行動（行

動を起こし、完遂すること)、そして説明責任ないしアライ精神(行動すること・しないことの結果について、自分自身とコミュニティに対する責任と説明義務を受け入れること)の4つである。私たちはみな、「解放的意識」を持って生きようと努力し、すべての人を真に解放してくれる環境の実現に向けて努力することができるのである。

第11章
教育者の課題

> 自分が知らないことを教えることはできない。自分が行こうとしないところへ人を率いることはできない。
>
> マルコムX

　本書を通じて、私は教育者として学習者を肯定し、支えられるような環境を用意し、適切な課題を提供し、学習者自身を受け入れ尊重することの大切さを強調してきた。繰り返しになるが、教育者の視点、態度、そして行動が教育効果を大きく左右する。これまでの章では、生徒や学習者に対する見識を深めることに焦点を当ててきた。特権集団の特徴、発達理論の数々、社会的公正を促すことへの動機、そしてこれらがいかに教育上の戦略や教授法に影響を与えるのかについて述べてきた。それに加えて、より良い教育者になるためには、学習者自身に関する知識や見識を深める必要性を強調してきた。しかし一方で、私たちが理解すべき対象は学習者にとどまらない。よって、ここからは教育者側に立つ私たち自身に注目する。

　第3章では、Rogers（1980）が提唱した成長を促す関係性――誠実さ、無条件の肯定感、および共感――について触れた。学習者が固定観念を捨て、感情面で無防備になるためには、教育者を信頼する必要がある。Stephen Brookfield（1990, p. 163）は、教師と生徒の信頼関係は、「情緒的な接着剤」で結びついている、と言及した。私たちは、公正に対する強い信念および生徒自身を尊重するという点において、真摯であると見なされなければならない。生徒のことを考え、学びの過程においては私たちのことをアライ（味方）である、と生徒自身が感じなくてはならない。そして自分たちの持つ社会的

公正の実現への夢や問題意識は、決してうわっ面なものではないことを示す必要がある。さらに信頼は、信用と一貫性によって築かれるため、信頼を得るには、十分な知識と経験があり、言動が一致していなくてはならない。私たちが個人や文化の違いを尊重する大切さを説く以上、そうした姿勢を実践の中で示さなくてはならない。

　さらに私たちは、理想とする平等、民主主義、そして尊重のあり方を生徒と接する中で手本となることができる。教室はいわば、社会という大きなシステムの縮図であり、今までとは違った他者との関わり方を試すことができる場所でもある。しかし一方で、支配構造、競争社会、および勝者・敗者のある社会、といった社会的なダイナミクスをそっくりそのまま教室内に持ち込むことも可能なのである。生徒をないがしろに扱い、彼らの意見をねじ伏せ、生徒そっちのけで自分の専門知識をひけらかす、などが、その一例である。そうではなく、弱者の地位向上に役立てるために権力を行使したり、対立した状態をいかに生産的なプロセスに変えたりすることができるか、などを実践してみせることができる。私たち自身がとる行動は、たいへん有効な教育手段なのである。

　同じく、Shelley Kessler (1991) は「ティーチング・プレゼンス（教育的存在感と配慮）」という教室内の雰囲気が生徒たちをより良い意味で無防備にさせ、新たな発見に導き、偽りのない活力のある人間へと成長させると説明する。彼女はこの「ティーチング・プレゼンス」を実現するには3つの要素が必要だと説く。それらは、その場に対する集中力、オープンネス、そして規律である。教育者がその場に心身ともに打ち込んでいるとき、「たった今起きていることに注意を払い、教室内や学習者自身の中で起きていることに対して適切な配慮ができる」(p. 13)。そのように広い心を持った教師は、相手を思いやると同時に自分をさらけ出し、共感すること、心を動かされることができる。規律においては、安全な場を確保することで、生徒がありのままの気持ちを表現したり勇気を必要とするような発言をしたりしやすくすることだ。教師は生徒がルールを守り、互いを傷つけないように徹底する。こうした教育者の特徴は、方法論や活動内容に限定されず、どんな場合にも適用できる。ケスラーの研究も若者の精神的な発達・成長を促すための施設や

プログラムに基づいてはいるが、先入観にとらわれず、思いやりを持つ姿勢が、特権集団に対する社会的公正教育においても有効であることがうかがえる。

　この「ティーチング・プレゼンス」を育むことは口で言うほどたやすくない。多様性教育や社会的公正教育を実践するとき、私たち教師の間でも、痛い点を突かれてひどく心をかき乱されること、感情的になることを経験した人は多いだろう。また、今までに、特定の学習者を苦手に感じたことや、教えづらいと思ったこともあるだろう。自分の持つ偏見に気づかされ、ある学習者を先入観で見下してしまう、などということも少なからずあったはずだ。判断力を失う、柔軟な対応ができない、発言に耳を傾けられない、相手を思いやる気持ちを忘れる、などの経験は誰もがしているはずだ。

　教育者である我々が自身の課題や内面化した態度を意識すればするほど、より的確な対応ができるようになる。良い教育者になるには、自己認識は不可欠である。有能な教育者になるためには、自身について知っておくべきことがたくさんある。多様性教育には、たいへん複雑な知的・感情的要素があり、教育者自身が内省的な姿勢で向き合うことが必須条件となる。他者や自身との関係性の築き方を知ることで、自身の行動を観察・把握し、補うべき部分を改善していくことができる（Bell, Love, Washington, & Weinstein, 2007を参照）。このようにして、私たちのめざすゴールを達成できるような教育的体験が提供できるのである。

　この章では、まず特権集団に属する人々を教育するうえで、その教育効果を妨げるような教育者側の態度や行動をいくつか分析する。これを踏まえたうえで、対処法をいくつか紹介する。以下、社会的公正教育に必要な忍耐力、柔軟性、および寛容性をいかにして培い、持続させるかという点に着目したい。また、どうすれば教育者が信頼関係を築き上げ、成長を促すような課題を提供できるかについても述べよう。

社会的アイデンティティ発達理論

　社会的アイデンティティ発達理論は、教育的な文脈の中で教育者自身の態度や行動への見識を深める一つの方法である。自分が理論上どの段階に位置

しているかによって、自分が属する社会集団、他者が属する社会集団、および社会的抑圧への見方・考え方が変わるのである。第3章では、特権集団に属する人たちの社会的アイデンティティの発達過程を説明した。これらの理論は、異なった段階にいる学習者の思考や行動を理解するには有効である。同理論は、教育者自身の発達段階にもあてはまり、自分の行動や反応を理解するうえで大いに役立つものとなる。

　まずは、被抑圧集団の社会的アイデンティティ発達に重きを置きつつ、Hardiman and Jackson Model (1997) の各段階を簡潔に説明する。次に、我々の持つ優位的・劣位的アイデンティティそれぞれにおける発達段階の位置が、特権集団への教育にどう影響するかを説明する。特権集団を対象とした教育に重きを置くが、教育者自身が特権集団に属しており、被抑圧集団を教育する場合においても、自身の社会的アイデンティティと意識のレベルが教育効果に影響することを知る必要がある。読者のみなさんにとって、この内容が自身への考察をさらに深めるきっかけになれば幸いである。

　私たちは、優位的・劣位的アイデンティティそれぞれにおいて、発達過程を進んでいくが、この2つにおいて同じ発達段階にいるとは限らない。また人は一つの段階にのみ居続けているとは限らず、また、一つの段階から次の段階に順序よく進むとも限らない。また、人は軸とする段階や世界観を持っていることが多いが、状況や内容によっては、他の段階の視点を用いることもある。

　社会的公正の教育者である人が、5段階のうちの最初の段階である「ナイーブ」、すなわち構造的な不平等やアイデンティティの持つ社会的意味にいまだ気づいていない段階に位置していることはおそらくいないだろう。この「ナイーブ」の段階は、幼い子どもに最も顕著であり、この段階にいる大人の場合は、社会的公正などの取り組みにはほとんど興味を示さないだろう。次の「許容」段階にある人は、現在の社会状態や支配的イデオロギーを疑うことなく受け入れ、それにともなうステレオタイプや劣位集団の劣位性、そして優位集団の優位性の概念を（積極的／意識的に、あるいは消極的／無意識的に）認めている。一方で、この「許容」段階にいる被抑圧集団の人たちは、日常の中で起きる不公平を無視、否定、あるいは正当化し、自分や自分の属する

社会集団への否定的な態度や考え方を内面化する。

　「許容」段階にいる教育者が社会的公正について教える立場につくには時期尚早である。彼らはまだ権力関係や制度的抑圧に対する批判的思考を持ち合わせておらず、公平な代替案を提示することができない。「積極的許容」段階の人は、現在の社会状態を頑なに維持しようとする。その点「受動的許容」段階の人は、自分たちが抑圧的な制度や特権集団の優位性を維持していることへの自覚が薄い。「グッド・リベラル」と呼ばれる人たちはたいてい「受動的許容」段階におり、良かれと思い多様性について教える立場につく人もいる。ただし、彼らは社会的不平等の原因の所在が個人にあると指摘する傾向があり、被抑圧集団の人たちが支配集団のあり方に寄り添うべきだと主張するだろう。たとえ、それが本人の中の優勢な見方ではないにしても、この段階の特徴的な考え方を無意識に持っている。この段階にいる人たちは、抑圧に対する意識をもっと高め、特権集団と被抑圧集団に対する自身の先入観を見直し続ける必要があるだろう。「許容」段階にいる学習者は自分と同じ「許容」段階にいる教育者に居心地の良さを感じることがある。しかし教育者側は、学習者の成長を促す十分な試練を与えること、受講者の誤った考え方を訂正することができないどころか、今の社会体制を肯定・維持する考え方をさらに強化してしまうおそれがある。一方で「抵抗」や「再定義」の段階にいる学習者は、このような教育者には信頼をおけず、苛立ちや失望感を経験するだろう。

　「抵抗」段階にいる人は、抑圧のダイナミクスにかなり敏感になっているはずである。「許容」段階で鵜呑みにしていた誤った情報を正確な情報に差し替え、不当な行動や社会構造に対して抵抗を示し始める。「積極的抵抗」段階の人は「受動的抵抗」段階の人よりも、より公に、そして積極的に抵抗する行動をとる傾向がある。一方で被支配集団の人は、自分および自分の集団に対して内面化した否定的なイメージを一掃しようとし、自分と同じ社会集団の人たちと接することを好み、特権集団に対する関心や寛容性はかなり低いはずである。自分たちへの抑圧に気づき始め、その現状を変えようと試みたとき、人は痛みや怒り、憎しみといった強い感情に襲われる。

　この「抵抗」段階の人の特徴としては、周りの人に「真実」を気づかせ、

社会変革に向けて賛同を得ようとし、教育者になりたいといった強い動機が芽生えやすい。おそらく、「抵抗」段階は社会公正教育者の社会的アイデンティティ発達の中で最も多くを占める段階であると同時に、教育をするうえで最も難しい段階であるとも言える。「抵抗」段階にいる支配集団の人は、被抑圧集団に属する人々を美化し、彼らの不適切な行動を大目に見る傾向がある一方で、自分の所属する集団に対しては共感性がきわめて低い。彼らは、抑圧への理解が欠如していたり、抑圧に立ち向かおうとしない「許容」段階にいる人たちに対して、何らかの制裁を加えたい気持ちになったりする。この段階にいる人は、自分が特権集団に属していること自体を否定的に感じており、そのネガティブな感情を同じ特権集団の学習者に無意識に投影してしまう、ということがよくある。そもそも彼らは抑圧集団の人々と交流するほうを好むため、支配集団に属する学習者が自分と同じような段階に位置していなければ、相手にしたくない、と思う傾向がある。

　こうした傾向は、劣位集団に属する教育者においてさらに言えることである。彼らは周囲を説得することに躍起になり、ディスカッションで出てくる意見や、学習者が変化していくプロセスに対して過剰に感情移入してしまうことがある。学習者はこのような教育者をケンカ腰だと感じる、または何か個人的な思惑があるのではと疑念を持つ。また、こうした教育者は、特権集団に属する人たちをステレオタイプ的に捉えたり、彼らの人間性を否定しがちであり（例えば白人集団のことを「あの白人ども」と呼ぶなど）、特権集団の持つ文化をすべて否定しがちがある。特に「積極的抵抗」段階にいる教育者は、特権集団に属する人たちの教育過程に寛容になれず、敬意や共感を示すことが難しい。

　また、「抵抗」段階にいる教育者は、自分の関心のある抑圧の種類以外について教育をすることが難しいだろう。「抵抗」段階にいる人たちは、最も身近に感じている「〜イズム（〜主義）」（階級主義、人種差別主義など）が、最も重要で最優先されるべき問題だと信じているからである。彼らは、自分が一番重要だと思っている主義とそれに付随する自身の経験に固執しているので、他の主義に対する深い理解をそなえておらず、他の問題に積極的に取り組もうとしない（確かに一つの主義を理解することが、他の主義を理解するこ

とにつながるのだが、この段階にいる人の多くはまだそこへ移行する準備ができていない。また、他の主義への理解の度合いは本人の社会的アイデンティティの段階をどの程度まで発達させているかによっても違ってくる）。基本的に、「抵抗」の段階にいる教育者たちは、自分が教育者としての立場に立つことが本当に相応しいかどうかを見極める必要があるだろう。

　私の大学院時代にマイケルという同僚がいたが、彼がまさに「抵抗」段階にいた教育者としての良い例だろう。マイケルは上位中産階級の出身であり、最近になってから階級問題に大きな関心を持ち始めた。彼は階級的な搾取や労働者階級の人々の運動に関する書物を読み漁った。大学では活動家として、特に労働者階級や貧しい学生が支援をより受けやすい環境をつくることに奮闘した。また彼は「下降移動」という概念に傾倒しており、労働者階級に見られるような身なりをしていた。マイケルはある週末のワークショップで階級主義について講義を行うことを楽しみにしていた。しかし、ワークショップを何度か行うにつれ、教鞭をとることが彼にはまだ早すぎたことに、マイケル自身および他の教育者たちも気づいたのである。マイケルの言葉の端々には常に怒りが含まれており、受講者にとっては高圧的に映り、他の教育者も彼は頑なになりすぎていると感じた。彼には、階級的不平等や階級紛争についての情報を吸収する時間がまだまだ必要だったのだ。教育者になるという彼の選択肢は、結果として、本人や学習者にとって実りがあるものにはならなかった。この時点では、活動家として行動するほうが、彼には適していたと思われる。

　「抵抗」から「再定義」の段階に移行しつつある人は、自分の社会集団のアイデンティティを抑圧構造の枠組みの外で再定義しようとする。特権集団に属する人は、優越感をベースとしないポジティブなアイデンティティを築こうとする。被抑圧集団に属している人は、支配文化を拒否・否定する代わりに、自分たちの文化をもう一度見直し、より深く探求し、アイデンティティを再構築していく。この段階では、激しい感情は和らぎつつある。

　「再定義」の段階にいる特権集団の人は、自分の社会的アイデンティティに対して肯定的な感情を抱き始めるため、同じ特権集団に属している人たちに対して、否定的な感情をさほど抱かなくなっている。その一方で、被抑圧

集団に属する人は、新たな社会的アイデンティティを構築するべく、同じような意識を共有する同集団の人たちとの関係を保つことに最大の関心がある。とはいえ、彼らは受け身に反応することに対して、主体的に未然に防止するよう行動できるようになってきている。つまり、自分の社会的アイデンティティが確立され、抑圧にうまく対処できるようになるにつれ、他者を教育するうえで自分の感情をより上手くコントロールできるようになる。

最終段階である「内面化」では、前段階で確立されつつあった新たな社会的アイデンティティが内面化される。社会的公正実現への熱い思いを依然として抱きながら、他者に対して、精神的・感情的にも余裕を持って対応できる。自分にとって関心の高い問題に以前ほど没頭せず、もっと広い視点に立つことができる。自分は複数の社会的アイデンティティを持つ個人だと理解し、各々の抑圧の現状の関連性が理解できるようになる。また、特権集団および被抑圧集団の人たちと、よりいっそう共感し合えるようになる。また、この段階にいる人は、無知である、または反抗的な態度をとる特権集団に属する人たちに対しても、理解力や忍耐力を持って接することができる。

理想的には教育者になる前に誰もがすべての社会的アイデンティティにおいて「内面化」の段階に達していることが望ましいとも言える。しかし、これは現実には起こらないうえ、実用的ではない。なぜならば、社会的公正について教えられるようになるために必要な「すべての要素」が備わるまで待つ余裕などないからだ。それならば、正確な自己評価を基に、責任ある選択をしなくてはならず、自分の感情や行動をうまくコントロールする方法を編み出すことで対応しなくてはならない。それらの方法をいくつか後ほど紹介する。

教育効果に影響を与える他の要因

社会的アイデンティティ発達理論は、私たちの考え方や行動を理解するための一つの手段でしかない。それは、学習者にとって学びや成長に関わる要因がたくさんあるように、教育者にとっても対応の仕方や能力に関わる要因が数多く存在するのと同じである。以下では、私たちの社会的アイデンティ

ティ発達の段階に加えて、関連するいくつかの要因に注目し、それらの要因が特権集団への対応に与える影響を見ていこう。

トリガー：怒りの引き金となるもの
　ほとんどの人は、言われるとカッとなって反応してしまう、といった言動に心当たりがあるだろう。胃がきりきりする、拳を握る、髪の毛が逆立つ、身体が固まる、麻痺してしまうような言動のことである。このような言動を私はトリガーと呼んでいる。トリガーの例としては、以下が挙げられる。「そんなの気にしすぎだよ」、「(他の人種を指して) みな同じにしか見えない」、「(同性愛者を指してセクシャリティを) おおっぴらにひけらかすな」、「自分で堀った穴だろう」、といった言葉のほか、相手を小馬鹿にしたような表情やボディランゲージなどもトリガーになりうる。トリガーは私たちの冷静さ、明晰さ、そして適切な対応をする力を削ぐものだ。特権集団に属する人たちの言動が、特権集団か劣位集団のいずれかに属している教育者へのトリガーとなることはよくある（もちろん被差別集団の人たちの言動もトリガーになりうるが、今回は特権集団に話を絞る）。

　「社会的抑圧」というテーマのワークショップをある大学で行ったときの話を紹介しよう。この大学では、一週間前に女子学生に対するレイプおよびセクシャル・ハラスメントの事件が起きたため、私はその対応に当たっていた。私は、一緒にワークショップを行うことになっていた男性講師のジムにこう伝えた。「もし男子生徒が『男性は女性と同じように抑圧されている』などと口走ろうものなら、殴りかかってしまうかもしれないから、そういう生徒の対応はあなたに任せたから」と。案の定そのような展開になり、幸いにもジムが上手く対応してくれた。私は自分のトリガーを把握していたため、不適切な対応をせずにすんだ。たとえ今回のように熟練した同僚と組んでいなかったとしても、自分がどう反応する可能性があるかを自覚するだけで、一人でもうまく乗り切れただろうとは思う。

　トリガーは、往々にして自分がこだわっている事柄に対して起きるものである。同じ言動でも、過去の経験などによって、強力なトリガーへと化してしまうこともある。また、トリガーは時として自分がいまだに向き合ってい

第11章　教育者の課題

なかった未解決な事柄に触れることもある。このような例が、私が同僚とある週末に行った「階級主義」というテーマの大学でのワークショップの中で起きた。そのワークショップでは、一人の女性学習者が絶えず階級差別的で無神経な発言をし続けたのだ。参加していた他の学習者もその女性に対話をしようとはたらきかけたが、彼女は自分の狭い考え方を変えようとしなかった。彼女に対する不満がグループの中でいよいよ募り始めると、彼女はより頑なになっていった。休憩時間に入ったとき、ワークショップを見学していた一人の教授が、講師のどちらかがその女性に話しかけてみてはどうかと提案した。つまり、その女性がどんどん墓穴を掘って彼女自身がそこから出られなくなってしまったように感じたからだ。私は、できればその役を担いたくない、と伝えた。というのは、私はこの女性が苦手で、彼女に対して寛容になれそうにもなかったからだ。その女性は上流階級のユダヤ人で、私が高校時代を過ごした町には彼女のような物質主義的でわがままなユダヤ人が多かった。私自身の高校時代の経験や、自分のアイデンティティが同じ上流階級のユダヤ人であるという未解決だった葛藤が呼び起こされたのだ。幸い、もう一人の講師がその女性に声をかけてくれ、案の定、その女性は周りから非難され、攻撃の的にされていると感じていたことがわかった。そうした介入をすることにより、最終的にはその女性もそれ以降の時間はワークショップにおいてよりオープンに、そして生産的に参加することができるようになったのである（そして、私は休憩時間に自分の心の葛藤と向き合うよう努めた）。

　私たち教育者の反応には、感情転移が関与している場合もある。つまり、身近な人への個人的感情を別の人に投影するのである（この場合、特権集団に属する誰かに投影する、ということになる）。相手の外見、声のトーン、言動、接し方などが、感情転移の引き金になり、感情を刺激するのである。また、こうした感情転移は、自分の両親の記憶を思い出してしまうような相手と接したときに起きやすい。感情転移は多くの場合、無意識のレベルで起きるため、私たちは、何が起こっているのか、またはなぜこのような強い感情が湧き起こったのかがわからないまま、この奇妙な力関係に陥ってしまうのだ（学習者自身も私たち教育者に対して感情転移する場合があり、彼らの行動に説明がつく場合もある）。ある同僚の女性が、人を見下したような態度をとる男性を

275

特に苦手に感じていた。このような男の態度を快く思う女性はそもそも少ないだろうが、彼女の場合、そのようなタイプの男性に特に激しい怒りをもって反応してしまい、毎回のように同じ反応を繰り返していた。彼女にそのことを指摘すると、彼女はこうした激しい反発感情を抱くのは、自分の父親に一人前の大人として扱ってもらえないという父親との関係を投影していたことに気づくことができたのである。

　特権集団の人々を教育する場合、劣位集団に属する教育者自身の感情転移のトリガーが引かれてしまう場合もある。ダイバーシティ教育をするうえで、学習者に様々な社会集団に対するステレオタイプや偏見の例を挙げてもらうというのはよく使う手法だ。目的は学習者の意識を高めることだが、人によってはそうした例を聞くことで傷つく可能性があるため、慎重に行うべきアクティビティでもある。劣位集団に属する教育者や学習者が、自分の社会集団に対するネガティブなステレオタイプを特権集団の人たちの口から聞かされるのは、抑圧的な社会構造の力関係を再現することにもなり、たいへん辛い体験になりうるのだ。

　これは実際に起きた話だが、差別や反ユダヤ主義に関する一日限定のワークショップを、比較的経験が浅いトレーナーとともに行ったことがある。そのトレーナーはアフリカ系アメリカ人の女性で、デニースと呼ぶことにする。ワークショップの参加者は、白人の心理学者で構成され、差別や反ユダヤ運動について学ぶことにたいへん意欲的で、多様な信仰を持った集団だった。ワークショップが進むにつれ、それぞれが自分の抱えている人種差別的な偏見や誤解について、きわめてフランクに、適切に表現するようになった。こうした作業は、参加者が自分の偏見や誤った理解を学び直すために必要なプロセスである。ところが、徐々にデニースの口数が減り、我々との間に距離を置き始めたのだ。私が彼女にどうしたのかと尋ねると、彼女はこのような親切で思慮深い心理学者たちの口から、有色人種に対する否定的な言葉の数々を聞くことに動揺した、とのことだった。

　また別の話だが、あるレズビアンの講師（ここでは彼女をパティと呼ぶ）と二人で教育プログラムを担当したことがあった。パティは、レズビアンであることを参加者には伝えていなかった。この２日間にわたるワークショップ

第11章　教育者の課題

ではダイバーシティに関する問題を取り上げ、参加者は社会的公正に力を注いでおり、私たちが知る限りは異性愛者であるように思われた。ワークショップの2日目には、抑圧的な言動にうまく対処できるようなスキルを学ぶためのロールプレイを予定していた。それに備え、二人で同性愛嫌悪的な中傷に関するロールプレイの原案をつくった。ロールプレイでは、私が同性愛者を中傷してまわる人の役割を担い、参加者の一人が介入する役割を担うという設定で、そのロールプレイに関するディスカッションを促し、最後にコメントする、というのがパティの役割だった。ロールプレイを行ったあと、パティがディスカッションを進行させる出番だったが、彼女はただ座ったまま無言だった。私は彼女に「出番ですよ」とサインを送ったが、相変わらず反応がないので、すぐさま代わりにロールプレイについて説明した。後でパティとこの件について話し合ったとき、彼女は実演された同性愛嫌悪的な発言に思わず凍りついてしまったとのことだった。

　他人から、特に特権集団の人から、劣位集団に向けられた否定的な言動を受けて傷つかなくなるようにすることはできないだろう。しかし、教育者である以上、そのような中傷の言葉にある程度は慣れ、真に受けないよううまく対処できるようにならなければならないだろう。学習者の意識を高めるという文脈の中だからこそ、彼らの発する中傷的な言動を封じ込めてくすぶったままにするのではなく、反対にその中傷的な言動を直接取り上げて話し合う、という形をとればよいのだ。劣位集団の人たちはこれらの中傷を過去に十分経験しているのだから、このような見方をしている人が大勢いることも知っているから大丈夫だ、と考える人もいるだろう。しかし、それらの中傷を、特に思慮深い人たちの口から一度に聞かされるのは、かなり精神的にきつい状況であることを十分に知っておく必要がある。特に教育者自身が劣位集団に属している場合、劣位集団の人たちが少数である、または場合によっては本人が唯一の劣位集団の構成員かもしれず、そうなるといっそう無防備な状態に置かれることになる。固まってしまう理由には、経験不足や、社会的アイデンティティの段階のどこに位置しているか、そのときに直面している個人的な事情などがある。自分がどんな反応をしてしまうかを常に予測することは難しいが、授業で行うアクティビティが学習者や私たち自身にもた

らす影響を常に念頭におくことが望ましい。

「伝道師」になってしまう危険性

　社会的公正の教育において陥りやすい落とし穴の一つに「伝道師」の役割を担ってしまうということがある。これは相手を自分と同じ物の見方に「回心」させようとしたり、相手が「悟りを開く」よう、説教したりすることだ。社会問題について熱くなったとき、私たちは案外簡単にこうした役割に陥ってしまうのだ。人を説得しようとするあまり、私たちが「伝道師」と化すと、学習者の学びのプロセスで援助する教育者としての役割が果たせなくなる。

　私はこれを社会的公正の教育者にとって最も大きな課題の一つだと考えている。一般的に、教育者になろうと考える人は、いろいろな事柄に対して関心が非常に高く、世の中を変えていくことに自分の存在意義を見出している。こうした動機は、刺激的な教育的経験を提供したり、あらゆる困難やリスクを乗り越えたりするために重要である。しかし、「情熱的である」ことが行きすぎると「過剰な熱意」に変わり、「献身的」な態度が「独断的」態度に、「誠実さ」が「独善」に変わることもある。教育は情熱がなければできないと私は考えているが、同時にその情熱をある程度「尊重」と「寛容さ」で抑制する必要性は心得ている。そうでなければ、私たちのふるまいによって、相手の考え方や気持ちを抑えつけ、または否定してしまい、教育者としての信頼性や、学習者との関係性を脅かしてしまうことになる。人は何かを強制されていると感じたとき、抵抗したり、その場から後退したりしやすい。これでは教育として逆効果だ。

ステレオタイプと偏見

　私たち教育者は、周りの人たちと同じように、自分が属していない他の社会集団（特権集団も含む）の人々に対して偏見や先入観を持っているものである。教育者の多くは、疎外された社会集団に属する人たちのステレオタイプについて、当然ながら関心を寄せ、問題意識を持っている。しかし、特権集団にまつわるステレオタイプについては、認識が低く、真剣に受け止めようとする人は少ない。特権集団に対するステレオタイプは、被抑圧集団に対

する偏見と同様、私たちが暮らす環境（家族、仲間、メディア）から発せられるメッセージや経験の中から生まれるのである。そして被抑圧集団のステレオタイプに関する原則は、特権集団に対するステレオタイプについてもあてはまる。つまり、ステレオタイプが多少なりとも真実に基づいていたとしても、集団全体に適用され、個人の特徴が無視されるという点である。また、ある集団の人と一度や二度会った程度で、その人の特徴がその人の属する集団全体にあてはまるものだと見なすべきではないことも当然である。特に、教育者自身が社会的アイデンティティ発達過程のどの段階にいるかによっては（特に抵抗の段階では）、特権集団の人たちに対する否定的な見方が強まる傾向があり、注意が必要だ。

特権集団の特徴については第2章で述べたとおり、特定の社会集団に関する知識を持つことは重要だが、知識だけに基づいた一般化を安易にしてしまうと、相手を一個人として知ることができなくなる。さらに、特権集団に属する人たちをモノ扱いしあるいは、人間性を否定すれば、それは日頃から劣位集団の人たちに対してしてはならない、と説いていることをしてしまうことになる。それは特権集団に属する人たちの人間性を歪め、矮小化することになるうえ、「私たち」対「彼ら」という図式を結果的に広めることになる。社会的公正の教育者として、こうした思考は克服していかなくてはならない。偏見によって心や頭が曇ってしまうと、柔軟で、公平でいることができなくなり、相手への共感や許容する能力が阻害されるのである。

教育効果を高めるために

多様性について教育することは、教育者と学習者の両者がそれぞれ抱えている課題が出合うことでもある。そうした出合いは、より大きな社会力学を背景とした文脈の中で起きる。またこのぶつかり合いはお互いにとって刺激や学びの機会となる一方で、不満や障害の原因にもなる。学び、成長するためには、プラクシス（praxis）——実践と内省——を繰り返す必要がある（Freire, 1970）。その実践と内省の中で、私たちは様々な困難に直面し、落胆を経験するだろう。しかし、それらをマイナスに捉えるのではなく、むしろ

学びの好機として捉えてはどうか。すなわち、「この経験から何を学べるか」、「どうすればより良い教育者になれるか」「この経験を経て人間としてどう成長できるか」と自らに問うのである。また、どうしても成長の糧と捉えがたい状況にあるときには、それでも「最低のことからでも何かは学べるのでは」と考えてはどうだろうか。

自分自身と継続的に向き合うこと——その内容と意識の関係

　有能な社会的公正の教育者となり「ティーチング・プレゼンス」を発揮するためには、絶えず自分自身を見つめ、学び続ける作業が必要不可欠である。教育者として、人間的に、そしてプロとして成長することを怠ってはならない。私たちは、意識を高めるべく努力をし、自分自身が抱える課題に取り組み、そして常に最新の情報に通じていなくてはならない。私たちが常にその場に心身ともに徹し、学びを深め、寛容な気持ちでいるためにできることはたくさんある。

　教えなくてはならない内容に関する知識が増え、教室をうまく運営できるようになるにつれ、私たちはより柔軟になり、自信が持てるようになる。知識が増えれば、ステレオタイプ的な見方に対してうまく対処できるうえ、正確な情報を与えることで誤解や偏見を正すことがより容易になる。教室の中で起きる対立や感情の高ぶりをうまくコントロールし、教室内のダイナミクスにうまく対処する技術が磨かれると、教えることを恐れず、楽しむことができるようになる。こうしたスキルによって、安全で、信頼関係が生まれやすい条件を整えることができるようになる。また、学びに結びつくような授業を展開させ、受講生の抵抗感を和らげることができるようになる。十分な知識があることで自信がつくと、自意識過剰になる、不安を感じる、肩肘を張ることをしなくてすむ。情報とスキルの習得は私たちに自信を与え、その結果、私たちは余裕を持ってその場に集中できる。「どうすればいいのかまったくわからない」といった戸惑いを感じるような状況にも陥りにくくなる。

　知識を得、教え方を身につけることは重要には違いないが、自分自身に意識を向けるよう心がけることも同じくらい大切である。その出発点の鍵となるのが、正確な自己評価をすることである。すなわち、本当に自分が教育者

第11章 教育者の課題

としてあるテーマを教えるにふさわしいかどうか——誰に対して、どのような状況で教えるのか——を正確に見極める必要がある。以前説明したように、社会的アイデンティティ発達モデルは、内省のプロセスにたいへん役立つツールの一つである。自分のアイデンティティや発達段階が、自分の意識や他者にどう影響するかを理解しなくてはならない。一つの「〜イズム（〜主義）」（差別問題）ときちんと向き合い、勉強をしてこそ、他人を教育できるのである。学習者の感情面や認知面にはたらきかけるには、まず自分自身に対しても同じようにはたらきかけなくてはならない。私が一貫して主張しているように、意識を高めるということは、単に知識を蓄積するということではない。知識やスキルの習得に取り組むと同時に、自分自身の過去から抱えている問題ときちんと折り合いをつけることを意味する。自分が教育者として準備ができているかどうかを見極めるには、まず自分の強みや限界を知るところから始める必要がある。自分にとって障壁となりうる自身の反応や状況を、前もってできるだけ予期するよう努めなくてはならないのだ。

　自分には何ができ、どういう反応をしてしまうのかがわかると、次のステップとして自分のサポート体制を築くとよいだろう。まだ自分が知識面・情緒面において教育する心構えや自信がない場合には、他のトレーナーや教育者と一緒に講座を（たとえ一部でも）教えるのがよい。また、外部からテーマに精通した人を招き、議論をファシリテートしてもらうのもよいだろう。そのようにアドバイスを与えてくれ、サポートしてくれる相手がいるのはたいへん有益なことだ。自分がどのような変化のプロセスをたどったのかを記録するために、自分の想いや反応を日誌に書き込むことも推奨される。

　自己啓発のもう一つの側面は、自分の持つバイアスに気づき、それと向き合うことができるかどうかだ。頭に浮かぶ考えや先入観をまず認識し、自らの行いを省みることで、誰に対しても思いやりを持ち公平に接することができるようになるのだ。自分の中にある偏見に気づいたときには、例えば、情報を集め理解を深めるなどして、それと向き合う責務がある。学習者を個人として知ろうとし、偏見を持つに至った経緯に思索をめぐらすのもよいだろうし、自分が周りとどう接しているかにいっそう注意を払うということも大切だ。自分の持つステレオタイプやバイアスを取り除くことができれば、自

意識過剰になることや、不安になることなしにすみ、その分解放的でいられるようになる。つまり、自意識過剰にならずに、自分を常に意識していられるのである。

　また、私たちが抵抗を感じ、また防御的になってしまうのはどういうときなのかを自覚する必要がある。例えば、自分が自動的に否定し、反論する意見とはどういうものなのか。講義中にある男性の受講生が「男性に対する描写が不公平である」と訴えた場合、それを単なる男性特権に無自覚な言動として捉えるか、彼の発言に一理あるかどうかと時間をかけるだろうか。別の例として、受講生が「有色人を被害者扱いしている」と異議を唱えてきた場合、人種差別の問題の根深さを説くためのカリキュラムなのだから、と正当化するのか、それとも、本当にバランスのとれた内容かどうかともう一度シラバスを見直すのか。使用している教科書の著者陣に多様性が反映されていないと指摘されたとき、すべての多様性を反映することは現実的には無理があると主張するのか、あるいは反対に他にもっと良い書籍を推薦してもらえないかとお願いするのか。あなたはどちらの選択をするだろうか。すべての意見を疑わずに真実として受け入れる必要はもちろんないが、自分を省みる好機会として捉えることはできるはずだ。

　また、自分が出席するイベントやワークショップにおいても、時間を捻出してでも出席するものとそれほど積極的に参加してこなかったものがあることに気づくのも大切である。このように選択してきたものを見直すことで、自分にとって何が大切で、どういうテーマを避けているのかがわかってくる。もしあなたが自分のことを他者と比べて社会的な意識が高く、社会的公正の実現に向けて行動しているのだと自負しているとすれば、この理想像に及んでいない自分を認めることは容易ではない。だからこそ、真に社会的公正を実現するには、自分に足りない分野にも足を踏み入れる必要があるのだ。

　概して言えば、自分にとっての「引き金」が何であるかを知る必要がある。すべてを予測するのは難しいにしても「引き金」を引く要因、つまりは自分をカッとさせる要因を深く見つめることはできる。自分はどのような状況で最も無防備だと感じるのか、またどのような状況で怒りを感じるのか。また、ある特定のタイプの人に対して、なぜ自分は毎回同じような反応を繰り返し

てしまうのか。そうしたことを振り返る必要がある。自身の「引き金」を自覚し始めると、それと向き合い、克服することができる。さらに、「引き金」の原因に対処できるようになり、自分自身の痛みや傷を癒すこと、条件反射的な反応を克服することができるのである。

Triggering Event Cycle（O'Bear, 2007）はこうした「引き金」が起こる連鎖のサイクルを以下の7つの段階で説明する。1）刺激が起きる。2）その刺激が教育者の内在する「ルーツ」（記憶、過去のトラウマ、恐怖や偏見の経験）を呼び起こす。3）「ルーツ」をもとに、教育者自身の主観的レンズを通して、今起きている状況についての「物語（ストーリー）」がつくられる。4）その物語が本人の認知的、情動的、生理学的な反応を形成する。5）その物語が本人のとる行動（相手を威圧する、相手が間違っていることを証明する、相手に好かれるようとする、相手との対立を避ける等）を左右する。6）本人がその刺激に実際反応する。7）教育者の反応が受講者や他の教育者への「引き金」となる。つまり、大切なのは、早い段階で自分の「引き金」が引かれていることに気づき、自分自身の持っている経験を用いてその状況への解釈を変え、自分の反応と向き合い、なお、効果的な反応がとれるようになることである。

なかでもセルフトークを実践することが効果的だ。講義をする前、あるいは「引き金」が引かれそうになったとき、その場を乗り切るために、心の中で自分に語りかけるのである。こうした語りかけは、自分が他者の言動をどう捉えているのか、自分がどう反応するのかを明らかにする。例えば「彼らがああ言う背景には、心に傷を負っているか無知だからだ」「私を怒らせようとしているが、その手には乗らない」「友達の前でいい格好をしようとしているだけで、内心はビクビクしてるんだろうな」「大丈夫。私は落ち着いて理性的に対処できる」「一呼吸入れよう」というように、自分を諭すのである。このように自分の引き金が引かれそうな事態をあらかじめ想定し、自分へ語りかける言葉を用意しておくことで、周りに流されない授業が行えるのである。

また、教育者が自分の「引き金」や自分の持つ偏見との折り合いをつけるためには、マインドフルネスを実践するのもよいだろう。このマインドフル

ネスは「意識的に生きるための技術」であると言える。それは、「意識的に先入観を捨て、今というときに身を置くという、特別な注意の払い方である。このようなマインドフルネスの実践は、その時々の現実をより意識し、明確にし、受容することの手助けをしてくれる」(Kabat-Zinn, 1994, p. 4)。さらに、ここで言うマインドフルネスとは、意識が覚醒しており「深い洞察力」が備わる状態である。私たちが意識的でないと感じるときや、ネガティブな反応にどっぷり漬かっているときに、マインドフルネスを実践することで心の安定をとり戻し、実際に何が起きているのかがわかるようになる。このようにマインドフルネスの技術を磨くことで、習慣化された反応や非生産的な思考をすることが少なくなる。たとえ身動きがとれなくなったとしても、抜け道が見えてくるようになる。同時に、マインドフルであることは、現状への理解を深め、選択肢を増やしてくれるだけでなく、内在している知恵や創造性に気づかせてくれるのである。こうした気づきは、日々の生活の中で、自己啓発、心の平静さ、喜びなどをもたらし、その効果は教育の領域にも波及する。また、私たちは二元論的な考え方から解放され、ものごとの様々なつながりを理解できるようになる。Kabat-Zinnは自分が本当に意識的になっているかを確かめるには、他者を見るとき、本当にその人自身を見ているのか、それともその人に対してのイメージを投影しているのかを自問してみることを一つの方法として提案している。

　マインドフルネスとは、本質的に「意識的な呼吸法」と同じである。つまり自分の呼吸を意識し、呼吸を続けるのだ。自分の呼吸を意識し続けるためには、息を吸うときに「吸って」、吐くときに「吐いて」と意識し、声を出さずに自然に呼吸をすると効果的だ。マインドフルネスの瞑想は今現在の瞬間への意識を体系的に育み、心と身体をつなぐ方法の一つだ。マインドフルネス療法は（また他の療法も同様に）「自分を成長させ、ものの見方や意識を洗練する」(Kabat-Zinn, p. 264) ための手段として有効だ。またマインドフルネスは他の瞑想と様々な面で似ているため、ここではあえて「気づき」の哲学や実践を他の瞑想と比較すること、説明することはしないでおく。最近ではマインドフルネス療法に関する便利で読みやすい本がたくさん出ている（参考までにBraza, 1997; Hanh, 1991; Goldstein & Kornfield, 1987; Kabat-Zinn, 1994

がある)。マインドフルネス(気づき)は仏教に由来する考え方ではあるが、宗教的慣行ではないため、他の精神世界の慣習とともに実践してもよいし、単独で実践してもよい。

尊重や思いやりを育むために

　自己啓発と内省に取り組むことで、私たちは先入観なく、寛容になることができる。しかし、特権集団に対して敬意を示し、思いやりを育み、それをすることは、依然として至難である。特権集団の一員が反抗的な態度をとる、他人を(例えば私たち教育者を)傷つけるような行動をとる、侮辱的な見解を述べる、あるいは、特権があることが当然のようにふるまうと、教育者の共感する能力の限度を超えてしまうことがある。こうした極度の無知や抵抗は教育者を疲弊させる。

　特に教育者が従属集団に属している場合、支配集団の人たちと接するときには、たいへんな苦労を強いられる。従属集団に属する側は、日々教育する側に立つことを要求され、怒りを表さず、相手に歩み寄ることを期待されている。私たちは支配集団が持つ偏見や差別的な言動に日々対応するよう迫られている。ワークショップや講義では、特権集団に理解を示し、彼らの意向に沿うよう求められる。また従属集団に属する教育者は、権威や信頼性を問われることが多い。どのような集団に属していようが、こうした扱いを受けるべきではない。これからもわかるように、従属集団に属する教育者は、たいへんな屈強さと状況に対する明晰さを必要とする。しかしこの仕事をすると決めた以上、効果的な教育をする責任がある。

　教育者が「ティーチング・プレゼンス」を発揮し、変化と成長を促す関係を築くためには、敬意や思いやりという感情を絶やしてはならない。Sharon Salzberg (1995) は仏教の観点から「慈悲の心」を以下のように定義している。

「... 世の苦しみの本質を知ることで生まれ出る力である。慈悲の心があれば、自分の苦しみであれ、他人の苦しみであれ恐れずに目をそらさずに立ち合うことができる。また慈悲の心があれば、全身全霊でためらわずに不条理を告発し、毅然とふるまうことができる。慈悲の心を持つ

ことは……生きとし生けるものすべてに例外なく共感する生き方を可能にする。」(p. 103)

　サルツバーグ氏の定義には重要な要素がいくつか見られるため、ここでもう少し掘り下げたいと思う。まず、慈悲の心により人は同情しやすくなる。「共感」するためには、相手の体験を我がことのように感じる能力が必要である。この点においては、サルツバーグ氏の定義にある「シンパシー（同情）」と私の使う「共感」は共通している。つまり「共感」は互いに「（精神的に）つながる」感覚を高めてくれる。「共感」する能力がなければ、一人ひとりが持つその人らしさや尊厳を認めることはできない。すでに述べたように、他者をただのモノと見なすことや、悪者扱いしてしまうと、共感し、相手を受け入れる能力は損なわれてしまう。「相手の学びや、成長、変化への潜在的な力を見落としてしまうと、（教育の）プロセスはかえって有害なものになる」(Romney, Tatum, & Jones, 1992, p. 98)。理解を深めると、ありのままの相手を見つめることができ、思いやる力が養われる。他者と人間的につながっているという実感を得るにはいくつかの方法がある。

　特権集団の気持ちやふるまいを理解するには、特権集団の一員としての自分の経験に頼ることもできるだろう。例えば、男性特権に無自覚な男性が女性を見下すようにふるまうのを見ると怒りやフラストレーションを感じるわけだが、そういうときには、白人に対して有色人が同じように嫌な気持ちになっていたことをいつも思い出すように心がけている。男性が防御的になったり、自身の言動の影響を恐れてビクビクしたり、あるいは男性優位の姿勢を告発されることに対してうんざりしている姿を見ると、差別や抑圧を学び直すために私自身が経験してきたことと重ね合わせることができる。嫌な自分（そして今でも認めたくない自分）の一部に目を向けるということは、自分の欠点を思い知らされる辛い作業に他ならない。私を含む白人集団が他者を組織的に抑圧し続けてきたという事実と向き合うことがどれほど苦い経験だったか。そして、自分の中に深く根づいてしまった無意識的な態度、信念、ふるまいを取り去ることがどれだけ大変だったか。しかし、こうやって同じような思いに共感することによってこそ、特権集団に属する人たちに対する

第11章　教育者の課題

思いやりを育むことができるのだ。2章で論じたとおり、特権集団には社会的圧力によって生じる特徴に共通した点が見られるが、私自身の意識や反応は特権集団のそれとさして違っていなかったと思っている。特権集団の立場から抑圧の問題に向き合うことがいかに難しく大変であるかが、私にはよくわかる。

　私自身、忍耐や思いやりを感じることが難しいときには、仏教の瞑想法の一つ、メタ（Metta）を用いることにしている。メタは自分自身と他者に対する思いやりを育むために行われる瞑想である（詳細はサルツバーグの著書を参照のこと）。「どうか幸せにあれますよう。どうか健やかにあれますよう。どうか安全にあれますよう。どうか心安らかにあれますよう」と自分に繰り返し言い聞かせるのだ。これを時間の余裕に応じて数回行う。そして、自分の好きな人を思い浮かべながら同じ言葉を繰り返す。「どうか幸せに。どうか健やかに。どうか安全に。どうか心安らかに」と。次は、中立的な気持ちを持っている相手に向かって唱える。そして最後には、嫌いで受け入れがたい相手に向けて唱えるのである。この瞑想法は驚くほどに自分をより寛容に、そして心穏やかにする効果があった。これをワークショップが始まる前に生徒を見まわしながら声に出さずに行うこともある。一度、対立が多く緊張に見舞われた授業の中でこれを試してみたことがある。授業の中で、受講生たちそれぞれの意見や考え方が頑なになっているように感じたため、これからさらに難しい議論を行うにあたり、何か手を打っておきたかったのだ。授業が始まる前に、私は受講生たちに目を閉じて、この瞑想のプロセスを自分と一緒に試してみることを提案した。最初は自分自身のことを考えて、次はクラスで仲のいい人のことを、次は特になんともない人のことを、そして最後にどうも自分とは肌の合わない人のことを思い浮かべるよう指示し、実践してみた。その結果、クラスのダイナミクスが完全に変わったわけではないが、教室に漂っていたギスギスした空気がいくらか和らぎ、そして私は確実に教室の中でのプレゼンスを発揮できるようになっていた。

　学習者との関係性を育むには、相手の良いところに注目するのも一つの方法である。教育者は、相手の扱いにくいところや不快に感じる部分にとらわれてしまい、それ以外の部分を見ようとしなくなることが多々ある。このよ

うに相手のマイナス面に固執してしまっては、相手をあるがままに見つめることも、受け入れることもできなくなる。ならば、相手の性格やふるまいの中に尊敬できるところを見つけ出すように意識してはどうだろう。実際、どんな相手であろうが、何か一つくらいは好感の持てる要素を見つけることができるものだ。この方法を用いれば、相手に対して肯定的な感情を育むことができ、一人の人間として見ることができるようになるだろう。

　もう一つのアプローチとして、相手の行動と人間性を分けて考えることも有効だ。相手が誰であろうと、どうふるまおうと、本来尊厳を持つ人間だということを忘れてはならない。彼らは誰かの息子・娘であり、社会に影響を受ける前は無垢な子どもであったのだ、などと思いをめぐらすことも重要だ。このように行動と人間性とを区別する思考は、非暴力主義の活動家たちの思想や実践の中核を成している。

　マーティン・ルーサー・キング・ジュニア（1981）はこう助言する。

「我々は、一皮むいて、衝動にかられた悪事の内面を見るとき、我々の敵なる隣人の内に、多少なりとも善を見るのであり、また彼の行為の不道徳さ・邪悪さが彼のすべてを完全には表現していないことを知るのである。つまり、我々は新しい光のもとに、彼を認識するわけだ。我々は彼の憎しみが、恐れ・誇り・無知・偏見・誤解などからきていることを知っているが、それにもかかわらず、我々は神のかたちが彼の存在の中に言いようのないほど刻まれているのを知る。それで我々は、彼らが完全に悪いものではないということ、そして彼らとても神の贖罪愛を受けられないわけではないということを認識することによって、我々の敵を愛するのである。」(p. 51)

サルツバーグが提唱する定義の二つ目に、思いやりを育むには自分自身、そして他者の痛みや苦しみを認め、その証人になることだとある。ヘンリー・ワドワース・ロングフェローが言うには、「もし敵対する相手の知られざる過去を知ることができたなら、彼ら一人ひとりの悲しみや苦しみを見つけ出し、どんな敵意をも鎮めることができるはずだ」(Salzberg, 1995, p. 125から

引用）。相手の辛い過去を真に認めることができれば、私たちのものの見方や感情が大きく変わることもある。敵を単に有害な人・「邪悪な」人と見るのではなく、傷ついた人としても見ることができる。特に物質的に不自由のない人や、社会的地位の高い人の心の痛みは、見た目にはわからないことが多い。「抵抗」について前述したとおり、自分自身の痛みと折り合いをつけていない人ほど、他者の苦しみを認めようとせず、対処することにも最も抵抗しがちである。つまり、彼らはより他者を虐げやすい傾向にあるのだ。社会的公正教育において、教育者は人の痛み、特に特権集団が支配する制度によってもたらされた苦しみを緩和する手助けをしなくてはならない。教育者自身がその過程で、「啓発された証人」でいなければならない。証人になるということは、受講者をありのまま受け入れ、また彼らが人種差別的思考を脱し、社会における人種問題を学び直すという苦しい過程に付き添っていくということである。そのためには心の余裕や理解が不可欠で、教育者がそれぞれ抱える問題に取り組むことが必須である。

　最後に、サルツバーグの定義にもあるが、慈悲の心は行動につながり、苦しみや不正の根源であるものを変化させることができる。慈悲というとしばしば受動的で行動をともなわないように勘違いされているため、この定義は重要なポイントである。慈悲の心があれば、教育者は相手を尊厳を持つ一個人として受け入れ、相手の苦しみを認めたうえで、そもそも苦しみを生み出す状況を変えるべく行動するのである。キング牧師は私たちが制度の不正に対抗すると同時に、加害者自身を愛することができることに気づかせてくれる。慈悲とは、なにも危険な行動を赦したり、不正の存在を否定したり、何かを悪用することを許容したり、不平等を野放しにするといったようなことではない。慈悲の心を育むためには、個人的、社会的、政治的なレベルでの人間のありようをあらゆる側面からしっかりと見つめ、社会的な問題や苦しみを生み出す現状を変えていくことをしなくてはならない（p. 114）。

　慈悲の心があれば、明瞭で軸のある愛を持って行動できる。それは怒り、恐れ、痛みがもとにある行動とは違う。慈悲の心により、良い決断もでき、効果的な行動がとれる。キング牧師の言葉に「敵を友に変えることができる力を持つのは愛だけである」がある（1981, p. 54）。キング牧師の言葉は、決

して感傷的な愛や情緒的な愛のことではなく、「全人類のための理解、贖罪、幸福」(p.52) を意味しているのである。

　学習者やワークショップの参加者、社会変革の過程で出会う人たちのことを「悪」や「敵」といった言葉で表現するとなると、それはちょっと厳しいのではないか、極端なのではないか、と感じるだろう。このような捉え方をする人がいないと思いたいが、自分を含め、実際にはこうした考え方をする人がいることも事実である。相手の行動や社会的アイデンティティ、社会的地位に対して、軽蔑的な態度になるとこのような否定的な見方をしてしまうので注意が必要だ。そのなかで「愛」という言葉はいささか大げさに聞こえるかもしれないが、この「愛」こそが教育者にとって重要であると私は考えている。「愛」は尊重の気持ちや共感を包括する概念であり、変化を促す関係を築くための中核を成す概念である。私はある集まりではっとさせられた発言があった。それは「彼らを教えることができるほど十分に彼らを愛せますか」という問いかけだ（残念ながら、誰が発言したのかは覚えていない）。

　こうした愛情深い気持ちを他人に向けることは、生活のあらゆる面において有益だと私は思っている。特に教育者という立場をとったとき、責任ある行動をとるのは当然である。教育者としての立場以外では、あるタイプの人とは関係を持たないとか、特定の会話をなるべくしないようにするとか、思いやりに欠けた扱いをするといったこともあるだろう（私にだってオフタイムが欲しいと思うときがある）。しかし、教育者としての立場に自分を置いたとき、私はすべての生徒・受講生に対する責任がある。一人ひとりの学びや成長を促すよう全身全霊で努めなくてはならないのだ。確かに相手の考えを変えることや、相手がもっと批判的なものの見方をするようにはできなかったとしても、相手を無視したり見限ってしまうこともやってはいけないのだ。

　ダイバーシティ・トレーニングについて議論しているとき、ある同僚（元弟子）が「スピリチュアル（精神性）な世界を持たずにこの仕事が務まるのか？」と思わず叫んでしまったことがある。私は、様々な宗教的・道徳的・哲学的枠組みの中で活動している人を多く知っている。そしてそうした宗教的枠組みにおいては、愛や共感を育み、マインドフルに社会的公正活動を手助けする哲学や実践に基づいている（Ingram, 1990にそのような例が多く挙げられて

いるので参照されたい)。私が個人的に最も役に立つと思う方法をここまで紹介してきたが、読者のみなさんには自分にとって一番有意義で役立つ枠組みや実践を試すことをお勧めする。この仕事を続けていくうえで、強さ、知恵、そしてインスピレーションは必須だからだ。

支援を得る

　この章の趣旨は、教育者自身のたどるプロセスと課題についてであった。しかし、私たちはこのプロセスを一人で歩むことはできないのである。社会的公正の教育に携わることは孤独で孤立したプロセスだと感じる人もいるだろう。確かにそういう部分もあるかもしれない。しかし、私たちの活動と情熱を共有してくれる人が身近にいるかどうかにかかわらず、国や世界を見渡せば、同じように日々奮闘している人たちが大勢いるのだ。仲間を見つけるには、大会や会議などで直接会うこともよし、ソーシャルネットワークなどを駆使した間接的な出会いでもよい。とにかく仲間を見つけることが不可欠である。社会的公正教育や社会変革に携わる人たち同士がつながれば、新たな考え方や新しい教材や、情報を手にいれることができ、向上し続けることができるのだ。私たちがやる気を削がれているときに私たちを奮い立たせ、教室や団体やコミュニティで様々な問題に対処しているときに、私たちにとって精神的支えになってくれる仲間は貴重な存在である。私の経験上、社会的公正にコミットしている素晴らしい人たちは、個人の立場から、そして専門家の立場から私を支えてくれた。そうした周りからの支援があるおかげで、私たちは明晰さを磨き、渦中にありながら健全であり続けることができるのである。

希望を持ち続ける

　末尾ではあるが、人や社会は必ず変わることができる、という希望を自身や学習者に対して持ち続けなければならない。教育者である私たちが冷めた見方をする、または、斜に構えてしまうと、社会変革を推し進めるはずの私たち自身の力を弱める結果となる。

　私たちが出会う様々な場面で希望を見出すことができるだろう。人が成長

し進化していく姿を見たとき、人が勇気を出してリスクをとろうとしているとき、めざしていた公正へのゴールを達成できたとき、互いの違いを乗り越え信頼できる協力的な関係が築けたとき、社会的公正の実現のため毎日働き続ける人たちの話を聞いたとき、みんなとともに解放につながるような社会変革が起きたとき、などの場面である。仲間からの支援と同様、社会的公正活動を続けるための精神や身体や魂を育むには、希望を持つことが重要なのである。

　希望や可能性があるところには、同じ数だけ障壁もある。しかし、私たちが特権集団の人たちが変わる可能性に対して悲観的になってしまえば、それは社会変革を妨害しようとする冷笑的な文化に加担することを意味する。「過剰な無力さ（Surplus powerlessness）」（Lerner, 1998）という概念は、私たちが自分たちのことを実際よりも無力であると見なしてしまう傾向を指している。その「過剰な無力さ」は、私たちが活動の中で権力の不均衡を突きつけられたとき、「やっぱり無理だ」とか「非現実的だ」と思わせてしまう効力がある。しかし、この「過剰な無力さ」という概念は、なにも政治の状況の現実を実際に反映したものではなく、あくまで「何も変わりはしないのだから、自分たちを守る方向にいったほうが賢明だ」と思わせるように、支配文化が送るメッセージを内面化した状態を表しているのである。しかし、歴史を見ればわかるとおり、変革を当然だと考え、変革を要求し、その過程で他の人も巻き込むために人を感化し、力づけることができた勇気ある人々の実例は数多くある。

　私は、ホロコーストを生き延びた作家で、平和運動家でもあるエリ・ヴィーゼルの言葉をよく思い出す。彼は講演の中で、世界中の戦争や紛争や人間の残忍さに苦しむ数々の地域を訪れる旅や、平和と回復への取り組みについて語り終えたところだった。聴衆の中から一人が質問した。「あなたが見てきたすべてのことを考えると、どうやって前に進み続けられるのですか」と。すると彼は、「私にはそれ以外の選択肢がないのです」と返した。公正な世界をめざして全身全霊で働く私たちにとって、闘い続けること以外に、いったいどんな選択肢があるというのか。究極的には、公正さが私たちを解放するのだから。

付　録

ダイバーシティ・社会的公正教育／訓練に関する資料

　ダイバーシティと社会的公正については、様々な組織、様々な教材が多面的に扱っている。以下ではダイバーシティと社会的公正全般、あるいは様々な形の社会的不公正に関する教育用のアクティビティやワークショップ・デザインのための資料を、ほんの一部紹介させていただく。

Teaching for Diversity and Social Justice（3 rd ed.）
Maurianne Adams & Lee Anne Bell（Eds.）. New York: Routledge, 2016.
　人種差別と白人特権、人種差別と移民とグローバル化、性差別・異性愛主義、トランスジェンダー抑圧、宗教的抑圧、反ユダヤ主義的抑圧、階級差別、障害者差別、年齢差別と大人中心主義といったテーマのカリキュラムデザインを紹介。理論的背景や実践上の原則の解説のほか、文献・資料リストも収録されている。

Readings for Diversity and Social Justice（3 rd ed.）
Maurianne Adams, Warren Blumenfeld, Carmelita Castaneda, Heather W. Hackman, Madeline L. Peters & Ximena Zuniga（Eds.）. New York: Routledge, 2013.
　上記 *Teaching for Diversity and Social Justice* の副読本。ウェブサイト（http://www.routledge/textbooks/readings for diversity and social justice）にてディスカッションテーマ、関連資料、アクティビティや課題案の詳細なリストのほか、抑圧の種類ごとに本文の内容をさらに深める、次のステップや

行動も紹介している。

Beyond Heroes and Holidays: A Practical Guide to K-12 Anti-Racist, Multicultural Education and Staff Development
Enid Lee, Deborah Menkart, & Margo Okazawa-Rey (Eds.). Washington, DC: Network of Educators on the Americas, 2006.
　人種差別を重点的に取り上げているが、多文化主義全般や人種差別以外の抑圧についても触れている。

Dealing with Differences: Taking Action on Class, Race, Gender, and Disability
Angeles Ellis & Marilyn Llewellyn. Thousand Oaks, CA: Corwin Press, Inc. (A Sage Publications Co.), 1997.
　階級および階級差別、人種・人種差別・異文化差別、ジェンダー・性差別・異性愛主義、障害者と能力差別に関する研修デザインを収録。若者対象の前提だが、大人対象としても使える。

110 Experiences for Multicultural Learning
Paul B. Pederson. Washington, DC: American Psychological Association, 2007.

Uprooting Racism: How White People Can Work for Racial Justice (3 rd ed.)
Paul Kivel. BC. New Society Publishers, 2011.

Teaching/Learning Anti-Racism: A Developmental Approach
Louise Derman-Sparks and Carol Brunson Phillips. New York: Teachers College Press, 1997.

Understanding Whiteness Unraveling Racism: Tools for the Journey
Judy Helfand and Laurie Lippin. Cincinnati: Thomas Learning Custom

Publishing, 2001.

The Source
http://thesource.diversityworks.org
ダイバーシティ、反抑圧、コミュニティ構築などのアクティビティについて検索できるサイト。

The Diversity Factor
http://diversityfactor.rutgers.edu
職場のダイバーシティに関する記事および資料。

Diversity Central: Cultural Diversity at Work
http://www.diversitycentral.com

Anti-Defamation League（ADL）
http://www.adl.org

Teaching Tolerance
http://www.tolerance.org

Witnessing Whiteness
http://www.witnessingwhiteness.com
Witnessing Whiteness: The Need to Talk about Race and How to Do It（2nd ed.）by Shelly Tochluk, Lanham, MD: Rowman & Littlefield Education, 2010. の付属ウェブサイト。人種差別や白人特権に関するワークショップのアジェンダやハンドアウトを紹介。

United for a Fair Economy
http://www.faireconomy.org
富や収入の格差、経済や階級問題に関する様々なワークショップのアウトラ

インと教材を紹介。この種の問題についての教育を扱う書籍も刊行している。

Class Action
http://www.classism.org
階級とは何かを考え、階級差別をなくすための資料集。

Transformations: A Journal of Inclusive Scholarship and Pedagogy
http://www.njcu/sites/transformations

社会・政治・経済における進歩的代替手段に関する資料

Center for Partnership Studies
http://www.partnershipway.org

The Equality Trust
http:/ /www.equalitytrust.org

Yes! Magazine
http://www.yesmagazine.org

Institute for Policy Studies
http://www.ips-dc.org

Applied Research Center
https://www.raceforward.org

Tikkun Magazine/ Network of Spiritual Progressives
htpp://www.tikkun.org

注

第2章　特権集団について
（1）　最初にこのワークショップを見たのは1993年、ロードアイランド大学（University of Rhode Island）のジャクソン・カッツ（Jackson Katz）によるものだった。

第8章　どんな理由があれば、特権集団は社会的公正を支持するのか
（1）　こうした反応についての分類枠組みを最初に提唱した論文、Steve Wineman（1984）に感謝したい。
（2）　Kimmel（1993）によれば、男性が女性解放運動を支持する理由の一つは、そのほうが合理的だから、というものだったという。人によってはそうかもしれないが、私の研究では理由として挙げられることはまれだったため、ここでは理由として挙げていない。

第10章　アライ（味方）と行動
（1）　この問題を指摘してくれたティーマ・オクン（Tema Okun）に感謝する。
（2）　*Speak up! Responding to Everyday Bigotry* by Teaching for Tolerance, Southern Poverty Law Center, Montgomery, AL, 2005.（http://www.tolerance.org）様々な状況でいかに対応すべきかの優れた参考資料である。

参考文献

Adair, M. & Howell, S. (1988). *The Subjective Side of Politics*. San Francisco: Tools for Change.

Allsup, C. (1995). What's All This White Male Bashing. In R. Martin, R. (Ed.), *Practicing What We Teach: Confronting Diversity in Teacher Education*. Albany: State University of New York Press.

Alperowitz, G. (1996). The Reconstruction of Community Meaning. *Tikkun Magazine*. 11 (3), 13-16, 79.

Andrzejewski, J. (1995). Teaching Controversial Issues in Higher Education: Pedagogical Techniques and Analytical Framework. In R. Martin (Ed.), *Practicing What We Teach: Confronting Diversity in Teacher Education*. Albany, New York: SUNY Press.

Apple, M. (1982). *Education and Power*. London: Routledge and Kegan Paul.

Ayvazian, A. (1995). Interrupting the Cycle of Oppression: The Role of Allies as Agents of Change. *Fellowship*, January/February, 6-9.

Banks, J. (1991). *Teaching Strategies for Ethnic Studies*. Boston: Allyn and Bacon.

Batson, C., Polyarpou, M., Harmon-Jones, E., Imhoff, H., Mitchner. E., Bednar, L., Klein, T., & Highberger, L. (1997). Empathy and Attitudes: Can Feeling for a Member of a Stigmatized Group Improve Feelings Toward the Group? *Journal of Personality and Social Psychology*, 71 (1), 105-18.

Batson, C. (1989). Prosocial Values, Moral Principles and a Three-Path Model of Prosocial Motivation. In N. Eisenberg, J. Reykowski and E. Staub (Eds.), *Social and Moral Values: Individual and Societal Perspectives* (pp. 2-28). Hillsdale, NJ: Lawrence Erlbaum.

Bate, W. (1997, April 10). To Learn about Inner-city Plight, Walk in Their Schools. *Poughkeepsie Journal*, A11.

Baxter, M.M. (1992). *Knowing and Reasoning in College: Gender-related Patterns in Student Development*. San Francisco: Jossey-Bass.

Belenky, M., Clinchy, B., Goldberger, N., & Tarule, J. (1986). *Women's Ways of Knowing: The Development of Self, Voice and Mind*. New York: Basic Books.

Bell, L., Love, B, Washington, S., & Weinstein, G. (2007). Knowing Ourselves as Social Justice Educators. In M. Adams, L. Bell, & P. Griffin (Eds.), *Teaching for Diversity and Social Justice: A Sourcebook* (2nd ed.) (pp. 381-93). New York: Routledge.

Bellah, R. N., Madsen, R., Sullivan, W.M., Swidler, A., & Tipton, S. M. (1985). *Habits of the Heart : Individualism and Commitment in American Life.* New York: Harper and Row, Publishers.

Bennett, M. & Bennett, J. (1992). "Defensiveness" - A Stage of Development. *Cultural Diversity at Work.* Seattle, WA: The GilDeane Group, 5 (1), 4-5.

Berman, S. (1997). *Children's Social Consciousness and the Development of Social Responsibility.* Albany, NY: State University of New York Press.

Bingham, S. (1986). The Truth about Growing Up Rich. *Ms. Magazine*, 14, 48-50.

Bishop, A. (2002). *Becoming an Ally: Breaking the Cycle of Oppression in People.* New York: Zed Books.

Blumenfeld, W. (ED.). (1992). *Homophobia: How We All Pay the Price.* Boston: Beacon Press.

Blumenfeld, W., Joshi, K. & Fairchild, E. (2008). *Investigating Christian Privilege and Religious Oppression in the United States.* Rotterdam, The Netherlands: Sense Publishers.

Bowser, B. & Hunt, R. (Eds.). (1981/1996). *Impacts of Racism of White Americans.* Beverly Hills, CA: SAGE Publications.

Braza, J. (1997). *Moment by Moment: The Art and Practice of Mindfulness.* Boston: Charles E. Tuttle, Co, Inc.

Brookfield, S. (1990). *The Skillful Teacher.* San Francisco, CA: Jossey-Bass Inc.

—— (1987). *Developing Critical Thinkers: Challenging Adults to Explore Alternative Ways of Thinking and Acting.* San Francisco: Jossey-Bass, Inc.

Butler, J. (1990). *Gender Trouble: Feminism and the subversion of identity.* New York: Routledge.

—— (2004). *Undoing Gender.* London: Taylor and Francis.

Califa, P. (1997*). Sex Changes: The politics of transgenderism.* San Francisco: Cleis Press.

California Newsreel (2003). *Race-The Power of an Illusion.* http://www.pbs.org/race. Retrieved July 6, 2010.

Canham, M., Jensen, D. & Winters, R. (2009). Salt Lake City adopts pro-gay statues—with LDS Church Support. *The Salt Lake City Tribune,* Nov. 11.

Capossela, T. (1993). *The Critical Writing Workshop: Designing Writing Assignments to Foster Critical Thinking.* Portsmouth, NH: Boynton/Cook.

Carter, R. (1997). Is White a Race? Expressions of White Racial Identity. In M. Fine, L. Weis, L. Powell, and L. Mun Wong (Eds.). *Off White: Readings on Race, Power, and Society* (pp. 198-209). New York: Routledge.

Catalyst (2010). *Women CEO's of Fortune 1000.* Available on-line at : http://www.catalyst.org/publication/322/women-ceos-of-the-fortune-1000 (accessed on July 15, 2010).

Clark, A. (1991). The Identification and Modification of Defense Mechanisms in Counseling. *Journal of Counseling and Development,* 69, 231-36.

Colby, A. and W. Damon (1992). *Some Do Care.* New York: The Free Press.

Cose, E. (1995). *A Man's World.* New York: Harper Collins.

Critchell, S. (2010, May 17). What Color is "Nude"? Fashion Debate a Loaded Term. http://www.nola.com/fashion (accessed on July 23, 2010).

Crowfoot, J. & Chesler, M. (1996). White Men's Roles in Multicultural Coalitions. In B. Bowser & R. Hunt (Eds.), *Impacts of Racism on White Americans* (pp. 202-44). Beverly Hills, CA: SAGE Publications.

Crum, T. (1987). *The Magic of Conflict.* New York: Touchstone.

Cruz, N. (1990). A Challenge to the Notion of Service. In J. C. Kendall & Associates (Eds.), *Combining Service and Learning: A Resource Book for Community and Public Service.* Vol. 1 (pp. 321-23). Raleigh, NC: National Society for Internships and Experiential Education.

Curry-Stevens, A. (2007). New Forms of Transformative Education: Pedagogy for the Privileged. *Journal of Transformative Education,* 5 (1), 33-58. http://jtd.sagepub.com/cgi/content/abstract/5/1/33.

Daly, H. & Cobb, J. (1994). *For the Common Good.* Boston: Beacon Press.

Daly, H. & Cobb, J. (2007). *The Great Turning: From Empire to Earth Community.* San Francisco, CA: Berrett-Koehler.

Daloz, L. P., Keen, C., Keen, J., & Parks, S. D. (1996). *Common Fire: Leading Lives of Commitment in a Complex World.* Boston: Beacon Press.

Delpit, L. (1995). *Other People's Children: Cultural Conflict in the Classroom.* New York: The New Press.

De Graaf, J., Wann, D., Naylor, T., Horsey, D., & Robin, V. (2005). *Affluenza.* San Franciso, CA: Berrett-Koehler.

Derber, C. (1979). *The Pursuit of Attention: Power and Individualism in Everyday Life.* Boston: G.K. Hall and Co.

—— (2009). *The Wilding of America: How Greed and Violence are Eroding our Nation's Character.* New York: St. Martin Press.

DiTomaso, N. (2003). An interview with Nancy DiTomaso. Online. *California Newsreel.* Race-The Power of an Illusion. http:// www.pbs.org/race (accessed July 5, 2010).

Domhoff, G. W. & Zweigenhaft, R. (1998a). *Diversity in the Power Elite: Have Women and Minorities Reached the Top?* New Haven, CN: Yale University Press.

—— (1998a). The New Power Elite: Women, Jews, African-Americans, Asian-Americans, Latino, Gays and Lesbians. *Mother Jones,* 22 (2), 44-47.

Dovidio, J. & Gaerner, S. (2005). Color Blind or Just Plain Blind? The pernicious nature of contemporary racism. *The Non-profit Quarterly,* 12(4).

Duke, L. (1992, June 8). Blacks, Whites Define "Racism" Differently. *The Washington Post.*

Edwards, K. (2006). Aspiring Social Justice Ally Identity Development: A Conceptual Model. *NASPA Journal,* 43 (4), 39-60.

Eisler, R. (1989). *The Chalice and the Blade: Our History, Our Future.* New York: HarperCollins Publishers.

—— (1996). *Sacred Pleasure: Sex, Myth, and the Politics of the Body.* New York: HarperCollins Publishers.

Eisler, R. & Koegel, R. (1996). The Partnership Model: A Signpost of Hope. *Holistic Education Review,* Spring, 9(1), 5-15.

Eisler, R & Loye, D. (1990/98). *The Partnership Way.* New York: HarperCollins Publishers.

Elliot, A. & Devine, P. (1994). On the Motivational Nature of Cognitive Dissonance: Dissonance as Psychological Discomfort. *Journal of Personality and Social Psychology,* 67 (3), 382-94.

Ezekiel, R. (1996). *The Racist Mind: Portraits of American Neo-Nazis and Klansmen.* New York: Penguin Books.

Feagin, J. & Vera H. (1995). *White Racism.* New York: Routledge.

Fernandez, J. (1996). The Impact of Racism on Whites in Corporate America. In B. Bowser & R. Hunt. (Eds.). *Impacts of Racism on White Americans* (pp. 157-78). Beverly Hills, CA: SAGE Publications.

Frankenberg, R. (1993). *White Women, Race Matters: The Social Construction of Whiteness.* Minneapolis: University of Minnesota Press.

Freire, P. (1970). *Pedagogy of the Oppressed.* New York: Herder and Herder.

Freire, P. (1994). *Pedagogy of Hope: Reliving Pedagogy of the Oppressed.* New York: Continuum.

Friedman & Lipshitz (1992). Teaching People to Shift Cognitive Gears: Overcoming Resistance on the Road to Model II. *Journal of Applied Behavioral Science,* 28 (1), 118-36.

Fromm, E. (1941). *Escape from Freedom.* New York: Avon.

Gaertner, S. & Dovidio, J. (1986). The Aversive Form of Racism. In J. F. Dovidio and S. L. Gaertner (Eds), *Prejudice, Discrimination, and Racism* (pp. 61-89). Orlando, FL: Academic Press.

Gallagher, C. (1997). Redefining Racial Privilege in the United States. *Transformations,* 8 (1), 28-39.

Gates, David (1993). White Male Paranoia. *Newsweek,* 48-53.

Gilligan, C. (1980/1993). *In A Different Voice.* Cambridge, MA: Harvard University Press.

Giroux, H. (1983). *Theory and Resistance in Education: A Pedagogy for the Opposition.*

South Hadley, MA: Bergin and Garvey.

Glyn, A. & Miliband, D. (Eds.) (1994). *The Economic Cost of Social Injustice*. London: Ippr/River Oram Press.

Goldberger, N., Clinchy, B., Belenky, M., & Tarule, J.M. (1998). *Knowledge, Difference and Power: Essays Inspired by Women's Ways of Knowing*. New York: Basic Books.

Goldstein, J. & Kornfield, J. (1987). *Seeking the Heart of Wisdom: The Path of Insight Meditation*. Boston: Shambala.

Goodman, D. (2010). Helping Students Explore their Privileged Identities. In *Diversity and Democracy* (vol. 13, No. 2, Spring 2010), Washington, DC: AACU. Available online at http:// www.aacu.org.

Gramci, A. and Forgacs, D. (2000). *The Antonio Gramci Reader: Selected writings 1916-1935*. New York: New York University Press.

Greenfield, P. M. & Cocking, R. R. (1996). *Cross-cultural Roots of Minority Child Development*. Hillsdale, NJ: Lawrence Erlbaum Associates.

Grossman, D. (1995). *On Killing: The Psychological Cost of Learning to Kill in War and Society*. Boston: Little Brown.

Handy, C. (1998). *The Hungry Spirit: Beyond Capitalism: A Quest for Purpose in the Modern World*. New York: Broadway Books.

Hanh, T. N. (1991). *Peace is Every Step: The Path of Mindfulness in Everyday Life*. New York: Bantam Books.

Hardiman, R. & Jackson, B. (1992). Racial Identity Development: Understanding Racial Dynamics in College Classrooms and on Campus. In M. Adams (Ed.), *Promoting Diversity in College Classrooms: Innovative Responses for the Curriculum, Faculty, and Institutions* (pp. 21-37). San Francisco: Jossey-Bass Publishers.

Hawkesworth, M.E. (1993*). Beyond Oppression: Feminist Theory and Political Strategy*. New York: Continuum.

Helm, J. (2007). *A Race is a Nice Thing to Have* (2nd ed.). Hanover, MA: Microtraining Associates.

Helms, J. (1995). An update on Helm's White and people of color racial identity models. In J. G. Ponterotto, J.M. Casa, L.A. Suzudi, and C. M. Alexander (Eds.), *Handbook of Multicultural Counseling*. Thousand Oaks, CA: Sage.

Helms, J. (1990). *Black and White Racial Identity: Theory, research and practice*. Westport, CT: Greenwood.

Higher Education Research Institute (2010). National Study of College Students' Search for Meaning and Purpose. UCLA. Available http://spirituality.ucla.edu (accessed July 25, 2010).

Hilfiker, D. (1994). *Not All of Us Are Saints: A Doctor's Journey with the Poor*. New York: Hill and Wang.

Hoffman, M.(1989). Empathy and Prosocial Activism. In N. Eisenberg, J. Reykowski and E. Staub (Eds.), *Social and Moral Values: Individual and Societal Perspectives* (pp. 65-85). Hillsdale, NJ: Lawrence Erlbaum.

Hooks, b. (1989). *Talking Back*. Boston: South End Press.

Ignatiev, N. (1995). *How the Irish Became White: Irish-American and African-Americans in Nineteenth Century Philadelphia*. New York: Verso.

Ingram, C. (1990). *In the Footsteps of Ghandi: Conversations with Spiritual Social Activists*. Berkeley, CA: Parallax Press.

Johnson, A. (2005). *The Gender Knot: Unraveling our Patriarchal Legacy*. Philadelphia, PA: Temple University Press.

Jones, J. & Carter, R. (1996). Racism and White Racial Identity: Merging Realities. In B. Bowser & R. Hunt. (Eds.). *Impacts of Racism on White Americans* (pp. 1-23). Beverly Hills, CA: SAGE Publications.

Kabat-Zinn, J. (1994). *Wherever You Go, There You Are: Mindfulness Mediation in Everyday Life*. New York: Hyperion.

Katznelson, I. (2006). *When Affirmative Action was White: An Untold Story of Racial Inequality in Twentieth Century America*. New York: W.W. Norton and Co.

Kasser, T. (2002). *The High Price of Materialism*. Cambridge, MA: MIT Press.

Kasser, T. & Klar, M. (2009) Some benefits of being an activist: Measuring activism and its role in psychological well-being. *Journal of Political Psychology*. Vo. 30. Issue 5. (pp. 755-77). Wiley International. International Society of Political Psychology.

Kaufman, M. (1993). *Cracking the Armor: Power, Pain, and Lives of Men*. New York: Penguin Books.

Kegan, R. (1982). *The Evolving Self: Problems and Process in Human Development*. Cambridge, MA: Harvard University Press.

Kelman, H. D., & Hamilton, V. L. (1989). *Crimes of Obedience*. New Haven: Yale University Press.

Kessler, S (1991). The Teaching Presence. *Holistic Education Review*. Winter, 4-15.

Kimmel, M. (2010). Toward a Pedagogy of the Oppressor. In M. Kimmel & A. Ferber, *Privilege: A Reader* (2nd Ed.) (pp. 1-10). Boulder, CO.

Kimmel, M. & Messner, M. (Eds.) (1989/95). *Men's Lives*. New York: Macmillan.

King, M. L., Jr. (1991). *Strength to Love*. Philadelphia, PA: Fortress Press.

King, P. M. & Kitchener, K. S. (1994). *Developing Reflective Judgment: Understanding and Promoting Intellectual Growth and Critical Thinking in Adolescents and Adults*. San Francisco: Jossey-Bass.

Kivel, P. (1992/98). *Men's Work*. Center City, MN: Hazelden.

Kivel, P. (2002). *Uprooting Racism: How White People Can Work for Racial Justice*. Philadelphia: New Society Press.

Kloss, R. (1994). A Nudge is Best: Helping Students Through the Perry Scheme of Intellectual Development. *College Teaching*, 42/4, 151-58.

Kochman, T. (1981). *Black and White Styles in Conflict*. Chicago: Chicago University Press.

Koegel, R. (1995). Responding to the Challenges of Diversity: Domination, Resistance and Education. *Holistic Education Review*. 8 (2), 5-17.

Koegel, R. (1996). The Partnership Model: A Signpost of Hope - A Dialogue between Riane Eisler and Rob Koegel. *The Holistic Education Review* (now called *Encounter: Education for Meaning and Social Justice*). Spring, 9 (1), 5-15.

Korten, D. (2001). *When Corporations Rule the World* (2nd ed.) Berrett-Koehler Publishers/Kumarian Press.

Korten, D. (2007). *The Great Turning: From Empire to Earth Community*. Berrett-San Francisco, CA: Koehler Publishers

Kreisberg, S. (1992*). Transforming Power: Domination, Empowerment, and Education*. Albany: State University of New York Press.

Kurfiss, J. (1988). *Critical Thinking: Theory, Research, Practice, and Possibilities*. ASHE-ERIC Higher Education Reports.

Ladrine, H. (1992). Clinical Implications of Cultural Differences: The Referential Versus the Indexical Self. *Clinical Psychology Review*, 12, 401.

Lappe, F. (2010). *Getting a Grip 2: Clarity, Creativity and Courage for the World We Really Want*. San Francisco, CA: Small Planet Media.

Lappe, F. & Du Bois, M. (1994). *The Quickening of America*. San Francisco: Jossey-Bass.

Larew, J. (2010). Why are Droves of Unqualified Kids Getting into Our Top Colleges? Because their Dads are Alumni. In M. Kimmel and A. Ferber (Eds.), *Privilege: A Reader* (2nd edition.) (pp. 39-48). Philadelphia, PA: Westview Press.

La Veist T, Gaskin, D. & Richard, P. (Sept. 2009). *The Economic Burden of Health Inequalities in the United States*. Washington, DC: Joint Center for Political and Economic Studies.

Lazarre, J. (1996). *Beyond the Whiteness of Whiteness*. Durham, NC: Duke University Press.

Leondar-Wright, B. (2005). *Class Matters: Cross-Class Alliance Building for Middle-Class Activists*. Gabriola Island, BC Canada: New Society Press.

Lerner, M. (1986). *Surplus Powerlessness*. Oakland, CA: The Institute for Labor and Mental Health.

Lerner, M. (1996*). The Politics of Meaning*. Reading, MA: Addison-Wesley Publishing Co.

Lerner, M. (2006). *The Left Hand of God: The Healing of America's Political and Spiritual Crisis*. New York: HarperCollins, Inc.

Lewis, Neil (20009, June 4). Debate on Whether Female Judges Decide Differently Arises

Anew. *The New York Times*, pp. 16 & 18.

Lipsitz, G. (1998). *The Possessive Investment in Whiteness: How White People Profit from Identity Politics*. Philadelphia: Temple University Press.

Lorde, A. (1983). There is No Hierarchy of Oppressions. *Interracial Books for Children Bulletin*, No. 14. Council on Interracial Books for Children.

Lui, M., Robles, B., Leondar-Wright, B., Brewer, R. & Adamson, R. (2006). *The Color of Wealth: The Story Behind the U.S. Racial Wealth Divide*. New York: The New Press.

Lynch, J., Kaplan, G., Pamuk, E., Cohen, R., Heck, K., Balfour, J., & Yen, I. (1998). Income Inequality and Mortality in Metropolitan Areas in the United States. *The American Journal of Public Health*, 88 (7), 1074-80.

Lyons, N. (1988). Two Perspectives: On Self, Relationships and Morality. In C. Gilligan, J. V. Ward & J. M. Taylor (Eds.), *Mapping the Moral Domain* (pp. 21-48). Cambridge, MA: Harvard University Press.

Mandela, N. (1994). *Long Walk to Freedom*. New York: Little, Brown & Co.

MacKinnon, C. (1989). *Feminism Unmodified*. Cambridge, MA: Harvard University Press.

Martin, R. (Ed.). (1995). *Practicing What We Teach: Confronting Diversity in Teacher Education*. Albany, NY: State University of New York Press.

McIntosh, P. (1985). Feeling Like a Fraud. *The Stone Center Work in Progress Papers*, Working Paper No.18. Wellesley College, Wellesley MA: Center for Research on Women.

McIntosh, P. (1988). White Privilege and Male Privilege: A Personal Account of Coming to See Correspondences Through Work in Women's Studies. *The Stone Center Work in Progress Papers*, Working Paper No.189. Wellesley College, Wellesley MA: Center for Research on Women.

Miller, A. (1984). *For Your Own Good: Hidden Cruelty in Childrearing and the Roots of Violence*. New York: Farrar, Straus and Giroux.

Miller, J. B. (1976). *Towards a New Psychology of Women*. Boston: Beacon Press.

Miller, J. B. (1991). Women and Power. In J. Jordan, A. Kaplan, J. B. Miller, I. Stiver, & J. Surrey, (Eds.). *Women's Growth in Connection: Writings from the Stone Center* (pp. 197-205). New York: The Guilford Press.

Minuchen, S. & Fishman, C. H. (1981). *Family Therapy Techniques*. Cambridge, MA: Harvard University Press.

Mogil, C. & Slepian, A. (1992). *We Gave Away a Fortune*. Philadelphia: New Society Press.

Morns, E. (2007). "Ladies or Loudies": Perceptions and Experiences of Black Girls in Classrooms. *Youth and Society*, 38, 490-515.

Nestle, J., Howell, D. & Wilchins, R. (2002) (Eds.), *Genderqueer: Voices from beyond the sexual minority.* New York: Routledge.

O'Bear, K. (2007). Navigating Triggering Events: Critical Skills for Facilitating Difficult Dialogues. *The Diversity Factor,* Vol. 15, No. 3. http://www.diversity factor.rutgers.edu

Orren, G. R. (1988). Beyond Self-Interest. In R. Reich (Ed.), *The Power of Public Ideas.* Cambridge, MA: Ballinger.

Perry, W. (1968). *Forms of intellectual and Ethical Development in the College Years: A Scheme.* New York: Holt, Rinehart and Winston.

Pettigrew, T. F. (1981). The Mental Health Impact. In B. P. Bowser & R. G. Hunt (Eds.), *Impacts of Racism on White Americans* (1st ed.) (pp. 97-118). Beverly Hills, CA: Sage.

Pew Forum on Religion and Public Life (2009). *Many Americans Mix Multiple Faiths.* Available at http://pewforum.org/Other-Beliefs-and-Practices/Many-Americans-Mix-Multiple-Faiths.aspx (accessed on July 25, 2010).

Pharr, S. (1996). *In the Time of the Right: Reflections on Liberation.* Berkeley, CA: Chardon Press.

Powell, J.A. (2003). *An interview with John A. Powell.* Online. California Newsreel. Race-The Power of an Illusion. http:// www.pbs.org/race (accessed July 5, 2010).

Putnam, R. (2000). *Bowling Alone: The Collapse and Revival of American Community.* New York: Simon & Schuster.

Raible, J. (2009). *Checklist for Allies Against Racism.* Online. Available at http://johnraible.wordpress.com (accessed on July 25, 2010).

Reardon, K. (1994). Undergraduate research in distressed urban communities: An undervalued form of service-learning. *Michigan Journal of Community Service Learning.* Fall, 1, 44-54.

Reason, R., Broido, E., Davis, T & Evans, N. (2005). *Developing Social Justice Allies.* Summer,110. San Francisco: Jossey-Bass.

Reimer, J., Paolitto, D. & Hersh, R. (1983). *Promoting Moral Growth.* New York: Longman, Inc.

Robb, C. (2007). *This Changes Everything: The relational revolution in psychology.* New York: Picador.

Roediger, D. (1991). *The Wages of Whiteness.* New York: Verso.

Rogers, C. (1980). *A Way of Being.* Boston: Houghton Mifflin Co.

Romney, P., Tatum, B. & Jones, J. (1992). Feminist Strategies for Teaching about Oppression: The Importance of Process. *Women's Studies Quarterly,* 1&2, 95-110.

Rose, L. (1996). White Identity and Counseling White Allies about Racism. In B. Bowser & R. Hunt. (Eds.). *Impacts of Racism of White Americans* (pp. 24-47). Beverly Hills, CA: SAGE Publications.

Rosenblum, K. & Travis, T. (1996). *The Meaning of Difference: American Constructions of Race, Sex and Gender, Social Class, and Sexual Orientation.* New York: The McGraw-Hill Companies, Inc.

Rubin Z. & Peplau, L. A. (1975). Who Believes in a Just World? *Journal of Personality and Social Psychology,* 31 (3), 65-89.

Ryan, W. (1970). *Blaming the Victim.* New York: Random House.

Sacks, K. B. (2010). How Jews Became White. M. Kimmel & A. Ferber (Eds.), *Privilege: A Reader* (2nd Ed.) pp. 87-106. Philadelphia, PA: Westview Press.

Sadker, M. & D. (1994). *Failing at Fairness: How America's Schools Cheat Girls.* New York: Charles Scribner's Sons.

Salzberg, S. (1995). *Loving Kindness: The Revolutionary Art of Happiness.* Boston: Shambala.

Sampson, E. (1988). The Debate on Individualism: Indigenous Psychologies of the Individual and Their Role in Personal and Societal Functioning. *American Psychologist,* 43 (1), 15-22.

Sampson, E. (1991). *Social Worlds, Personal Lives.* New York: Harcourt Brace Jovanovich Publishers.

Santileces, M. V. & Wilson, M. (2010). Unfair Treatment? The Case of Freedle, the SAT and the Standardization Approach to Differential Item Functioning. *Harvard Educatioal Review,* 80 (1), 106-34.

Schlosser, L (2003). Christian Privilege: Breaking the Sacred Taboo. *Journal of Multicultural Counseling and Development,* Vol. 31, 44-51.

Sears, D. & Funk, C. (1990). Self-Interest in American's Political Opinions. In J. Mansbridge (Ed.), *Beyond Self-Interest* (pp. 147-70). Chicago: Chicago University Press.

Seifert, T. (2007). Understanding Christian Privilege: Managing the Tension of Spiritual Plurality. *About Campus,* May-June, pp. 10-17.

Shipler, D. (1997). *A Country of Strangers.* New York: Alfred Knopf.

Simon, L., Greenberg, J., & Brehm, J. (1995). Trivialization: The Forgotten Mode of Dissonance Reduction. *Journal of Personality and Social Psychology,* 68 (2), 247-60.

Staub, E. (1978). *Positive Social Behavior and Morality: Social and Personal Influences.* New York: Academic Press.

Staub, E. (1989). Individual and Societal (Group) Values in a Motivational Perspective and their Role in Benevolence and Harmdoing. In N. Eisenberg, J. & E. Staub (Eds.), *Social and Moral Values: Individual and Societal Perspectives* (pp. 45-61). Hillsdale, NJ: Lawrence Erlbaum.

Spelman, E. V. (1995). Changing the Subject: Studies in the Appropriation of Pain. In L. A. Bell & D. Blumenfeld (Eds.), *Overcoming Racism and Sexism* (pp. 181-196). Lanham,

MD: Rowman and Littlefield.

Sue, D.W. (2010a). *Microaggressions in Everyday Life: Race, gender and sexual orientation*. Hoboken, NJ: John Wiley & Sons.

Sue, D.W. (2010b) (Ed.). *Microaggressions and Marginality: Manifestations, Dynamics and Impact*. Hoboken, NJ: John Wiley & Sons.

Surrey, J. (1991). Relationship and Empowerment. In J. Jordan, A. Kaplan, J. B. Miller, I. Stiver, & J. Surrey (Eds.). *Women's Growth in Connection: Writings from the Stone Center* (pp. 162-80). New York: The Guilford Press.

Tannen, D. (1990). *You Just Don't Understand*. New York: Ballentine Books.

Tatum, B. D. (1997). *"Why are All the Black Kids Sitting Together in the Cafeteria?" and Other Conversations about Race*. New York: BasicBooks.

Tatum, B. D. (1994). Teaching White Students about Racism: The Search for White Allies and the Restoration of Hope. *Teachers College Record*, Summer, 95 (4), 462-76.

Tatum, B. D. (1992). Talking about Race, Learning about Racism: The Application of Racial Identity Development Theory in the Classroom. *Harvard Educational Review*, 62 (1), 1-24.

Terry, R. (1975). *For Whites Only*. Grand Rapids, MI: Willliam B. Eerdmans Publishing Co.

Terry, R. (1978). White Belief, Moral Reasoning, Self-Interest and Racism. In W.W. Schroeder & F. Winter (Eds.), *Belief and Ethics*. Chicago, IL: Center for the Scientific Study of Religion.

Terry, R. (1981). The Negative Impact on White Values. In B. Bowser & R. Hunt (Eds.), *Impacts of Racism of White Americans* (pp. 119-51). Beverly Hills, CA: SAGE Publications.

Thompson, C. (1992). On Being Heterosexual in a Homophobic World. In W. Blumenfeld (Ed.), *Homophobia: How We All Pay the Price* (pp. 235-48). Boston: Beacon Press.

Trout, J. D. (2009). *The Empathy Gap: Building Bridges to the Good Life and the Good Society*. New York: Viking.

Tyler, T. R., Boeckmann, R. J., Smith, H. J. & Huo, Y. J. (1997). *Social Justice in a Diverse Society*. Boulder, CO: Westview Press.

Viadro, D. (1996). Culture Clash. *Education Week*. April 10, 1996, 39-42.

Wachtel, P. (1989). *The Poverty of Affluence: A Psychological Portrait of American Way of Life*. Philadelphia: New Society Publishers.

Wellman, D. (1977). *Portraits of White Racism*. New York: Cambridge University Press.

Wilchins, R. (1997). *Read My Lips: Sexual subversion and the end of gender*. Ithaca, NY: Firebrand Books.

Wildman. S. (1996). *Privilege Revealed*. New York: New York University Press.

Wilkinson, R. & Pickett, K. (2009). *The Spirit Level: Why Greater Equality Makes*

Societies Stronger. New York: Bloomsbury Press.

Wineman, S. (1984). *The Politics of Human Services*. Boston: South End Press.

Wolff, E. N. (2010). Recent trends in household wealth in the United States: Rising debt and the middle-class squeeze—an update to 2007. *Working Paper* No. 589. Annandale-on-Hudson, NY: The Levy Economics Institute of Bard College.

Wright, S.D., Taylor, D.M, & Moghaddam, F.M. (1990). The Relationship of Perceptions and Emotions to Behavior in the Face of Collective Inequality. *Social Justice Research*, 4, 229-50.

Young, I. (1990). *Justice and the Politics of Difference*. Princeton, NJ: Princeton University Press.

索　引

ア 行

愛　love　290
合気道　Aikido　96, 119
アイスブレーカー・アクティビティ　ice-breaker activities　101
アイズラー、リアン　Eisler, Riane　77, 227-229
アチェベ、チヌア　Achebe, Chinua　182
アファーマティブ・アクション（差別是正措置）　affirmative action　217, 221
アフリカ系アメリカ人　African Americans　36, 130, 202, 204-205　→「人種差別」も参照
アライ（味方）　allies
　―対応に迷う場面（に対するアドバイス）（strategies for) handling ambiguous situations　254-260
　―動機づけ　motives of　236-237
　―とは何か　defined　233-234
　―の資質　characteristics of　234-236
　―の成長を促す　fostering growth of　236-239
　―被抑圧集団の人々と協働する　collaborations with subordinated group members　260-262
安全な環境　safe environments　→肯定的な環境
居心地の悪さ　discomfort　→「認知的不協和」;「感情」も参照
　―と社会的アイデンティティの発達　and social identity development　86
　―特権集団の　of privileged group members　40
　―（と人間発達の）葛藤の段階　contradiction phase of human development　53-56
意識化　conscientization　53
異性愛者の特権　heterosexuals, privileges of　29-30
「意図的な無知」　willful innocence　37
ヴィーゼル、エリ　Wiesel, Elie　292
ウィルキンソン、R.　Wilkinson, R.　138, 142, 145, 229
エクイティ（公平）理論　equity theory　214
エゼキエル、ラファエル　Ezekiel, Raphael　230
エンパワーメント　empowerment　162-165
オバマ、バラク　Obama, Barack　40, 81
オバマ、ミシェル　Obama, Michelle　19-20, 81

カ 行

階級特権　class privilege　28
階層構造（社会モデル）　hierarchical social models　78
回避的人種差別主義　aversive racism　36
回避的な感情喚起の抑制　aversive arousal reduction　186
「下位文化」　subcultures　24
「解放的意識」　"liberatory consciousness"　264-265
学習者　learners
　―個人を責めない　avoiding blame　103
　―進行を妨げる　disruptive　118

―の様々な段階　location on social justice continuum　7
―の自尊心　self-esteem of　103
―の不安　fears of　101-102, 127-128
―フィードバックをする　feedback from　111
勝つか負けるかという精神構造　win-lose mentality　77
葛藤（人間発達理論）　contradiction phase of human development　50, 53-56
活動家たち　activists　197-198, 203-204 →「アライ（味方）」も参照
「過度な共感」　empathic overarousal　209
『カラー・オブ・フィア』　The Color of Fear（film）　105
「カラーブラインド」 "color blindness"　67, 81
感情　emotions
　―感情領域に踏み込む（教育における役割）　role in education　47
　―辛い　painful　88, 127
　―に訴える　appeals to　212
　―白人男性と　White men and　91-92
感情（情緒）と知性（認知）にはたらきかける　cognitive/affective dimensions of learning　47-48
感情転移　transference　275-276
「疑似独立」の段階（人種的アイデンティティの発達）　pseudo-independence stage of racial identity development　69
希望　hope　291-292
「逆差別」 "reverse racism"　26, 220
教育者　educators →「社会的公正教育」も参照
　―下位集団に属する　as subordinate group members　285

―過剰な熱意　overzealous　278
―がもつステレオタイプ　stereotypes held by　278-279
―誤解（抵抗に対する）　misinterpreting resistance　76
―自分自身と継続的に向き合うこと　ongoing personal growth of　280-287
―社会的公正教育に携わる人たちとつながること　connecting with others　291
―「ティーチング・プレゼンス（教育的存在感と配慮）」　teaching presence of　267
―抵抗に対処する　responses to resistance　115-120
―トリガー　triggers for　274-277
―の自己認識　self-awareness of　268
―の社会的アイデンティティ発達　social identity development of　268-273
―へのリアクションとして起こる抵抗　as source of learner resistance　89-90
教育者・学習者間の人間関係　educator-learner relationships
　―支援的な学習環境をつくる　building supportive　98, 100-102
　―自分の内面を開示する　and self-disclosure　98, 100
　―信頼　trust　98-99
　―と抵抗　and resistance　89-91
　―において肯定し、尊重する　affirmation and respect in　102-111
　―紛争解決　conflict resolution　96
　―ラポール　rapport　99-100
共感・共感力　empathy
　―（社会的公正への）支援行動の動機づけ　as motive to support social

justice　182-183
　―共感とは　defined　182
　―妨げられる　stifling of　125
　―道徳的・宗教的価値観と自己利益を組み合わせる　combined with moral principles and self-interest　196-198, 225-226
　―に頼ることの限界　limitations of using　209-210
　―に潜む落とし穴　potential pitfalls of　204-208
　―の育成　fostering　200-204
共感的苦悩　empathic distress　185
共感的な苦悩と同情による苦悩　distress, empathic vs. sympathetic　184-185
共感的バイアス　empathic bias　208
教師　teachers　→教育者
競争　competition　78-80
キリスト教徒　Christians　13, 18, 29
キング、マーティン・ルーサー、ジュニア　King, Martin Luther, Jr.　123, 144, 288
ギンズバーグ、ルース・ベーダー　Ginsberg, Ruth Bader　22
苦悩・苦痛　pain
　―学習者の抵抗の原因　as source of learner resistance　83-84
　―学習者の苦しみを認めてあげる　acknowledging leaners'　104-107
　―辛い感情から自分を守る　resistance as shield from　88
　―特権集団に特有の不安や苦悩　felt by allies　127
　―の証人としての教育者　educators as witnesses to　288-289
　―白人男性の　White men's　91-92
クラム、トーマス　Crum, Thomas　96
クリティカル・シンキング　critical thinking　→批判的思考

ケアの倫理　ethic of care　187-188, 190-191
ケアの倫理観　care-based morality　212
経験に基づく学び　experiential learning　109-110　→「社会的公正教育」も参照
継続（人間発達理論）　continuity phase of human development　56-57
健常者　able-bodied people　3, 9, 14, 28, 34
交差的アイデンティティの概念　intersectional paradigm　12
「公正世界」仮説　"just world" hypothesis　214
肯定（人間発達理論）　confirmation phase of human development　50-53
肯定的な環境　confirming environments
　―における肯定と尊重　affirmation and respect in　102-111
　―における受容　acceptance in　52
　―のために人間関係を築く　building relationships for　99-102
心の健康　mental health　128
個人主義　individualism　43, 79-80, 91, 94, 193, 210
個人を責めない　avoid personal blame　98, 103
孤立・交われない　isolation　128

サ 行

罪悪感　guilt　38, 134-135
「再定義」の段階（社会的アイデンティティの発達）　redefinition stage of social identity development　68, 270, 272
「再統合」の段階（人種的アイデンティティの発達）　reintegration stage

of racial identity development 69, 85
差別発言への対処法 prejudiced comments, strategies for responding to 245-254
「参照的自己」 referential self 91
資源（経済的） economic resources 138-139
自己概念 self-concepts 85
自己利益 self-interest
　―共感に道徳的価値観と自己利益を組み合わせること combined with empathy and moral principles 196-198, 225-226
　―社会的公正への関心を高める動機としての as motive to support social justice 191-192
　―に訴えかけること appeals to 113-114, 215-222
　―に訴えかけることの賛否両論 pros and cons of appeals to 223-225
　―連続体としての「自己利益」概念 continuum of 192-195
自尊心 self-esteem 103
実力主義 meritocracy 56, 79
支配者モデル（社会システムの） dominator model of social systems 77, 227-228
支配集団 dominant groups →特権集団
支配的イデオロギー dominant ideology 24
支配的な文化 dominant culture 78, 153, 231
　―競争的個人主義 and competitive individualism 80
「指標的自己」 indexical self 91
社会規範 social norms 17, 130
社会システム social systems
　―協調モデル partnership model of 227
　―現行のシステムに対する代替案 alternatives to current 226-232
　―支配者モデル dominator model of 77, 227-228
　―「非援助的な社会的文脈」 unsupportive context of 209
　―（変革の）一例 examples of changing 231-232
社会的アイデンティティ social identities
　―複数の社会的アイデンティティ multiplicity of within individuals 11
　―優位と劣位 dominant/subordinated 40-42
　―劣位アイデンティティに注目する focus on subordinate 44
社会的アイデンティティの発達 social identity development
　―再定義 redefinition 68, 270, 272
　―受容 acceptance 66-67, 70-71, 85-86
　―抵抗 resistance 67-68, 85-86, 270-272
　―ナイーブ naïve 66, 269
　―内面化 internalization 68, 273
　―ハーディマンとジャクソンによるモデル Hardiman-Jackson model of 65-68, 269
　―ヘルムズのモデル Helms model of 68-69
社会的公正 social justice
　―という概念 defined 5
　―の利点 benefits of 145-147
　―を支持する動機としての共感 empathy as motive for supporting 182-186
　―を支持する動機としての自己利益 self-interest as motive for

313

supporting 181, 191-192
―を支持する動機としての宗教的価値 spiritual values as motive for supporting 181, 190-191
―を支持する動機としての道徳的原則 moral principles as motive for supporting 181
社会的公正教育のアクティビティ social justice education, activities for
―アイスブレーカー ice-breakers 101
―意識覚醒的 consciousness-raising 219-222
―共感力の育成 for fostering empathy 200-204
―自分の気持ちや経験を共有する sharing feelings/experiences 107
―情報を発見させる for information discovery 109-110
―文化的な条件づけが働いていることを強調する emphasizing cultural conditioning 103-104
―無力感を打ち消す to counter powerlessness 103
―ライティング writing 107-108
社会的公正教育の恩恵 social justice education, benefits of
―エンパワーメント empowerment 162-165
―解放感を感じる feeling of liberation 165-167
―自己知識 self-knowledge 153-154
―真正性 authenticity 157-162
―知的成長 intellectual growth 152
―よりよい人間関係 better relationships 155-157
社会的公正の教育 social justice education → 「社会的公正教育のアクティビティ」も参照

―鍵となる要素 key factors in 167-170
―教育効果に影響を与える要因 factors affecting effectiveness of 273-279
―学び直す喜び joy of process 148-150
―続ける動機 motives for continuing 170-176
―特権集団への教育法 "pedagogy for the plivileged" 3
社会の支配的権力モデル power-over model of social relations 77
社会不安 social unrest 138
社会変革 social change
―協調的な社会の仕組み creating through collaboration 231-232
―計画 planning 240-241
―個人/対人のレベルの individual-level 240
―に対する恐れ fear of 89
「私有化のパラドックス」 paradox of appropriation 204
宗教的価値 spiritual values
―共感や自己利益と組み合わせる combined with empathy and self-interest 196-198, 225-226
―社会的公正への関心を高める動機としての as motive to support social justice 190-191
―に訴えかけることの限界 limitations of appeals to 214-215
―への働きかけ appeals to 187
従属集団（被抑圧集団） subordinated group members
―教育者としての as educators 285
―に賛成できない disagreeing with 258-259
―自分たちの考えを発言する

speaking for themselves　257
―社会的アイデンティティの発達　social identity development of 268-273
―特権集団との協働　collaborations with privileged group members 260-262
―「内面化された抑圧」　internalized oppression of　25
―を非人間的に扱うこと　dehumanization of　80, 183
受動的知識　received knowledge　58-64
「受容」の段階（社会的アイデンティティの発達）　acceptance stage of social identity development　52, 65-67, 70-71, 85-86
ジョイニング（連結）　"joining"　51
ジョーク、差別的な　jokes, offensive 249-250, 253-254
女性　women
―ケアの倫理　and morality of care 187-188, 190-191
―広告におけるイメージ　images in advertising　110
―社会化　socialization of　143
―「沈黙」　silence of　58
「自立」の段階（人種的アイデンティティの発達）　autonomy stage of racial identity development　70
「真実」の相対性　truth, relativity of 60, 62-63
「真実の力」　true power　24
人種差別　racism
―回避的人種差別主義　aversive　36
―定義の違い（特権集団と被抑圧集団の間で）　defined by privileged vs. oppressed　37
人種的アイデンティティの発達　racial identity development　65-70 →

「社会的アイデンティティの発達」も参照
真正性　authenticity　157-160
スー、デラルド　Sue, Derald　24, 36
スケープゴート　scapegoats　80-81
『スティル・キリング・アス・ソフトリー』　Still Killing Us Softly (film)　110
ステレオタイプ　stereotypes　202-203
正義の倫理　morality of justice　187-189
政治的風土　political climate　81
成績評価　grades　102
制度的な権力　institutional power　23-24
積極的な活動　activism
―を促す　encouraging　239-240
―向社会的行動　prosocial　185-186
―への障害　barriers to　241-242
―への障害を乗り越える　overcoming barriers to　242-245
―心理的効果　psychological benefits of　222
―偏見に基づく発言を阻止すること　interrupting prejudiced comments as　245-247
「接触」の段階（人種的アイデンティティの発達）　contact stage of racial identity development　69
ゼロサムダイナミクス　zero-sum dynamics　78-79
相互依存的　interdependence　197
「相対性/手続き的知識」の段階（知的発達）　relativism/procedural knowledge stage of intellectual development　60, 62-63
「相対的/構築的知識」の段階（知的発達）　commitment in relativism/constructed knowledge stage of intellectual development　61

315

ソトマイヨール、ソニア　Sotomayor, Sonia　21

タ 行

ターフォン、ラビ　Tarfon, Rabbi　243
ダイバーシティ　diversity　5, 112-113
「多元性/主観的知識」の段階（知的発達）　multiplicity/subjective knowledge stage of intellectual development　59, 61-64
タブー　taboos　82
男性　men
　―特権　privileges of　28
　―白人　White　91-92
　―文化的規範　as cultural norm　18-19
男性による運動　men's movement　123-124
男性の特権　male privilege　28
知的発達段階　intellectual development, stages of　57-64
「沈黙」の段階　silence　58
「ティーチング・プレゼンス（教育的存在感と配慮）」teaching presence　267-268, 280, 285
抵抗　resistance
　―教育者側が引き起こす場合　educators as source of　89-91
　―教育者側の誤解　educator misinterpretations of　76
　―社会的アイデンティティの発達　in social identity development　85-86
　―宗教的　and religion　91
　―心理的要因　psychological factors of　82-89
　―定義　defined　75-76
　―に対処する　educator responses to　115-120
　―の社会政治的な要因　socio-political factors of　77-82
　―の理由　reasons for　42-44, 75
　―の例　examples of　73-74
　―白人男性と抵抗　of White men　91-92
　―文化的信念　and cultural beliefs　91
「抵抗」の段階（社会的アイデンティティの発達）　resistance stage of social identity development　67-68, 85-86, 270-272
抵抗の予防　resistance, preventing/reducing　→「肯定的な環境」も参照
　―教育者がもつ　within educators　282
　―肯定と尊重　affirmation/respect　102-111
　―対処法を考えること　educator strategies for　115-120
　―人間関係を築く　building relationships　99-102
「抵抗理論」resistance theory　75
テリー、ロバート　Terry, Robert　144
「同一視のパラドックス」paradox of identification　204
同情による苦悩　sympathetic distress　185
道徳的価値観　moral principles
　―共感や自己利益を組み合わせる　combined with empathy and self-interest　196-197, 225-226
　―社会的公正への関心を高める動機としての　as motive to support social justice　181
　―道徳的な判断をする根拠　and moral reasoning　187-188
　―に訴えかける　appeals to　210-214
　―に訴えかけることの限界　limitations of appeals to　214-215
特権　privileges

索　引

―様々な集団がもつ　of specific groups　28-30
―相対的にとらえる　relativity of　43-44
―見えにくさ、気づきにくさ　invisibility of　34-35
特権意識　entitlement, sense of　39-40
特権集団　privileged groups
―用語の使われ方　use of term　7-8
―自動的に得られる恩恵　benefits of belonging to　26-31
―特権集団へはたらきかける理由　reasons for working with　2
―文化的・制度的な権力　cultural/institutional power of　17-21, 23-26
―集団内で排斥されること　and intra-group ostracism　133-134
―抑圧によって受ける恩恵　benefits of oppression for　78
特権集団に属する人々　privileged group members
―自己中心的　self-absorption of　83-84
―自分に特権があると認めることへの抵抗　resistance to viewing selves as　42-44, 220
―社会的公正の利点　benefits of social justice for　145-147
―特権への自覚のなさ　lack of self-awareness　32-37
―人目を気にすること　self-consciousness of　256
―被抑圧集団の人々と協働する　collaborations with subordinated group members　260-262
―優位意識と権利意識　and sense of superiority/entitlement　21-23, 39-40, 78
―抑圧の代償　costs of oppression to　141, 219-221

―抑圧の否定　denial of oppression　37-39
―劣位アイデンティティ　identifying as oppressed　32, 40, 44, 84
特権や抑圧について学び直す　unlearning privilege/oppression　148-179
　→「社会的公正の教育」も参照
―自己に対する理解　self-understanding　153
―自己利益　self-interest　191-192
―自信　confidence　162-163
―真正性　and authenticity　157-159
―特権と抑圧を学び直す旅　journey　174, 178-179
―人間関係　relationships　156-157
―理論　theories　150

ナ　行

「ナイーブ」の段階（社会的アイデンティティの発達）　naive stage of social identity development　66, 269
「内面化された基準に従う」　standards, compliance with internalized　185
内面化された支配権　internalization of dominant ideology　25-26
内面化された抑圧　internalized oppression　25
「内面化」の段階（社会的アイデンティティの発達）　internalization stage of social identity development　68, 273
何もできなくなる　feel immobilized　260
「二元性/受動的知識」の段階（知的発達）　dualism/received knowledge stage of intellectual development　58-59, 61
二元的思考法　dualistic thinking　9, 58, 77, 206
ニューヨーク市の学校　New York City

schools 231
人間性のはく奪 dehumanization 144, 183
人間発達 human development →発達理論
認知的不協和 cognitive dissonance 86-87
ネオナチ neo-Nazis 230

ハ 行

パーカー、パット Parker, Pat 256
ハーディマンとジャクソンのモデル（社会的アイデンティティの発達） Hardiman-Jackson model of social identity development 65-68, 269
白人 Whites →「特権集団」も参照
　―アフリカ系アメリカ人のアライ and African American allies 204-205
　―人種的アイデンティティの発達 racial identity development 65, 68-69
　―男性 men 91-92
白人の特権 white privilege 27
発達理論 developmental theories
　―人種的アイデンティティの発達 racial identity development 65, 68-69
　―知的発達 intellectual development 57-64
　―人間発達における肯定、葛藤、継続 confirmation/contradiction/continuity in human development 50-57
　―ハーディマンとジャクソンの発達モデル Hardiman-Jackson model of development 65-68, 269
　―ヘルムズの発達モデル Helms model of development 68-69
被害者を非難する "blaming the victim" 81, 135
非人間的に扱う dehumanization →人間性のはく奪
批判的思考 critical thinking 53-56, 61-62, 76
ビレンキ Belenky, M. 58, 60, 64
不安 fears 83-84, 89, 127
物質主義 materialism 229
プライム・タイム Prime Time (television show) 34-35
フレイレ、パウロ Freire, Paulo 49, 53, 144
文化 culture →「社会システム」も参照
　―価値観 values of 21
　―支配（特権集団による） dominance by privileged groups 7-8
　―制度的な権力 and institutional power 23-24
　―物質主義 materialism 229
紛争解決 conflict resolution 96
文脈的相対主義 contextual relativism 60
「分裂」の段階（人種的アイデンティティの発達） disintegration stage of racial identity development 69
「平穏の権利」 "the right to comfort" 38
米国障害者法 Americans with Disabilities Act (1990) 8
ヘゲモニー "hegemony" 24
ペティグルー、トーマス Pettigrew, Thomas 128
偏見 prejudice 25, 75
「没頭/出現」の段階（人種的アイデンティティの発達） immersion/emersion stage of racial identity development 69-70

索　引

マ 行

「マイクロアグレッション」
　microaggressions　36
マインドフルネス　mindfulness　283-285
マッキノン、キャサリン　MacKinnon, Catherine　18
学び　learning　47-48　→「発達理論」も参照
マルコムX　Malcolm X　266
マンデラ、ネルソン　Mandela, Nelson　144
ミラー、アリス　Miller, Alice　84, 105
無力感　powerlessness　209, 292
瞑想　meditation　284, 287
モルモン　Mormons　226

ヤ 行

優位性の感覚　superiority, sense of　21-23, 39-40, 78
優遇　advantages　→特権
抑圧　oppression
　―経済的代償　economic costs of oppression　138-139
　―社会的代償　social costs　128-134
　―心理的代償　psychological costs　124-128
　―知的代償　intellectual costs　136-138
　―道徳的・精神的代償　moral/spiritual costs　134-136
　―と偏見　vs. prejudice/bias　18
　―の種類　types of　10
　―の代償　costs of　141, 219-220
　―の内面化　internalized　25
　―の否定　denial of　37-39
　―非人間的に扱うこと and dehumanization　80
　―物質的・身体的代償　material/physical costs　138-140
　―抑圧について議論することへのタブー　taboos against discussing　81
　―抑圧の様々な形　differences between types of　13
抑圧の代償　costs of oppression
　―社会的代償　social　128-134
　―心理的代償　psychological　124-128
　―知的代償　intellectual　136-138
　―道徳的・精神的代償　moral/spiritual　134-136
　―物質的・身体的代償　material/physical　138-140

ラ 行

利他主義　altruism　186
理論　theories　→発達理論

ワ 行

「私と友だちになる方法を知りたい白人へ」"For the white person who wants to know how to be my friend"（poem）256

A－Z

Allsup, C.　90
Bennett, J.　95
Bennett, M.　95
Berman, S.　197-198
Brookfield, S.　53-54, 266
Colby, A.　187, 198
Curry-Stevens, A.　3
Daloz, L.P.　190
Damon, W.　198
Derber, C.　80
Devine, P.　86
DiTomaso, N.　30-31
Dovidio, J.　36

Edwards, K.　236
Elliott, A.　86
Empathy Gap（Troutの著書）　210
Fishman, C.H.　51
Frankenberg, Ruth　81
Friedman, V.J.　94
Gaertner, S.　36
Gilligan, Carol　192
Hardiman, R.　65, 68, 70
Helms, Janet　65, 69, 85, 150
Hoffman, M.　203
Hooks, Bell　25
Jackson, B.　65, 68, 70
Johnson, A.　27, 37, 43
Jones, J.　286
Kabat-Zinn, J.　284
Kegan, Robert　50
Kessler, Shelley　267
Kimmel, M.　3
Kloss, Robert　71
Kohn, A.　182-183, 196, 206
Kreisberg, S.　77
Landrine, H.　91
Lappe, F.　77
Lazarre, J.　37, 182
Lerner, M.　229
Lipshitz, R.　94
Longfellow, Henry Wadsworth　288
Lorde, Audre　42
Love, Barbara　264
McIntosh, Peggy　27, 31, 37, 126
Miller, Jean Baker　24
Minuchen, S.　51
O'Bear, K.　283
Peplau, L.A.　79
Perry, William　58
Pickett, K.　145, 229
Powell, J.A.　31
Proposition 8　226
Raible, J.　262

Rogers, C.　266
Romney, P.　286
Rose, L.　48
Rubin, Z.　79
Ryan, W.　81
Salzberg, Sharon　285, 288-289
Sampson, E.　183, 194
Smith, H.J.　212
Spelman, Elizabeth　204
Tatum, B.D.　43, 286
The Racist Mind（人種差別の心理）　230
Triggering Event Cycle　283
Trout, J. T.　210
Tyler, T.R.　212, 214
Wellman, D.　78
Young, I.　14, 42

監訳者・訳者紹介

出口　真紀子（でぐち・まきこ）
上智大学外国語学部英語学科准教授。ボストンカレッジ心理学研究科博士課程修了。博士（学術）。著書に「白人性と特権の心理学」『北米研究入門—ナショナルを問い直す』（2015年、上智大学出版）や、"Teaching about Privilege in Japan."In L. Rogers, Harper, J. K., Fujimoto, D., & Lee, S. I. (Eds.), *Readings on Diversity Issues: From Hate Speech to Identity and Privilege in Japan*. eBook, (October, 2016, Lulu.com) など。

田辺　希久子（たなべ・きくこ）
翻訳家。青山学院大学大学院国際政治経済学研究科修士課程修了。著書に『英日日英プロが教える基礎からの翻訳スキル』（三修社、共著）、訳書に『通訳翻訳訓練』（みすず書房、共訳）、『新1分間リーダーシップ』（ダイヤモンド社）など。

翻訳協力者

神戸女学院大学チーム
中島道光、須見仁美、南條恵津子、青木千恵子、石田加代子、伊藤喜美子、岡田奈知、川村志保、河本尚子、北原文香、新藤祐子、千賀茜、堤和枝、徳島基子、徳嶺絢子、仲埜由紀、西岡美恵、西口真由、長谷川泰子、藤島京子、増田沙奈、宮崎智子、宮崎晶子、森清夏、吉森順子、渡辺玲子

目白翻訳グループ
金井真弓、佐藤和子、豊原美奈、吉本圭子、渡辺洋子

上智大学チーム
森拓哉、中村知博、古藪諒太、水野絢、西田昌代、秦桃子、飯澤正登実

真のダイバーシティをめざして
特権に無自覚なマジョリティのための社会的公正教育

2017年3月1日	第1版第1刷発行
2017年11月30日	第2刷発行
2020年7月20日	第3刷発行
2021年6月30日	第4刷発行
2022年6月30日	第5刷発行
2023年8月30日	第6刷発行

著　者：ダイアン・J・グッドマン
監　訳：出　口　真紀子
訳：田　辺　希久子

発行者：アガスティン　サリ
発　行：Sophia University Press
　　　　上智大学出版

〒102-8554　東京都千代田区紀尾井町7-1
URL：https://www.sophia.ac.jp/

制作・発売　㈱ぎょうせい
〒136-8575　東京都江東区新木場1-18-11
URL：https://gyosei.jp
フリーコール　0120-953-431

〈検印省略〉

2017, Printed in Japan
印刷・製本　ぎょうせいデジタル㈱
ISBN 978-4-324-10116-2
(5300252-00-000)

[略号：(上智) ダイバーシティ]

Sophia University Press

　上智大学は、その基本理念の一つとして、
「本学は、その特色を活かして、キリスト教とその文化を研究する機会を提供する。これと同時に、思想の多様性を認め、各種の思想の学問的研究を奨励する」と謳っている。
　大学は、この学問的成果を学術書として発表する「独自の場」を保有することが望まれる。どのような学問的成果を世に発信しうるかは、その大学の学問的水準・評価と深く関わりを持つ。
　上智大学は、(1) 高度な水準にある学術書、(2) キリスト教ヒューマニズムに関連する優れた作品、(3) 啓蒙的問題提起の書、(4) 学問研究への導入となる特色ある教科書等、個人の研究のみならず、共同の研究成果を刊行することによって、文化の創造に寄与し、大学の発展とその歴史に貢献する。

Sophia University Press

One of the fundamental ideals of Sophia University is "to embody the university's special characteristics by offering opportunities to study Christianity and Christian culture. At the same time, recognizing the diversity of thought, the university encourages academic research on a wide variety of world views."

The Sophia University Press was established to provide an independent base for the publication of scholarly research. The publications of our press are a guide to the level of research at Sophia, and one of the factors in the public evaluation of our activities.

Sophia University Press publishes books that (1) meet high academic standards; (2) are related to our university's founding spirit of Christian humanism; (3) are on important issues of interest to a broad general public; and (4) textbooks and introductions to the various academic disciplines. We publish works by individual scholars as well as the results of collaborative research projects that contribute to general cultural development and the advancement of the university.

Promoting Diversity and Social Justice:
Educating people from Privileged Groups (Second Edition)

by Diane J. Goodman
translated by Makiko Deguchi and Kikuko Tanabe
published by
Sophia University Press

production & sales agency : GYOSEI Corporation, Tokyo
ISBN 978-4-324-10116-2
order : https://gyosei.jp